"소통하기"

일상에서 찾는 소통의 길

Communication

책머리에

소통이란 무엇일까? 말을 잘하는 것일까? 사람을 대할 때 배꼽 잡게 하고 감동을 줘서 나에게 쏘옥 빠지게 만드는 것일까? 아니면 대중 연설을 기가 막히게 하는 것일까? 다 맞는 말이다. 사람과 대화를 잘하는 것이 소통을 잘하는 것이다.

그런데 소통을 꼭 사람하고만 하는 것일까? 나의 멍멍이, 나의 야옹이 하고도 소통하고 있지 않은가? 그럼 항상 보는 하늘과 나무와 꽃들은 어떤가? 이 정도까지 오면 대답하기 쉽지 않다. 어? 내 주변에 늘 있는 것들과도 소통이 가능한가?

그렇다. 이 책은 소통 학자로서, 또 콘텐츠 전문가로서 그동안 고민해오던 것을 실었다. 그러나 어찌 이 한 권의 책으로 소통의 깊고도 깊은 의미를 다 말할 수 있을 것인가? 다만 다소 딱딱한 학문의 울타리에서 벗어나서 일상 속에서 소통의 의미를 짚어보고자 했다.

일반적으로 소통은 사람끼리만 하는 것으로 알고 있다. 그것

도 말과 글로써만. 그러나 소통은 대상과 방법에서 경계가 없다. 사람뿐만 아니라 나무, 꽃, 구름, 심지어 돌까지 눈에 보이는 모든 것들과 소통하고 있다. 또 풀 냄새와도, 바람과도, 개 짖는 소리까지 우리는 후각, 촉각, 청각, 시각, 미각 등 오감으로 이야기하며 산다. 단지 우리가 모를 뿐이다. 또는 알면서도 잊어버리고 있다.

소통은 인간의 본질이다. 태어나면서 소통적 존재인 것이다. 그런데 어느 순간 불통의 존재로 변해간다. 오감을 닫기 시작했다. 겨우 눈에 보이는 것만 사실 혹은 진실로 받아들인다. 언어를 '말과 글'에 한정시키고 더 확장하지 않는다. 말과 글로 치환할 수 있는 것들만이 소통의 주요 대상이다.

소통은 거창한 것이 아니다. 멀리 있는 것도 아니다. 소통은 일상생활 속의 작은 실천들 속에 있다. 밥 먹고 음악 듣고 영화 보고 여행 가는 것과 같은 우리의 일상이 곧 소통이다.

이 책에서는 소통의 의미와 가치를 찾고 인간성의 실현, 곧 개인의 행복을 위해 어떻게 소통을 활용할지에 대해 생각해본다. 이를 위해 일상생활 속에서의 사유와 경험, 실천 등을 비빌 언덕으로 삼아 논의할 것이다.

글쓰기도 챕터마다 소설, 시나리오, 시, 수필, 편지, 일기 등 다양한 형식을 시도할 것이다. 그 이유는 소통의 다양성을 실천한다는 차원에서, 또한 소통의 일상성을 드러낸다는 차원에서, 다소 어눌하지만 새로운 글쓰기를 과감히 시도했다. 따라서 이 책에서는 미디어와 문학, 여행, 음식, 등산 등 일상생활에서 접할 수 있는 다양한 사례를 통해 삶의 행복을 증진시키는 데 도움이 되는 소통의 길을 찾고 있다.

이 책이 나오기까지 감사할 분들이 많다. 아이디어의 원천인 친구들, 선후배님들, 가족들에게 먼저 감사의 말씀을 전한다. 이들은 이 책 곳곳에서 큰 영감을 주었다. 또한 한올출판사의 임순재 사장님, 최혜숙 실장님과 직원 분들에게도 감사드린다. 아무쪼록 이 책이 독자들의 신나는 소통에 도움이 되고 삶을 풍성하고 윤택하게 하는 데 조금이나마 보탬이 될 수 있기를 바란다.

2024년 5월 형촌 마을에서
김혁조

소통하기
일상에서 찾는 소통의 길

이 책은 방일영문화재단의 지원을 받아 저술·출판되었습니다.

차 례

오늘은 멀 보지, 아니 오늘은 멀 올리지?

유튜브 소통

🎬 #1. 돼지갈빗집, 오후 2시

짙은 갈색의 돼지갈비가 먹음직스럽게 익고 있다. 맛있는 연기가 올라오는가 싶더니 갑자기 젓가락 공세가 시작된다. 누군고 하니 성찬과 호상이다. 둘은 서로 먹으려고 싸우고 있다. 둘 밖에 없는데 싸울 필요가 없다. 경쟁자가 없는 것이다. 그래도 많이 먹겠다고 젓가락 싸움질이 한창이다.

성찬 : 조오옴, 형답게 양보도 하고 그러슈. 어떻게 맨날 동생하고 같이 놀려 그래?

호상 : 내 말이 니 말이다. 넌 동생 놈이 한결같이 형한테 대드냐?

그 와중에도 씹는 입은 작동 중이다. 그래서 말할 때마다 파편이 온 사방, 아니 성찬 쪽으로 정확히 튄다.

성찬 : 아 정말, 말할 때는 삼키고 해. 나한테 정확히 꽂히잖아. 저격수도 아니고.

형에게 핀잔을 주지만, 자신도 씹는 입과 말하는 입이 동시에 작동

하고 있다. 그런데 성찬의 파편은 호상에게 꽂히지 않는다. 왜냐, 호상은 아웃복서처럼 좌우 위빙을 하며 잘도 피한다.

호상 : 짜식, 날 따라오려면 한참 멀었다. 너나 잘해라, 그 입.

신나게 먹고 잽싸게 피하고, 또 먹고 피하고. 멀리서 보면 호상은 완전 메이웨더다. 잘도 피하고 잘도 먹고 잘도 공격한다. 반면에 성찬은 얼굴로 날아드는 파편 때문에 말하기는커녕 먹기조차 힘들다. 결국….

성찬 : (포기한다) 혼자 다 쳐드세요.
호상 : (추호의 미안함도 없이) 오냐.

호상은 입으로 막 던져 넣는다. 오른손으로는 먹고 왼손으로는 굽고. 성찬이 보니까 기가 찬다. 그런데 호상이 가만히 보니까 성찬의 손이 놀고 있잖아.

호상 : (집게 던져주며) 야 인마, 구워. 놀면 뭐하니?
성찬 : (또 기가 차서) 전 노는 게 아니거든요. 앞에 앉아 있는 한 마리 동물을 보고 있거든요.
호상 : 뭐 인마? 동물이라니. 뭔 동물?
성찬 : 원쌤이, 먹는 것에 환장한.
호상 : (발끈하며) 같은 동물이라도 원숭이가 뭐냐? 좀 더 써 봐.
성찬 : (웬일 하며) 그냥 웬숭이 하세요, 욕심 많은.
호상 : (정색하며) 성찬아 이걸 먹으면서 욕심 안 내면? 지금 너의 태도는

예술 작품에 대한 모독이야, 모독!

성찬 : 예술 작품이라니요?

호상 : (손가락을 성찬의 얼굴에 긁는 시늉을 하며) 확 이걸 그냥, 원숭이 손톱으로 4차선을 낼까 보다. (긁는 대신에 돼지갈비를 집어들며) 이게 말이야 그 어디에서도 먹어본 적 없는 맛이다 이거지. 달거나 맵거나 짜지도 않는, 그 뭐라 그럴까, 별 맛은 없는데 별 맛이 있단 말이야. 맛이 강하지 않으면서도 입 안 가득 퍼지는 맛, 내공, 아니 전통이 느끼지는 맛. 맞다. 품격, 이런 걸 두고 품격 품은 맛이라고 하지. (돼지갈비를 성찬의 눈 앞 3밀리미터까지 들이밀며) 그리고 이 때깔 봐라. 간장이 아름답게 배어 있는, 검지도 않고 그렇다고 회색이라고 할 수도 없고. 뭐라 할까? 그래 이것도 품격 품은 때깔로 하자. 수백년 된 도자기 빛깔처럼 연륜을 알 수 없는 이 은은한 간장 품은 갈비. (자신의 입을 때리며) 이 놈의 혀가 짧다 짧아. 뭐라고 표현할 수 없는 이 언어의 한계. (하면서 갈비를 성찬이 입 속에 쑤셔 넣어준다.)

성찬 : (화들짝 놀란다. 그래도 갈비가 반갑고 고마운지라 낼름 받아서 씹는다.) 흐음, 형 말이 맞네. 맛이 품격 있네. 아깐 전쟁하느라 몰랐는데.

성찬은 호상의 갑작스러운 선의에 파편 맞던 좀 전의 수모를 다 잊었다. 성찬은 호상을 힐끗 보면서 더 달라고 입을 벌린다. 호상은 준비돼 있다는 듯 곧장 갈비를 넣어준다. 어미 새가 새끼에게 먹이를 주듯. 성찬은 또 낼름 받아 먹는다. 이렇게 둘은 자연스럽게 휴전한다. 멀리서 보면 두 사람은 천상 친형제 같다. 이를 본 주인 아줌마(60대 초)가 천천히 다가간다.

주인 아줌마 : 뭐 더 필요한 것 없어요?

호상 : (인간문화재를 만난 듯) 어이구 사장님이세요?

주인 아줌마 : 사장은 무슨… 이 작은 가게 하나 하는데 사장이랄 것도 있나요. 사장 겸 사원 겸 다하는 거죠.

호상 : 혼자서 이런 위대한 작품을 만드셨어요?

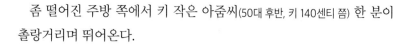

아줌씨 : "아니요. 저도 있어요." (멀리서 큰 소리가 들린다.)

좀 떨어진 주방 쪽에서 키 작은 아줌씨(50대 후반, 키 140센티 쯤) 한 분이 촐랑거리며 뛰어온다.

아줌씨 : (목에 힘주며 힘차게) 저도 사장 겸 사원이랍니다!

주인 아줌마 : (아줌씨를 뒤로 숨기며, 그만큼 아줌씨는 작다.) 얘 너는 주방에서 일이나 해.

아줌씨 : (단호히) 안 돼줘!. 이렇게 우릴 알아봐주는 분들에게 예의는 갖춰야지. 작품이라잖아. 것도 위대한.

주인 아줌마 : (부끄러워 어쩔 줄 모르며) 얘는… 좀 들어가. 얼른!

아줌씨는 주인 아줌마의 호통에 찔끔찔끔 오줌 싸듯 주방으로 향한다. 그러다가 냅다 돌아선다.

아줌씨 : 저 언니 혼자 만든 거 아니예요. 나도 같이 했어요. (주방으로 가는가 싶더니) 전 김 말숙입니다 ~~~. (의자에 부딪혀 꽈당 쓰러진다.)

호상 : (크게 웃으며) 참 재미있으시네요. 두 분 같이 있으면 즐겁겠어요. 이렇게 케미가 맞으시니 이런 작품이 나오는군요.

주인 아줌마 : (부끄럽지만 실상은 자랑하고 싶은 마음으로) 그렇지요 뭐, 사실 이 돼지갈비는 좀 특별하지요. 제가 이곳에서만 30년째인데, 많은 시행착오를 겪으며 지금 이 갈비의 맛을 완성했어요. 드서 본 분들이 모두 맛있다고 하니 감사할 따름이지요.

호상이 "그래요?" 하며 말하려 하자 주인 아줌마는 바로 자르며 아까 보다 20배 빠른 속도로 말을 이어간다.

주인 아줌마 : 일단 돼지갈비는요 저희 고향 순천에서 가져오는데요 옆집 오빠가 농장을 해서 저에게 특별히 공급하는 것이에요. 저에게만 특별히 가져다주는 이유는 그 오빠가 어릴 때부터 저를 짝사랑해 가지고…. (왈왈왈 다섯 살 때부터 오늘날까지 그 둘만의 로맨스가 쉼 없이 이어진다. 그러다가 다시 돌아와서)… 이 갈비를 일단 한 달 동안 숙성시키지요. 숙성 방법은 저희 집만의 비법이라 호호…. 그런 다음 양념을 하는데 이 양념 소스도 특별한 건데요, 당연히 고향 순천에서 가져오구요, 생산자는 바로 뒷집 오빠에요 그 오빠는요…. (또 왈왈거린다. 다행이도 여긴 일곱 살 때부터 시작한다… 역시 로맨스로 마무리하면서)… 이 양념들을 섞는 방법과 갈비에 재는 방법은 저희 집만의 비법이라 호호….

호상과 성찬은 정신이 하나도 없다. 얼마나 왈왈거리는지 들리는 건 앞집 뒷집 옆집의 오빠, 그놈의 오빠와 비법만 들린다. 또 보이는 건 주인 아줌마의 왈왈거리는 입만 보인다. 어안렌즈가 찍은 주인 아줌마의 입 클로즈업은 물고기 주둥아리처럼 튀어나와도 한참 튀어나왔다. 돼지갈비 인간문화재인 줄 알았는데 주둥이, 그러니까 입만 무형 문화재였다.

호상 : (딴청 피우며) 역시 문화재입니다. 무형 문화재.

주인 아줌마 : 네?

호상 : (씨익 쪼개며) 아 아닙니다. 그만큼 갈비가 맛있다는 거죠. 하하!

성찬 : (상황 판단이 된다는 듯) 그럼요. 아주머니는 무형 문화재입니다. 그만큼 재주가 뛰어나다는 것이죠.

주인 아줌마 : (너무나 고마워) 감사합니다. 제가요 감시의 의미로 서비스 드릴게요. (주방을 향해) 말자야~!

저 멀리 주방에서 말자가 "네에~" 하며 이쪽으로 오려 하자 그보다 먼저 주인 아줌마가 뛰어간다. 말자가 '무형 문화재'의 분위기를 흐릴 것 같아서 이를 막기 위해서다.

성찬 : (호상을 보고) 와! 세다 그치?

호상 : 그러게, 오빠는 참 많았네. 근데 지금은 혼자 사는 것 같지? 저 말자 아줌마랑 둘이서 사는가?

성찬 : 뻔하지. 혼자가 아니라 둘이야, 말자 아줌씨랑. 사장이 누군지 사원이 누군지 서로 모르잖아. 분명 둘이 사는 거야. 그 많던 오빠들은 다 어디 갔지?

호상 : 아무렴 어때 갈비만 맛있구만.

곧이어 주인 아줌마가 갈비 2인분이랑 집에서 담갔다며 산삼주를

가져온다. 호상과 성찬은 웬 떡인가 싶어 부어라 마셔라 뜯어라 하며
즐거운 낮술을 이어간다.

분위기는 무르익어 어느덧 네 명이다. 사장겸 사원 둘이 합류한 것
이다. 한낮이라 다른 테이블에는 손님이 없다. 그래서 더욱 이 테이블
만 술이 그윽하게 취한 형국이다.

주인 아줌마 : (취해서 혀가 꼬부라져) 그래서 그 오빠가아….

아줌씨 : (똑같이 취해서) 아니쥐 그 오빤 날 좋아했다니간….

호상과 성찬은 또 정신이 없다. 알고 봤더니 이 말자 아줌씨도 무형
문화재였다. 손님이 말이 많고 손님이 취해야 하는데, 주인들이 손님
행세다. 더 이상 안 되겠다 싶어 자리에서 일어난다.

호상 : 자, 무형 문화재님들, 우리는 이제 헤어져야 할 시간입니다. 성
찬아 계산해라.

성찬 : (발끈해서) 형이 사는 거 아니야?

호상 : (고요하게) 당연히 형이 사지. 계산만 하라니까.

성찬 : (더 발끈해서) 계산하라매?

호상 : (더 고요히) 계산만 하라니까.

성찬 : (미칠 듯이) 그니까 계산 나 보고 하라는 거 아냐?

호상 : (도인처럼) 계산만 정확히 해. 돈은 내가 낼 거니까.

상찬 : (갑자기 표정이 바뀌며 뛸 듯이 기뻐서) 아아, 알았어. 정확히, 정확히 계
산할게에~~.

옆을 보니 아직도 두 아줌마는 옥신각신이다. 그 오빠가 누굴 좋아했느냐를 두고. 간신히 계산을 빌미로 뜯어말린다. 그런데 어찌나 부여잡는지, 계산 안 해도 되니 한잔 더 하라고, 오늘 셔터 내린다고, 밤새도록 술 먹자고. 네 사람은 다시 또 옥신각신이다.

간신히 가게 밖을 나온 두 사람. 해가 뉘엿뉘엿 넘어간다. 거리에 사람들이 하나둘 많아지기 시작한다.

성찬 : (뿌듯하게) 형 낮술 참 좋다, 그치? 시간 여유롭고 손님이 없어 조용하고. 이렇게 잘 엮이면 서비스도 받고.

호상 : 잘 엮였다고 생각해? 난 혼났다고 생각하거든. 뭔 놈의 오빠가 그렇게도 많고 무슨 비법이 그리도 많나고. (표정 바꾸며) 그래도 갈비 하나는 끝내줬어. 뭐 그거면 됐지. 어쨌든 입은 호강한 것 같아.

성찬 : 그래 형, 맛있었어. (자랑스러운 듯이) 내가 계산도 했고.

호상 : (성찬 머리를 강아지처럼 쓰다듬으며) 으이구 자알 했어요, 우리 성찬이. 자, 이제 이 형은 필 받았으니까 좀 찍고 갈게.

성찬 : 또 그 짓이야? 그만 좀 하지.

호상 : 그 짓이라니, 인마! 이 짓은 신성한 거야. 내가 알고 있는 유용한 정보를 다른 사람과 공유한다는 것, 이건 인류애적인 행위이자 사회 발전적 행위라고.

성찬 : (일장 연설을 늘어놓으려는 호상을 막으며) 알았어요. 그 버릇 누구 주나고. 그 행위들 잘 하시고 들어가세요. 전 이만 퇴청합니다.

호상 : (걸어가는 성찬 뒤통수에 대고) 너어 내가 구독자 10만 돼 봐. 아는 척도 안 할 테니까.

성찬 : (돌아보지도 않고) 일단 100명부터 넘기세요.

호상 : (누가 듣는가 싶어 얼굴 빨개지며) 야 조용히 안 해? 빨랑 들어가!

성찬 : (확 돌아보며 손으로 쌍권총을 쏜다) 굿 럭!

호상은 총 맞고 쓰러지는 흉내를 내며 인사를 대신한다. 돼지갈빗집에서 받은 필을 호상은 이어가고 싶다. 필이라는 것이 항상 오는 것도 아니어서 호상은 이런 순간을 늘 고대한다. 오늘이 바로 그런 날이다. 휴대폰 카메라를 켠다.

#2. 돼지갈빗집 앞

휴대폰 카메라에 잡히는 돼지갈빗집 건물. 호상은 카메라 안의 피사체를 유심히 본다. 그리고 심호흡을 한다. 그리고 큐.

호상 : 네, 이곳은 선의역 근방에 있는 돼지갈빗집입니다. 제가 방금 먹고 나왔는데요, 지금까지 먹어본 갈비 중에서 가장 맛있어서 이렇게 여러분께 소개합니다.

호상은 카메라를 든 채로 건물 앞으로 다가간다.

호상 : 전라도 순천에서 직접 공수해온 돼지갈비와 양념을 잘 숙성하고 버무려서 특별한 맛을 내는데요. 시쳇말로 둘이 먹다가 한 사람이 죽어도 모를 정도로 맛있습니다. 단순히 맛있다는 표현으로는 안 되고

요, 뭐랄까… (호상은 잠깐 생각하다 떠오른 듯) 품격 있는 맛이랄까 그렇습니다. 한마디로 주인 아주머니의 손맛과 연륜이 묻어나는 맛인데요, 한 번 와보시길 적극 추천합니다.

호상은 선수답게 말은 청산유수다, 그리고 카메라 앵글과 워킹도 수준급이다. 지나가는 사람들이 힐끗힐끗 쳐다본다. 방송하는 것 같지는 않고 유튜버구나 유튜버, 요즈음 너무 흔하니까 그렇게 짐작한다.

호상 : (놀라면서) 아이쿠! 간판이 나와 버렸네요. 이러면 안 되는데. 분명히 말씀드리지만 협찬 아닙니다. 순수하게 제가 먹어보고 꼭 추천드리고 싶어서 찍고 있는 겁니다. 오해 말아 주시구요. 제 유튜브 보시면 아시겠지만 상점들 간판 많이 나옵니다. 거리를 주로 스케치하고 맛집 골목을 소개해드리기 때문입니다. 다시 한 번 상업적 의도가 없다는 점 말씀드립니다.

호상은 멘트를 계속 하면서 몸을 돌려 골목 안을 스케치한다.

#3. 동 골목

호상은 휴대폰를 들고 걸어가면서 촬영을 계속한다.

호상 : 이 골목 안에는요, 이렇게 맛집들이 많습니다. 저기 저 집은 이자까야 집인데요, 참 맛있어 보이지요? 외부 인테리어가 사람을 불러 모을 것 같습니다. 그 옆으로 보시면 복국 집이 있네요. 이자까야에서 한

잔하고 복 집에서 해장하면 되겠습니다. 가게들이 알차게 차려져 있습니다.

호상이 모퉁이에 있는 풀빵집을 발견한다.

호상 : 여기 추억의 붕어빵집이 있네요. (주인에게) 안녕하세요? 여기서 장사하신 지 얼마나 되셨어요?

주인(50대 중반 여) : (많이 해봤다는 듯 아무렇지도 않게) 촬영하시는 거예요?

호상 : 네에, 장사하신 지 오래 됐어요?

주인 : 그럼요. 여기서만 7년째입니다.

호상 : 와! 이 골목 터줏대감이시네요. (붕어빵을 가르키며) 이거 얼마예요?

주인 : 세 마리에 2천 원입니다.

호상 : 와, 비싸다. 언제부터 풀빵이 천 원을 넘었어요?

주인 : (기분이 나빠서) 지금 뭐하시는 거예요? 남의 가게 앞에서.

호상 : (아차 싶다) 아이고 죄송합니다. (한입 베어먹은 후) 와, 맛있네요. 2천 원 쌉니다 싸. 이 맛은요 2만원 짜리입니다.

주인 : (그제서야 씨익 웃으며) 하하 그래요? 고맙습니다. 많이 좀 알려주세요.

호상 : (휴 다행이다 싶어) 당연하죠. 지금 이렇게 촬영된 게 거의 그대로 나간다고 보시면 됩니다.

주인 : 네? 아까 비싸다는 말도요? 그건 빼야죠.

호상 : 아, 맞습니다. 그건 빼야지요.

주인 : (흡족해하며) 이리 오세요. 이 어묵도 한번 드서보세요.

호상은 잠시 촬영을 중단한다. 주인의 호의에 답한다. 어묵을 간장에 찍어 맛을 본다. 오 마이 갓. 이 골목 안은 음식 천국이군. 호상은 연달아 세 개를 게 눈 감추듯 먹는다. 그리고 어묵 국물도 또 같이 세 컵이나 마신다. 갈빗집에서 먹은 산삼주를 해독하듯. 그리고 오늘 이 골목의 인심과 추억을 아로새기듯.

호상 : 안녕히 계세요. (말해 놓고 아차 싶어 어디론가 뛰어간다.)

얼마 안 돼 돌아온 호상, 주인에게 뭔가를 내민다.

호상 : 아주머니 이거….
주인 : (받으며) 아니 뭐 이런 것까지….
호상 : (풀빵집을 나오며) 많이 파세요.

호상이 기분 좋게 붕어빵집을 나선다. 그 뒤로 남겨진 주인 아주머니. 그녀의 손에는 박카스 한 병이 들려 있다.

#4. 선의역 5번 출구

호상이 출구 앞에서 휴대폰을 들고 찍고 있다. 사람들이 많은 관계로 조금 쪽팔리기도 하고 해서 목소리가 아까 보다는 작다.

호상 : 바로 이곳입니다. 선의역 5번 출구. 이곳을 나와서 저쪽 왼쪽으

로 들어가면 아까 그 골목이 나옵니다. 말씀드린 곳에서 식사하고 왼쪽에 보이시죠? 쥬박스 커피점, 커피 한잔에 1,200원, 이걸 마시면 입가심은 끄읏.

호상은 말하는 내용대로 휴대폰 카메라를 연신 찍어댄다. AI가 말 내용 그대로 카메라가 따라가도록 학습한 것 같다. 찍다 보니 쪽팔림도 옅어져 목소리도 점차 커진다. 그러나 지나가는 사람들은 무심하다. 사람들도 유튜버에 학습된 것이다. AI처럼.

호상 : 저기 보이시죠. 따릉이 자전거. 천 원에 한 시간을 탈 수 있죠. 식사를 하고 커피로 입가심한 후에 저걸 타고 소화를 시키는 겁니다. 저 앞 푯말 보시면 선의도 공원이라고 쓰여 있지요. 그쪽으로 가서 한 바퀴 돌고 나면 어느새 배는 쏘옥 들어갑니다. 어떻습니까? 완벽한 맛집 골목 아닙니까? 여기는 바로 선의역 5번 출구 앞 맛집 골목이었습니다. 이상으로 세 번째 맛집 골목 투어를 마치겠습니다. 감사합니다.

휴대폰 카메라는 절대로 호상을 담지 않는다. 멘트 내용대로 담을 뿐이다. 호상은 자신의 얼굴을 찍지 않는다는 특별한 원칙이 있어서가 아니라 단지 혼자 모든 일을 하다 보니 본인의 얼굴을 찍는 게 번거로웠기 때문이다. 습관적으로 카메라는 호상의 얼굴을 피해갔다.

호상은 만족한 듯 휴대폰을 내려놓는다. 또 하나의 영상을 완성했다는 뿌듯함으로 주위를 한바퀴 휘이 둘러본다.

▶ #5. 전철 안

붐빌 것 같던 전철 안이 한산하다. 아마도 코로나19의 영향일 것이다. 호상은 좌석 한쪽 끝에 앉아 한창 편집 중이다. 그런데 누군가 발로 툭툭 찬다. 초집중 중인 호상은 눈치 채지 못한다. 이번엔 세게 찬다. 놀라서 올라보면 웬 할머니가 서 있다. 손가락으로 바닥을 가르킨다. 아차 분홍색이다. 임산부석에 앉았던 것이다. 호상은 벌떡 일어나 옆자리로 옮긴다. 할머니와 눈이 마주치자 죄송하다고 머리를 숙인다. 할머니는 괜찮다며 몰라서 그랬을 거라며 살짝 미소를 짓는다. 호상의 얼굴이 환해진다.

용서해주신 것도 감사하지만 할머니의 얼굴이 그렇게 고울 수가 없다. 하아얀 백발에 뽀얀 얼굴, 삶의 연륜을 말해주는 주름살이 얼굴 여기저기에 아름답게 피어 있다. 호상은 자신도 나이가 들면 저렇게 늙고 싶다고 생각한다. 동시에 휴대폰 카메라를 켠다. 할머니를 영상으로 담고 싶은 것이다.

> 호상 : (마음속의 말로) 아차 이러면 안 되지. 편집해야지. 병이다 병. 뭐든 보면 찍으려 하니….

호상은 다시 편집에 열중한다. 세상 참 편해졌다. 이렇게 쉬운 편집 앱이 있다니. 척척 해내는 컷 편집은 물론이고 자막이나 배경 음악도 쉽게 넣을 수 있다. 옛날에는 일대일 편집이다, 종합 편집이다 해서 방송사에서만 가능했던 일이 누구나 이렇게 쉽게 영상을 편집할 수 있

으니 참 편리한 세상이다. 그리고 휴대폰 카메라는 또 어떤가? 화질이
일반 방송 카메라 저리 가라다. 카메라 워킹도 안정적으로 된다. 스테
디 캠이 따로 필요 없다. 일부러
DSLR이나 캠코더를 들고 다
니지 않아도 된다. 물론 더
전문적인 영상을 얻으려면
필요하겠지만, 전직 방송사
PD 출신 호상에게는 유튜브
에 올릴 영상 정도면 휴대폰 카

메라를 사용해도 충분하다. 또 촬영할 때 거의 편집 수준으로 촬영할
수 있다. 동영상 촬영 시 포즈 버튼를 잘 사용하면 별도의 편집 없이
도 영상을 완성할 수 있다. 그리고 언제 어디서나 누구에게라도 전송
할 수 있어서 참 편리하다. 호상은 이래저래 휴대폰 카메라와 편집 앱
에 감탄하며 방금 촬영한 영상 편집에 빠져 있다.

바로 그때, 뭔가가 휴대폰 화면을 가렸다. 검은 먹구름이 해를 가리
듯 어떤 물체가 편집 화면을 까맣게 뒤덮어 버렸다. 놀란 호상이 올려
다본다. 아까 그 할머니였다.

할머니 : (맑은 미소를 지으며) 뭣 혀?

호상 : (똥그란 눈으로 당황하며) 아, 네 할머니… (멋적게 웃으며) 편집… 그러
니까 찍은 영상을 다듬는… 뭐라고 설명드려야….

할머니 : (대뜸 말을 자르며) 영상 편집하는구나. 무슨 앱 써?

호상 : (더 당황하며) 할머니 편집 앱 아세요?

할머니 : 그럼. 나도 유튜버여. 자네도 그런 갑구먼.

호상 : (맥이 탁 풀리며) 아, 예….

호상은 온 천지에 유튜버가 깔려 있음을 느끼고 허망하다 그럴까… 어쨌던 동료 의식은 전혀 느끼지 못한다.

호상 : 할머니 참 대단하세요. 그 연세에 유튜버를 하시다니.

할머니 : 내 연세가 어때서? 난 고작 칠십셋이여.

호상 : 네? (머리 굴리다가) 우와! 대단하십니다. 주로 뭘 올리세요?

할머니 : 궁금해? 궁금하면 구독. '하늘거리는 73세'에 들어와. 사실 이것저것 다 찍어. 느낌이 왔다 싶으면 찍어 올리는 거지. 아까 자네 찍으려다 말았어.

호상 : 아… 아까 임산부석에 앉은 것 말이죠? 정신이 없어서 그랬어요. 안 올렸죠? 절대 올리시면 안 됩니다.

할머니 : (단호하게) 물론이지. 자네도 나랑 동종이다 싶어서 촬영 안 했어. 같은 유튜버끼리 도와야지. 나도 일하다 보면 가끔 정신없을 때도 있거든.

호상 : 너무 감사합니다. 저를 같은 업종으로 봐 주셔서. 헤헤!

할머니 : 앞으론 아무리 바빠도 공중도덕은 지키자구. 자 난 이만 가네. 수고혀~.

호상 : (자리에서 일어나서) 네, 할머니 안녕히 가세요. 퐈팅입니다.

호상은 할머니의 뒷모습을 보면서 다시 한번 참 곱다 싶다. 용서도

해주시고 유튜버이시기도 하고. 칠십삼 세에 자신도 저렇게 열정적으로 살 수 있을까… 노후 설계도 잠깐 해본다.

▶️ #6. 마을버스 안

마을버스가 출발할 생각을 안 한다. 손님들을 더 태우고 갈 모양이다. 아까 전에 벌써 버스에 탄 호상은 전철역에서 에스컬레이트를 타고 지상으로 한두 명씩 뿅뿅 올라오는 사람들의 모습을 보면서 참 신기하다 생각한다. 마치 오락실의 두더지처럼 사람들이 튀어 오른다. 뿅망치로 쳐서 다시 전철역 안으로 집어넣고 싶다는 생각을 한다. 아니지 그러면 마을버스가 출발을 못하지. 어서들 오셔요. 걷지 말고 뛰어 오세요. 호상은 주문을 걸어본다. 그러거나 말거나 사람들은 나무늘보 걸음이다.

호상은 궁금하다. 몇 명이나 조회했을까? 영상을 올린 지 30분도 채 되지 않았지만 호상은 궁금해 죽겠다. 열어볼까 말까 망설인다. 왜냐하면 조회 수가 별로 없을 때 오는 실망감을 잘 알기 때문이다.

호상 : (마음속의 말로) 근데 이 버스는 왜 안 가는 거야? 여기가 뭐 시외버스 정류장이야?

호상은 괜히 짜증을 부린다. 유튜브를 확인할지 말지 결정을 못 해서 마음이 혼란스러운 것이다. 아직 버스에 사람이 찰려면 꽤 시간이 걸릴 것 같다. 심심한데 확인이나 하지 뭐. 호상은 유튜브를 열었다.

호상 : 헉! 조회 수 1회

영상을 탑재한 지 30분밖에 지나지 않았지만 호상은 절망한다. 1회도 자신이 확인 차 클릭한 것이기 때문이다.

오 마이 갓! 머리를 부여잡고 있는데, 갑자기 버스가 출발한다. 호상은 휴대폰을 떨어뜨린다. 차 바닥에 떨어진 휴대폰 속에서 동영상이 돌아가고 있다. 선의역 맛집 골목 투어 동영상이.

조회 수 2회!

#7. 호상의 집

아내(48세)와 딸(17세), 아들(22세)이 도망 다니느라 난리다. 온 거실과 주방을 뛰어다닌다. 그 뒤로 호상이 출랑이며 따라 다닌다. 휴대폰을 들고.

호상 : (애원조로) 한 번만 봐 달라니까. 딱 한 번만.
딸 : 아빠는 지금 고삐리 한테 유튜브를 보라는 게 말이 돼? 고독한 고삐리 좀 놔 두세요, 인생 설계하기도 바쁜데. 공부 좀 합시다.
호상 : 야 인마, 너 언제 공부한 적 있어? 맨날 유튜브 들여다 보면서 왜

아빠 거는 안 된다는 거야?

딸 : 아빠 저도 나름의 루틴이 있다구요. 유튜브를 보는 기준과 원칙이 있어요. 아빠 거는 제 루틴에 없다구요.

호상 : 뭐 루틴? 그게 뭔데?

딸 : 영업 비.이.밀.

호상 : (쌍심지를 켜며) 뭐? (애꿎은 아들에게) 야, 인마 넌 왜 아무 말 없어?

아들 : 말이 없긴 왜 없어요? (도망치듯 동생을 따라다니며) 저의 행동 안 보이세요? 이게 곧 제 말입니다.

호상 : 뭐 인마? 근데 넌 왜 또 아빠 거 안 봐?

아들 : 저는 최소한 10만이 넘는 것만 봅니다. 헤헤, 이건 저의 루틴.

호상 : 루틴 루틴 하지 마. 그 루틴 새로 만들면 되지. 한 번만 봐주라. 니가 봐야 10만이든 100만이든 갈 거 아냐?

아들 : 아빠 자발적으로 봐야죠, 시장 논리로. 아빠처럼 우월적 지위를 이용한 강매, 아니 강제로 보게 하는 것은 자본주의에 반하는 거죠. 아빠 거 재미가 있어요? 유용한 정보를 줘요? 뭔가 있어야 보죠.

호상 : (하도 삥뼁이 돌아 어지럽다. 그 와중에도) 야, 재미는 그렇다 치고 정보는 있지. 골목길의 맛집이라는 정보가. 이거 보고 한번 찾아가 봐. 얼마나 맛있다고.

아들 : 그런 거는 유튜브에 천지거든요. 차라리 아빠가 좋아하시는 여행 코드로 가보시죠. '빠니 보틀', '곽튜브' 이런 거 한번 봐 봐요, 얼마나 알차고 재미있는데. 재미로 치면 '차도로' 같은 격투기 유튜브도 짱이죠. '김한용의 MOCAR'는 어떻구요. 아니면 한국 정치사의 비화나 옛날 연예인의 근황이나… 얼마나 재미있는 게 많다구요.

호상 : 아니 나보고 연예인 뒤나 캐라고? 에라이 이 못된 놈. 최소한 내

가 아들이면 우리 아버지 거는 재미든 뭐든 떠나서 무조건 지지와 응원과 박수를 보낸다 이놈아.

아들 : 당연히 저도 그렇죠, 지지와 박수. 그러나 보기는 싫다는 거죠. 한두 번이 아니잖아요. 매일 찍어 오면 이렇게 강권하니 저희들이 지겨울 수밖에요.

호상 : 아이고 어지러워라. 뺑뺑이 도느라 안 그래도 어지러운데 저놈들 말 때문에 더 어지럽네. (아내에게 버럭 소리를 지르며) 당신은 왜 애들이랑 같이 놀아?

아내 : (킥킥 웃으며) 재밌잖아. 기차놀이하는 것 같고….

호상 : 뭐라? 기차놀이? 신랑이 험난한 세상 속으로 뛰어들어 제2의 인생을 살아보려고 이렇게 아둥바둥인데, 기차놀이? (악다구를 쓰며) 당신 누구 편이야아~~?

아내 : 당근 아이들 편이지~~롱 (메롱하며 더 신났다)

호상, 풀썩 주저앉는다. 더는 못 따라가겠다. 유튜브 판매 중지다.

호상 : (독백) 예수님도 고향에서는 인정 못 받았다는데 난들 도리 있겠어? 아이고 어지러워.

🎬 #8. 안방 / 밤

호상, 낮술에다 집에서 열 받아 또 혼술하고 나니 기분 좋은 취기가 올라온다. 침대에 들어 누워 핸드폰을 이리저리 클릭한다. 팔이 아프다.

호상 : (독백) 어디 갔어, 핸드폰 거치대. 원래 있는 자리에 좀 놔두지. 맨 날 어디론가 사라져. 우리 집 물건들은 발이 달렸어. (빈정대듯이) 애들하 고만 노는 우리 사모님이 발을 달아 놓은 거야. 대체 물건들이 어디로 사라지는지 자기도 몰라. 맨날 숨바꼭질 하지.

호상은 거치대를 못 찾자 애꿎은 아내를 들먹인다. 불만이 쌓일 때로 싸인 것이다. 온 방안을 샅샅이 스캔한다. 어디로 도망갔는지 한참을 스캔하는데 저쪽 화장대 옆 구석에 쳐박혀 있는 거치대를 발견한다.

호상 : (독백) 어이구 이 마누라. 화장하면서 핸드폰 했구만. 얼굴 보랴 핸드폰 보랴 바빴겠네. (또 울화가 치밀어) 썼으면 제대로 갖다 놔야지. 왜 쳐박아 놓고 지랄이야.

호상은 침대에서 내려와 거치대를 가져간다. 호상이 침대로 돌아오 는 모습 걸리고, 화장대 거울 속에 아내가 핸드폰하는 모습 보인다.

(Flash Back) 아내, 화장을 하다 말고 거치대에 꽂힌 휴대폰을 열심히 본다. 카메라 다가가면 휴대폰 속의 영상은 호상이 만든 유튜브다. '맛

집 골목길 투어, 경복궁역 3번 출구' 편을 보고 있다. 다 본 것 같은데 또 돌려본다. 그리고 다시 또 본다. 화장할 생각은 하지 않고.

아내 : (독백) 재미있네. 나도 저기 가고 싶은 생각이 드는데, 근데 왜 사람들 클릭 수가 적을까?

Cut To

호상 : (독백) 왜 사람들 클릭 수가 적을까?

호상, 침대에 누워서 열심히 핸드폰을 보고 있다. 데칼코마니처럼 아내와 똑같이 이야기한다.

Cut To

아내, 안방 문에 귀를 대고 신랑이 방안에서 하는 말과 행동을 염탐 하고 있다. 겉으로는 무심한 척했지만, 속으론 걱정이 태산이다. 그리 고 아이들 편이 아니라 정확히 신랑 편이다. 언제나 그랬듯이 늘 가슴 속에 하트 뽕뽕 사랑이 가득하다.

Cut To

호상, 자신의 유튜브 영상을 보다 말고 벌떡 일어나 앉는다.

호상 : (독백) 그렇지. 홍보를 해야 해, 홍보!

호상, 자신의 유튜브 영상을 페이스북에 올린다.

호상 : (독백) 이러면 사람들이 좀 보겠지. 치사하게 '구독', '좋아요' 요구하진 않겠어. (잠시 생각하다가) 그래야 하나?

호상은 또 결정 장애다. 할까 말까 망설인다.

호상 : (독백) 페친 중에는 모르는 사람들도 많으니까 예의 바르게 점잖게 영상만 올리자.

호상은 페북에 영상을 올린 후 만족스럽다. 무엇보다 '구독'을 애걸하지 않아서 다행스럽다.

호상 : (독백) 그럼 내친김에 카톡에도 올려볼까? 여긴 어떡하지? 페북보다는 친하니까 '좋아요', '구독' 부탁하지 뭐. 그래 그렇게 하자.

호상은 카톡의 그룹 채팅을 중심으로 유튜브 영상을 링크한다. 그리고 "코로나로 힘든 시기에 먹방 정보를 올립니다. 모두들 힘내시구요. '구독', '좋아요' 부탁합니다~~"라고 올린다. 호상은 밀린 숙제를 끝낸 듯 속이 시원하다. 그리고 올라오는 취기에 눈이 감긴다. 호상은 스르르 잠든다.

현재 시각 밤 12시 35분

오늘은 뭘 보지, 아니 오늘은 뭘 올리지? •

#9. 동 방 안 / 새벽

호상, 오줌이 마려워 자리에서 일어난다. (Diss.) 다시 자리에 눕는다. (Off Stage, O.S) 화장실 물 내려가는 소리 들리고. 자려다 말고 유튜브, 페이스북, 카톡을 차례대로 확인한다.

호상, 자리에서 벌떡 일어난다.

호상 : (독백) 뭐야, 조회 수 9, 왜 이것밖에 안 돼.

호상, 페북을 연다. 좋아요 18, 카톡 답글 없음.

호상 : (독백) 이게 뭐야. 내가 이렇게 인기가 없었단 말인가? 그동안 나랑 부어라 마셔라 친형제다 했던 놈들은 다 어디 갔단 말인가? 그 많던 동호회 회원들은 다 어디로 갔냐고? 어떻게 이렇게 모른 척할 수 있어?

호상, 미칠 지경이다. 또 술을 찾아야 하나. 멍하니 앉아 있다. 창문 틈으로 새어 들어오는 옅은 달빛만이 호상의 곁을 지키고 있다. 이래저래 잠 못 드는 밤이다.

호상이 놓친 것이 하나 있다. 유튜브 영상 홍보 시간이 밤 12시 35분. 심야였다는 걸.

F.O – F.I

호상, 다음 날 아침 눈 뜨자마자 조회 수 등 반응을 체크한다. 유튜브 조회 수 13, 페북 좋아요 21, 카톡 여전히 댓글 없음. 핸드폰을 확 집어던지려다 참는다. 그리고 어젯밤 카톡에 올린 내용을 확인하고 기겁을 한다.

화면에 꽉 차는 글자 :

"코로나로 힘든 시기에 먹방 정보를 올립니다. 모두들 힘내시구요. '구독', '좋아요' 부탁합니다~~" (Diss.)

"크러나로 힘돈 시기에 먹봉ㅂ 정보를 올림니ㄷ. 모두들 힘내라. '구독' '좋하오' 부탁합ㄴ다~~"

호상 : (독백) 미쳤지 미쳤어. 술 먹은 다음에는 절대 SNS하지 말자고 다짐해 놓고 또 올렸어. (소리치며) 박호상 너 왜 이러니이이이~~~

아내, 또 안방 문에 귀를 대고 있다. 심난한 표정이다.

#10. 출근길 전철 안

사람들로 빼곡한 전철 안. 그 속에 호상이 힘겹게 서 있다. 그 와중에도 핸드폰을 들여다 본다. 짐작한 대로 유튜브를 보고 있다. 조회 수 여전히 13. 뭐가 문제인지 영상을 보고 또 본다.

출입문이 열리자 많은 사람이 밀려 들어온다. 호상은 사람들 사이에 끼여 오징어포처럼 납작해진다. 당연히 핸드폰과 눈과의 거리는 1센티

미터. 그만큼 보기 힘들다. 너무 가까워 초점이 흐려진다. 그래도 계속 본다. 집착이다. 바로 그때 울리는 전화벨 소리. 사람들이 다 쳐다본다.

호상 : (눈치 보며 작은 소리로) 왜?

성찬 : 어디에요? 왜 이렇게 소리가 개미 소리야?

호상 : 전철 안. 빨리 말해.

성찬 : 형 이거 이렇게 올리면 어떡해요? 내 얼굴 다 나오잖아. 모자이크 처리를 하든지 해야지. 그리고 이건 또 언제 찍었어?

(Flash Back) 돼지갈빗집에서 주인 아줌마가 가져온 산삼주를 부어라 마셔라 하고 있다. 성찬이 말자 아줌마와 신이 나서 러브 샷을 한다. 그 틈을 타 호상이 휴대폰 카메라를 몰래 켠다. 두 사람을 찍고 불판의 갈비도 찍고 여러 가지 막 찍는다. 유튜버로서의 업무를 수행하고 있다.

호상 : 괜찮아. 니하고 나 사이에 모자이크 그딴 게 뭐가 필요해?

성찬 : 난 안 괜찮아. 나도 사회생활하는 공인이란 말이야.

호상 : 니가 공인이면 난 공자다 인마.

성찬 : (똥이 무서워 피하듯) 아, 알았어. 공자님 내 얼굴 어떻게 좀 해에!

호상 : 괜찮데도, 그리고 사람들 많이 보지 않아.

성찬 : 나도 알아 조회 수 13인 거. 그래도 빨리 지워.

호상 : (갑자기 부화가 치민다) 야 인마! 꼭 그렇게 이야기해야겠어? 안 그래도 아침부터 짜증이… (말하려는데 사람들이 째려본다. 목소리가 너무 컸다. 다시 톤을 낮추며) 야, 어쨌든 전화 끊어.

성찬 : 혀~어~엉. (멀리서 메아리가 끊기듯 성찬의 목소리가 작아진다.)

호상, 전화를 끊고 주변에 사죄의 시그널을 날린다. 고개 숙이며 얼굴에 썩은 미소를 띠고.

#11. 사무실 안

일이 손에 잡히지 않는 호상, 괜히 유튜브를 들여다본다. 격투기, 여행, 자동차, 동물의 세계 등 막 들락날락한다.

    호상 : 얘네들 조회 수는 왜 이렇게 많아?

조회 수 87만, 118만 등과 조회 수 13이 디졸브되며 화면에 가득 찬다. 동시에 호상의 일그러진 표정도 겹친다.
호상 얼굴 뒤로 쓰윽 부장님(48세, 호상보다 네 살 어림) 얼굴이 나타난다. 시누이가 올케를 째려보는 시선이다. 감시의 시선.
호상, 후다닥 화면을 닫고 일하는 척한다. 부장님 사라지자, 호상은 책상 위로 무너진다. 엎드려서 손으로 뒤통수를 움켜쥔다. 손아귀 힘이 어찌나 센지 머리카락을 다 뽑을 기세다.

#12. 저녁 모임, 이자카야 술집

호상, 친구 두 놈과 한잔하고 있다. 사시미가 한 상 가득 놓여 있는 걸 보니 한 잔으로 그칠 본새가 아니다.

호상 : (침 튀기며) 아니 지가 부장이면 부장이지 왜 남의 사생활을 감시하고 지랄이냐고. 나이도 어린 게. 회사가 뭐 전방 부대야? 지가 뭐 초소병이야?

헌익 : (담담하게) 초소병이 아니라 소대장.

호상 : 야 인마! 뭔 소리야?

헌익 : 부장이니까 소대장이지.

호상 : 웃기고 있네. 걔는 이등병도 못 돼, 하는 짓 보면.

현우 : (씩 쪼개며) 난 헌익이에게 한 표. 소대장. 음.

호상 : (약 바싹 올라 큰 소리로) 인마들 이거 위로는 못할망정… 니네들이 친구야? 친구냐고?

호상, 소맥 잔을 확 들이켠다. 그리고 사시미 한 점과 그만큼의 와사비를 확 집어삼킨다. 화가 나서 와사비 양을 가늠하지 못한 것이다. 웩 웩, 호상은 생난리다. 생와사비를 그렇게 쳐먹었으니 콧물 눈물이 샘솟는다. 친구 두 놈은 배꼽을 잡는다. 그래도 진정하라며 소맥을 말아 준다. 호상은 연신 받아 마신다. 몇 잔을 마셨을까? 입안의 매운 맛이 좀 가신다. 그런데 술기운이 올라온다.

호상 : 이놈의 회사 때려치든지… 서러워서 못 다니겠다.

헌익 : (시큰둥하게) 그만두면 뭐 할 건데?

호상 : (눈에 힘을 주고) 다 계획이 있지.

헌익 : (듣는 둥 마는 둥 안주 먹으며) 그놈의 계획은 맨날 있지.

호상 : (술 들이켜며) 이번에는 확실한 계획이야.

헌익 : (궁금하지도 않다) 술이나 먹어 인마.

호상 : (받은 술을 또 들이켜며) 유튜버, 들어나 봤나?

헌익 : (째려보며) 관둬라. 니가 무슨….

현우 : (안주 씹으며) 헌익이에게 한 표. (앵무새처럼 따라 하며) 관둬라.

호상 : (현우에게 짜증 내며) 야 인마. 너 선거 나왔냐?

현우 : (아랑곳하지 않고) 관둬라 유튜버.

호상 : (둘을 번갈아 보며) 인마 들 나의 큰 뜻을 모르는구먼. (술에 취해) 벌써 시작했지롱. 한번 봐 봐. 진, 진정한. 성, 성 찬. 이름하여 '진정한 성찬'. 찾아 봐. 서브 타이틀로 '맛집- 골목길 투어'야. 자아 다들 들어가서 좋아요 와 구독 눌러. 알지? (현우에게) 한잔 더 줘봐.

헌익 : (진정한 성찬을 찾아서) 미친놈. 야 조회 수 13밖에 안 되네.

호상 : (술 취한 눈을 굴리며) 어? 아까 13이었는데, 지금도 13이야? 야 괜찮 아아. 곧 10만 될 거야. 야 10만이면 돈이 얼마나 들어오는 줄 알아? 조 회 수 1회당 1원이라 생각하면 돼. 10만이면 10만 원, 100만이면 100만 원. 이것도 영상 하나당 주는 거니까. 만약에 영상이 열 개라면 얼마 니? 계산 해봐 봐.

호상, 술기운에 굉장히 희망적인 멘트를 날린다. 그러나 술이 취해 말이 좀 꼬인다.

호상 : (손가락질하며) 니들 나한테 잘 보여야 되에. 난 곧 재벌 될 테니까. 제2의 인생 멋들어지게 살거니까.

헌익 : (정확히 계산하며) 현재 13이면 13원이네. 호상아, 오늘 13원어치만 먹어라.

현우 : 나도 동의에 한 표. 13원. 그래 13원어치만.

호상, 술에 취해 그냥 현우를 멀뚱멀뚱 쳐다만 본다.

헌익 : (아이 달래듯) 자아, 이제 젓가락 놓자. (호상이 아기처럼 따라 한다.) 그리고 술잔도 놓자아. (호상, 또 따라 한다. 술에 많이 취했다)

현우 : (헌익과 똑같이) 어이구 잘 한다. (호상의 머리를 쓰다듬는다. 그리고 젓가락과 술잔을 한쪽으로 싹 치운다.)

호상, 두 놈이 하는 대로 따라 하다가 갑자기 벌떡 일어난다.

호상 : (휴대폰 꺼내서) 자아 나 봐 봐. 지금 이 장면 찍을 거야. 이집 맛 괜찮네. 너희들도 나올 테니까 걱정하지 말고오.

헌익, 현우 동시에 머리를 숙이고 얼굴을 가린다. 어디 못 갈 곳에 가서 들킨 것처럼. 동시에 헌익이 숙인 채로 호상에게 다가와 휴대폰을 확 낚아챈다.

헌익 : (호상에게 부드럽게) 손님, 여기서 이러시면 안 됩니다. 자 앉으시죠. (현우에게 앉히라고 눈짓한다.)

현우 : 자 앉아요. (호상을 앉힌다.)

호상 : 이거 왜 이래? 이 형아가 작품 활동하겠다는데, 돈 많이 벌면 니네들 맛있는 것… (하는데 갑자기 공중부양된다. 두 놈이 호상을 양쪽에서 들었다.)

호상은 들린 채로 악다구니를 쓴다.

호상 : (술 취한 채로) 야 찍어야 한다구. 이 맛있는 집을. 그리고 니네들도 나온다니까. 어쩌면 스타가 될 수 있다니까. 사장님 안 그래요? 손님 여러분 안 그렇습니까?

사장 이하 가게의 모든 사람들이 킥킥 웃으며 이 광경을 목도하고 있다. 그리고 사라지는 세 사람. 잠시 후 갑자기 현우가 뛰어 들어 온다.

현우 : (카드 내밀며) 여기 계산요.

#13. 청운산 입구 편의점

앞서 내민 카드 클로즈업. 카드 받는 손 올라가면 호상이다. 아메리카노 커피 한 잔을 들고 편의점을 나온다. 호상, 시계를 보며 주변을 두리번거린다. 저 멀리서 뛰어오는 흥범(52살, 중학교 동창).

호상 : (화가 나 소리치며) 야 빨리 안 뛰어?

흥범 : (할딱이며) 뛰고 있잖아.

호상 : 빨랑 안 와? 지금이 몇 시야?

흥범 : (다 와서) 미안 미안. 버스 노선이 바뀌었더라구. 한참을 돌아 왔어.

호상 : 야 인마, 아무리 그래도 그렇지 1시간 20분 늦는 게 말이 돼? 10 분 20분도 아니고.

흥범 : 글쎄 말이야. 여튼 미안해.

호상 : 안 되겠다. 너 버르장머리 고치려면 찍어야겠어.

흥범 : (기겁을 하며) 오! 제발 그것만은 안 돼.

흥범은 알고 있었던 것이다. 호상이 조금의 빈틈만 보이면 찍어대는 걸. 유튜브에 올리는 걸. 어떤 형태로든 흥범 자신의 얼굴이 유튜브에 올라가는 일은 막아야 했다. 유명 인사도 아니지만 어쨌던 얼굴이 노출되는 것에는 심할 정도로 민감하다. 거의 알레르기 수준이다. 평소에도 사진 찍는 걸 질색하며 싫어한다. 어디 놀러 가도 흥범 얼굴 한 컷 찍는 건 하늘의 별따기다. 쫓아다니며 사정을 해도 절대 찍지 않는다. 이 놈을 찍는 건 거의 자연 다큐멘터리 수준이다. 잠복도 해야하고 밑밥을 깔아 유인도 해야 한다. 어쨌든 흥범 저놈은 참 찍기 힘든 놈이라니깐.

호상 : 안 되긴 뭐가 안 돼. 너 하루 이틀이야? 맨날 늦잖아.

핸드폰을 꺼내려 하자, 흥범이 달려들어 온몸으로 막는다.

흥범 : 그래그래 오늘 저녁 내가 쏠게. 고기로.

호상 : 쏘긴 뭘 쏴? 뭘 잘했다고 총질이야? 그냥 조신하게 겸손하게 계
산만 해.

흥범 : 오케이, 알았어

호상 : 너 혹시… (째려 보며) 돼지는 아니겠지?

흥범 : 우리가 늘 먹는 거로 해야지. (당연한 듯 입술 깨물며) 돼지로.

호상 : (갑자기 휴대폰을 꺼내서 찍으려는 시늉을 하며) 안 되지, 돼지는 절대. 오
늘은 쇠야 쇠, 쇠고기.

흥범 : (핸드폰을 보고 기겁을 하며) 알써 알써 알았다고.

호상, 그제서야 핸드폰을 내려놓고 흥범의 어깨를 감싼다.

호상 : 앞으론 늦지 마. 자꾸 그러면 전 세계에 너의 만행을 다 알릴 테
니까. 알어?

흥범 : 어, 그래그래.

　호상에게 현타가 왔다. 유튜버의 영향력이 이렇게 큰데, 이 길을 아
니 갈 수 없다 생각한다. 순식간에 돼지에서 소로 바꾸는 이 영향력,
참 잘 선택했다 생각한다. 그래서 다짐하고 또 다짐한다. 지금의 저조
한 조회 수는 창대한 미래의 밑거름이 될 것이다. 지금 이 시기만 잘
넘기면 글로벌한 영향력을 가진 유튜버가 될 수 있을 것이다. 가야 한
다. 가야 해. 유튜버의 길을.

🎬 #14. 등산길

호상 : 서둘러야 돼. 산 정상에서 주형이 만나기로 했잖아.

흥범 : 그럼그럼 빨리 가자. 근데 내 다리가 따라줄지는 모르겠다.

호상 : 너 또 중간에 퍼지면… 그땐 용서 없어. 나 혼자 올라갈 거야.

흥범 : 고럼고럼 나도 값싼 동정 안 바래. 혼자 올라가. 시원하게. 나는 신경 쓰지 말고.

호상 : (의심의 눈초리로) 너 혹시 아예 포기하는 것 아냐?

흥범 : (마음을 들킨 것 같아 표정 바꾸며) 아 아냐, 절대로. 인마 맨날 퍼질 수는 없지. 오늘은 내가 잘못한 것도 있고 하니 온 힘과 온 맘을 다해 정상에 갈 거니까 걱정하지 말라. (독립선언문 읽는 것 같다.)

호상 : 미친놈. 니가 김구 선생이니? 자 출발.

호상은 흥범이 얄밉다는 듯 빠른 걸음으로 냅다 올라간다. 흥범도 잽싸게 따른다. 그러나 채 5분도 되지 않아 둘의 간격은 벌어진다. 호상, 뒤처지는 흥범을 본다.

호상 : 너 또 그 버릇이냐? 간격 두는 거. 그러다가 슬쩍 빠지는 거.

흥범 : (학학 거리며) 잔말 말고 올라가기나 해. 잘 따라가고 있구먼.

호상 : 지랄. 알아서 해. 난 간다. 정상에서 보자.

흥범 : (뭔가 다른 계획을 가진 듯 쓴 미소를 지으며) 어어, 어여 가. 따라갈게.

호상이 시야에서 사라지자 흥범 곧바로 길옆에 퍼질러 앉는다.

흥범 : 절마는 산에만 오면 기고만장이야. 무조건 직진이라니까. 옆도 쳐다보지 않으니 뒤에 있는 친구는 신경도 안 써. 의리 없는 놈. (그러나 기분은 좋다. 호상 저놈의 눈치를 보지 않아도 돼서. 한시름 놓고 있는 바로 그때, 삐리리 전화벨이 울린다.)

흥범 : (괜히 숨 헐떡이는 척하며) 어, 주형아

주형 : 잘 올라오고 있니?

흥범 : (더 헐떡이며) 고럼. 잘 가고 있다.

주형 : (못 미더워서) 정말? 웬일?

흥범 : 뭐 나라고 맨날 산 중턱에 자리 깔 일 있니? 나도 한다면 한다.

주형 : 그래? 기특하네. 맨날 중간에 퍼져 놀더만. 호상이는?

흥범 : 저 앞에 가고 있다. (거짓말이 켕겨서) 좀 있다 정상에서 보자. 끊는다.

흥범은 주형의 말도 듣지 않고 냉큼 끊는다.

📽️ #15. 산 정상

난리도 아니다. 호상과 주형은 기념 촬영을 한다. 이쪽에서 찍어보고 저쪽에서도 찍어본다. 당연히 호상은 동영상을 찍는다. 마치 에베레스트에 오른 것처럼 호들갑을 떤다. 어찌나 시끄러운지 사람들이 째려본다. 그러거나 말거나 호상은 정상 등극의 기록을 남기느라 여념이 없다. 그 옆으로 정상 표지석이 보인다. 해발 290미터.

#16. 하산 길

호상 : 흥범 일마는 어디쯤 있을까? 한 번도 정상에 온 적이 없어. 그러면서 산에는 왜 오지?

주형 : 놔둬라. 하루 이틀도 아니고. 저만의 세계가 있겠지.

호상 : 체력도 안 되고 정신력도 안 되는 놈이 뭐하러 자꾸 따라오는지 몰라.

주형 : 그치? 나도 궁금하기는 해.

한참을 내려오는데 저 멀리 벤치에서 누군가 누워서 노래를 흥얼거리고 있다. 완전 힐링 모드다. 행복에 푸욱 잠겨 있다. 가까워지자 드러나는 정체, 그분은 흥범이다.

호상 : 내 이럴 줄 알았어. 팔자 늘어졌구만.

주형 : 흥범아, 여기서 뭐하니?

흥범 : (전혀 놀라지 않고) 어 친구들, 어서 오시게. 힘들지 않았어?

호상 : 미친놈. 니는 좀 힘들겠다. 누워 있느라.

흥범 : (너무 편하고 좋아서 반대로 이야기한다.) 그럼 많이 힘들어. 이 피톤치드 향 맡으며 카톡도 때리고 음악도 듣고 갤러리도 정리하느라 힘들어 죽겠어. 아주 죽을 맛이야. (신 나서 목소리가 날아간다.)

주형 : 봐라. 저만의 세계가 있다 했잖아.

호상 : 무슨 세계? 목욕의 세계?

주형 : 어.

호상 : 여기가 뭐 목욕탕이야? 삼림욕하게?

흥범 : 그치. 목욕. 때밀이를 안 가져온 게 천추의 한이다. 어이 호상이, 여기 와서 등 좀 밀어라.

호상 : 오냐, 내 니 등 밀어주께. (하며 핸드폰을 꺼낸다.)

흥범 : (벌떡 일어나 앉으며) 안 돼 안 돼, 그것만은. (얼굴을 숙이고 가리고 또 생난리다.)

주형 : (중계 방송하듯) 여러분들은 지금 카메라 공포증에 걸린 환자를 보고 계십니다.

흥범 : 가자 가. 쇠고기 먹으로.

흥범, 두 친구를 소몰듯이 몰아서 내려간다.

🎬 #17. 고깃집

한우 투뿔 등심이 먹음직스럽게 익고 있다. 카메라 빠지면 야외 바비큐장이다. 멀리서 보니 한 사람은 열심히 굽고 또 한 사람 주형은 열심히 먹고 있다. 또 다른 한 사람 호상은 짐작한 대로 열심히 작품 활동 중이다.

호상 물 만난 고기다.

호상 : (등심 클로즈업) 여러분 이 고기 보십시오. 이 아름다운 빛깔, 붉은색 중에서도 이 선홍색 빛, 피를 머금은, 아니 육즙 가득 품은 불그스레

한 자태, 군침이 돌지 않습니까? (등심 + 숯불) 이 숯불은 어떻습니까? 맑은 빨간색이라 할까요? 어디서 온 숯이길래 이렇게 순수합니까? 제가 본 숯불 중에서 가장 맑은 영혼을 가진 것 같습니다. 이 숯의 맑은 향내가 쫙악 배긴 이 등심, 이것 보십시오. 조금씩 솟아올라오는 육즙, 맑은 향내와 순수한 육즙의 만남, 캬! 입안에서 녹을 것 같습니다.

오늘따라 호상의 멘트는 날아간다. 필 받은 것이다.

호상 : (야외 바비큐장) 이곳은요 청운산 아래에 있는 고깃집인데요, 이렇게 넓은 야외에서 마치 캠핑 온 것처럼 고기를 구워 먹을 수 있습니다. 가격도 저렴하구요 무엇보다 집에서 고구마, 감자, 조개, 새우 등을 가져와서 마음껏 구워 먹을 수도 있습니다. 저 옆을 보시면요 가족 단위로 와서 좋은 시간을 보내고 있네요. (다시 카메라 흥범, 주형 쪽으로) 저는요 지금 친구들이랑 산 정상을 다녀와서 허기진 배를 채우기 위해 이렇게 판을 벌이고 있습니다.

주형 : (핸드폰 카메라 보며) 여기서 말하는 산 정상은요, 290미터나 되는 아주 높은 산이랍니다.

호상 : (카메라 뒤에서) 아이쿠 우리의 영업 비밀을 말해 버렸네요, 헤헤.

흥범 : (얼굴 가린 채로) 전 산이 너어무 높아서 아래에서 목욕, 그니까 삼림욕만 했습니다.

호상 : (흥범를 카메라로 비추며) 이 친구는요 절대 얼굴을 보여주지 않습니다. 저렇게 늘 범죄자처럼 나옵니다. 그래도 저의 다정한 친구입니다.

주형 갑자기 카메라 앞으로 오더니 카메라를 향해 브이 자를 그린다. 동시에 잘 익은 등심을 젓가락으로 집어 카메라 앞에 갖다 댄다.

주형 : 여러분들도 한번 드셔보세요. 쥑입니다. (윙크 한번 하고 입으로 가져간다. 고기를 입으로 멋지게 씹으려 하자, 호상, 핸드폰 카메라를 흥범 쪽으로 확 돌린다. 주형은 멋쩍어 하고, 흥범은 또 범죄자 모드 돌입이다. 고개 숙이고 팔로 가리고 고기를 굽는다. 카메라 흥범 얼굴 찍으려 하지만, 도저히 찍을 수 없다. 호상은 흥범을 담는 방법은 잠복해서 몰래 찍을 수밖에 없음을 다시 한번 느낀다.)

호상 : 흥범 절마는 완전 자연 다큐라니까.

▶ #18. 고깃집 앞

호상 : (만족한 듯) 흥범아, 쇠고기 잘 먹었다. 오늘 참 좋았어.

주형 : 그래서 아까 그렇게 날아갔구나. 멘트 좋고 영상 좋고.

흥범 : 그게 다 내가 사준 쇠고기 때문이지, 맞지?

호상 : (내키진 않지만) 뭐 그런 것도 같다. 자 이제 나는 간다.

주형 : 어디? 또 혼자 가려고?

흥범 : 그래 호상아. 오늘은 같이 가자. 시내 가서 호프도 한 잔 때리고.

호상 : 노노! 이 몸은 아직 할 일이 남았어.

주형 : 뭐? 또 찍으려고?

호상 : 찍는다기보다는 혼자 가면서 이 세상과 인생을 논할 거야.

흥범 : 니는 논할 게 뭐가 그리 많아?

호상 : 왜? 떪냐? 오늘은 너의 목욕에 대해 논해볼란다.

흥범 : (같잖다는 듯이) 때도 안 밀어 준 놈이 논하긴 뭘 논해? 왜? 쇠고기로 부족하냐?

호상 : 노노! 충분! 그래서 논할 힘이 난다는 거야, 인생을.

주형 : 야 야 놔둬라. 절마 저러는 거 하루 이틀도 아니고.

흥범 : 하루 이틀? 어디서 많이 들어본 말인데.

주형 : 그래 인마. 너한테 했던 말이다. 이 하루 이틀아. 맨날 산중턱에 퍼지는 놈아.

호상 : 싸우지들 말거라. 이 인생이 얼마나 아름다운데, 자 굿바이~~

　흥범과 주형은 할 수 없다는 듯 호상을 보내준다. 그리고 호상의 뒷모습을 아주 짧게 쳐다본 후 일사분란하게 근처 편의점으로 들어간다. 호상이 습관대로 혼자 길을 떠나는 것처럼 두 놈도 늘 하던대로 담배를 사러 들어간 것이다. 호상이 있었다면 또 담배 피운다고 카메라 돌리고 생난리를 쳤을 것이다. 호상은 두 놈에게 끊어라 끊어라 따라다니며 노래하고 있다. 카메라를 돌리면서. 백 번 잔소리보다 카메라 한방이 더 효과적이란 걸 호상은 잘 알고 있기 때문이다.

#19. 양지천 길

　호상, 양지천변을 걷고 있다. 귓구멍에 이어폰을 꽂았는데 걷는 게 어찌 좀 이상하다. 똥이 마려운지 몸을 비비 꼬기도 한다. 좀 더 자세

히 보니 팔도 들었다 났다 하고 손으로 허공을 휘젓기도 한다. 스텝도 리듬을 타는 것 같다. 아하, 춤을 추고 있다. 혼자 신이 났다. 노래도 흥얼거린다. 옆으로 지나가는 사람들이 의문의 눈초리를 보낸다. 그러거나 말거나 호상은 혼자만의 나이트 클럽에서 춤을 추고 혼자만의 노래방에서 노래를 부른다. 아마도 오늘 먹은 쇠고기 때문일 것이다. 아니다. 그것보다는 쇠고기 집에서 자신의 작품 활동이 잘 됐기 때문일 것이다. 그것도 아니면 거나하게 술이 한잔 들어갔기 때문일 것이다.

어느덧 엽은 어둠이 짙게 변했다. 호상의 춤사위와 노랫소리는 더 격렬해지고 커졌다. 어둠은 늘 용기를 불어 넣는다. 그뿐만 아니라 없던 능력도 만들어 낸다. 호상은 양지천의 물고기들과 이런저런 대화를 나눈다. 그중 하이라이트는 작품 활동에 관한 것이다. 쇠고깃집에서 만든 영상에 대해 자랑을 늘어놓는다. 물론 말로 하는 것이 아니라 느낌적으로 커뮤니케이션하고 있다. 아직 저녁을 먹지 못한 왜가리와도 말한다. 너 저 물고기 잡아 먹으면 안 돼. 내 친구들이야. 양지천 물 위를 걷는 왜가리는 알아들었는지 휑하니 다른 곳으로 날아간다. 호상은 오늘밤 느낌적으로 느낀 느낌이 참 좋다. 이게 사는 맛이라 생각한다. 그러면서 물을 건너기 위해 징검다리를 건너려 천변으로 내려간다. 바로 그때….

미끄덩 넘어지면서 무릎팍이 돌부리와 쾅 부딪힌다. 어찌나 아프던지 눈물이 날 지경이다. 일어나려 하지만 일어날 수가 없다. 호상은 무릎을 살핀다. 만질 수가 없다. 손길이 스치기만 해도 통증이 온다. 혹시 뼈가 깨졌을까? 그럴 리가 없다. 호상의 말에 의하면 본인은 뼈대 있는 집안 출신이어서 뼈는 절대 부러지지 않는다 했다. 교통사고가 나면 다른 곳은 이상이 있어도 뼈는 꼿꼿하게 살아 있을 것이라고 늘 이야기하며 다녔다. 그래서 뼈가 상할 리 없다. 그렇다면 일어설 수 있을 것이다. "에잇" 하며 일어난다. 그러나 이내 주저앉는다. 다시 한 번 이번에는 "으라차차" 힘을 낸다. 결국 일어섰다. 걸어본다. 그런 대로 괜찮다. 절뚝

이며 징검다리를 건너고 기차역을 향해 걸어간다. 걷다 보니 무릎도 좀 나아지는 것 같다. 쉬가 마려워 화장실에 들른다. 쏟아지는 쉬에서는 향기로운 냄새가 난다. 바로 쇠고기 냄새다.

호상 : 크크

호상은 또 다시 쇠고기집에서의 기분 좋은 추억을 떠올린다. 손을 씻으며 거울 속의 모습을 본다. 이상하게도 성공한 유튜버의 모습이 보인다. 그럴 리가 없는데 하며 유심히 바라보는 그 순간, 뒷주머니에 꽂혀 있던 우산이 없어진 것을 발견한다.

호상 : 아차, 아까 넘어질 때 떨어졌구나. 그 우산은 한번도 쓰지 않은 건데. 선물 받은 건데. 비싼 우산인데. 접는 우산인데. 갈고리 손잡이 있어서 쬑이는데….

생각할수록 아깝다. 그래서 냅다 뛰기 시작한다. 혹시 누가 주워간 건 아닌지, 물속에 빠져 떠내려 간 건 아닌지, 아니면 아까 왜가리가 앙심을 품고 물고 간 거는 아닌지, 호상은 무릎의 통증을 느낄 새도 없이 우사인 볼트의 속력으로 문제의 장소에 도착한다. 사고의 흔적이 선명하게 남아 있다. 넘어지면서 육중한 몸무게가 눌러 놓은 모양이 흙바닥에 지문처럼 찍혀 있다. 그 주변을 찬찬히 살핀다.

호상 : 어? 저건 뭐지? 맞네. 저기 있네. 있어.

호상은 기뻐서 폴짝폴짝 뛰다가 이내 멈춘다. 목적을 달성하니 무릎의 통증이 시작된다. 아이고 아파라. 우산을 찾아 들고 다시 징금다리를 절뚝이며 건넌다. 이번에는 우산을 손에 꼭 쥔다. 뒷주머니에 방치할 수 없다. 아이의 가출을 경험해본 부모의 심정으로 더 이상 우산의 가출을 허락하지 않을 것이다. 다짐의 뜻으로 눈에 힘을 주고 우산을 쥔 손을 본다. 바로 그 찰나,

시계가 눈에 들어온다. 아뿔사 기차 시간이 7분밖에 남지 않았다. 또 뛴다. 이번에는 일론 머스크의 우주선 꼬리에 붙은 불꽃처럼 날아간다. 당연히 무릎의 통증도 없어진다. 웬걸, 뛰다보니 정말 하늘을 나는 것 같다. 아프지도 않고, 손에는 애지중지하는 우산이 들려 있고, 쇠고기도 먹었고, 무엇보다 유튜브 작품이 잘돼서 우주선 조종사가 된 기분이다. 에스컬레이트 대신에 계단을 선택한다. 날고 있기 때문에 관계없다. 순식간에 역 안으로 들어간다. 개찰구에 바코드도 한 번

에 찍힌다. 세상에나 오늘 같은 날이 또 있을까? 그놈의 바코드는 한 번에 되는 법이 없었다. 몇 번을 시도해야 인식되기 일쑤다. 그런데 오늘은 한방에 읽힌다.

또 다시 계단을 날아서 플랫폼에 도착하니 이제 막 역 안으로 기차가 들어온다. 할딱거리는 숨이 기차 레일 철커덩 소리에 얹혀 춤을 춘다. 이윽고 기차 문이 열리고 호상은 자리를 찾아 안락한 휴식을 취한다. 문득 바지가 눈에 들어온다. 오 마이 갓! 온통 흙투성이다. 노숙자 패션이다. 평소 노숙자와 얘기를 나눠 보고 싶었는데 본인이 노숙자가 된 기분이다. 기분이 좋다. 왜냐하면 노숙자의 그 자유로움을 잠깐 느낄 수 있었기 때문이다. 호상은 가끔 노숙자가 되어 세상을 방랑하며 모든 규정과 틀을 버리고 싶다는 생각을 한다. 호상을 둘러싸고 있는 온갖 타이틀에서 벗어나고 싶었다. 직업도 아빠란 타이틀도 월급의 올가미에서도 수많은 관계도 모두 다 한번쯤은 버리고 싶었다. 바지에 묻은 흙이 묘한 자유를 주는 것 같다. 그래도

닦아야 한다고 생각한다. 바지에 온통 흙을 묻히고 집까지 갈 수 없는 노릇이다. 사람들이 쳐다보기 때문이다. 그 시선이 바로 현실이다. 방랑이니 자유니 하는 것들은 현실에서는 녹록지 않다. 틀 지워진 세상에서는 틀 지워진 대로 살아야 한다. 그게 행복은 아닐지라도 편하기 때문이다. 세상의 규정대로 사는 것, 그게 편한 생활이다. 이렇게 모순 속에서 사는 것이 인간들의 삶이 아니던가? 호상은 일단 한잠 때리기로 한다. 정거장에 도착하기 전에 기차 화장실에 가서 흙을 털어내기로 하고. 얼마의 시간이 흘렀을까?

눈을 떴다. 마지막 정거장이라는 안내 멘트가 나오고 있다. 호상은 벌떡 일어나 화장실 칸으로 또 달린다. 승객들의 시선이 호상의 흔적을 따라 꽂힌다. 무릎 따위엔 신경도 안 쓰인다. 빨리 가서 흙을 털어야 한다. 그렇지 않으면 집까지 가는 길에 무수한 시선이 꽂힐 것이다. 무엇보다 아내에게 혼날 생각을 하니 아찔하다. 호상도 어쩔 수 없는 남편이자 아빠다. 다행히 화장실 칸은 비어 있다. 물을 튼다. 닦고 또 닦는다. 누른 흙이 차츰 없어진다. 덩달아 규정에서 벗어나고 싶다는 호상의 꿈도 사라진다. 호상은 멍하니 거울 속을 들여다본다. 난 누구인가? 여기서 뭘 하고 있는 건가? 앞으로 어떻게 살건가? 온갖 생각이 찰나를 스쳐간다. 그 순간,

아차, 또 우산이 없다. 호상은 화장실 칸을 박차고 나와 또 달린다. 화장실 세면대에 물이 차오른다. 곧 흘러넘칠 것이다.

오늘은 마라토너다. 뛰고 또 뛴다. 기차는 정차해 있는데 호상 혼자서 거꾸로 뛰고 있다. 기차가 출발하기 전에 원래 자리까지 가야 한다. 가서 우산을 찾아야 한다. 또 사람들의 시선이 꽂힌다. 이래저래 호상은 연예인이 된 느낌이다. 아니면 스포츠 스타인가? 시선을 한 몸에 받고 있으니. 휴, 저기 있다 있어. 호상은 좌석 옆에 비스듬히 누워 있는 우산을 잽싸게 주워서 잽싸게 기차 문으로 뛰어간다. 기차 문이 막 닫히기 시작한다. 오! 안 돼. 호상은 자기도 모르게 소리친다. 그 소리에 기차 문이 놀랐는지 스스로 닫히기를 멈추는 것 같다. 갑자기 세상이 슬로우 비디오로 바뀐다. 호상은 그 틈을 기가 차게 빠져 나온다.

몸의 부피를 반으로 줄이고 옆으로 쏘옥 빠져 나온다. 기차 문을 빠져 나오는 호상의 모습은 오징어 버터 구이처럼 납작하다. 얼마나 기뻤을 까?

호상은 온몸을 파르르 턴다. 버터구이는 펴져서 원래의 호상으로 돌아온다. 그리고 우산의 자동 단추를 누른다. 낙하산처럼 쫘아악 펴진다. 호상은 우산을 머리 위로 쓰고 스텝을 밟는다. 낯익은 장면이 떠오른다. 거시기 그 영화. 싱잉 인 더 레인(Singing in The Rain)이던가? 비도 오지 않는데, 그리고 실내 역인데. 사람들이 쳐다본다. 그러거나 말거나 호상은 스텝 밟고 춤추고 난리다. 너무나 기쁘다, 우산을 찾은 것이. 이제 무릎도 하나도 안 아프다.

▶ #20. 집

무릎에 파스가 붙는다. 카메라 빠지면 아내가 붙이고 있다. 호상은 아픔을 참느라 인상을 쓰고 있다.

호상 : (급기야 신음을 낸다) 아~~~
아내 : 으이그! 좀 참아.
호상 : (미간을 찌푸리며) 참는 중이잖아. 내 얼굴 봐. 이게 참고 있는 거지, 아픔을 토로하는 거냐고?
아내 : (한번 쳐다보고 단호하게) 어, 토로하는 거야.
호상 : 내가 미쳐. 와이프로서 위로가 좀 돼 봐. 후벼파지 말고.

아내 : (으름장 높으며) 자꾸 그러면 무릎 후벼판다.

호상 : (놀라며) 알써 알써. 파스나 잘 붙여.

식탁 위에 꿀 차가 올라와 있다. 호상 한모금 한다.

호상 : (눈 감고 감탄하며) 으매 좋은 거. 묵은 피로가 화악 씻겨 내려가네.

아내 : (흐뭇해 하며) 그렇게도 시원해? 무릎도 이제 안 아파?

호상 : 어디 보자. (손으로 무릎을 슬쩍 건드려 본다.) 아야.

아내 : (피식 웃으며) 엄살은?

호상 : 엄살? 당신이 그 상황을 못 봐서 하는 말이야. 얼마나 세게 부딪혔는데. 당신도 알다시피 내가 선산 김 가잖아. 뼈대 있는 집안 출신이잖아. 그래서 다행히도 뼈가 안 부러진 거야.

아내 : (눈 흘기며 그래도 인정한다는 듯이) 그 놈의 뼈대는….

호상 : 증명이 됐잖아. 돌부리에 시속 200킬로로 부딪혔지. 그리고 얼마나 많이 달렸는데. 거의 42.195킬로는 달렸을 거야. 뼈대가 없었으면 오늘 집에 없을 거야. 아마 응급실에 있었을걸.

아내 : 설 그만 풀어. 이미 다 들었잖아. 그 위대한 여정 다 찍었지?

호상 : (깜짝 놀라며) 오 마이 갓. 안 찍었네. 안 찍었어.

아내 : 왜 그랬어? 맨날 뭐든 찍어대더만, 당신의 '무릎 사고 더하기 뜀박질'은 왜 안 찍었어? 비전문가인 내가 들어도 그건 재미나겠구만.

호상 : (한숨 쉬며) 그러게 말이야. 한 편의 로드 무비가 될 텐데. 제목하여 '우산과 연애하다', 바로 10만 각인데 찍을 생각을 못했네.

아내 : (미소 띠며, 절대 빈정거리는 것이 아닌) 뼈대 있는 집안은 맞는데, 머리

있는 집안은 아니네. 바보처럼 머리가 비었네,

호상 : (의외로 쉽게 인정하며) 당신 말이 맞아. 난 머리가 돌통이야. 대체 왜 놓쳤을까?

호상은 심하게 자책한다. 이를 본 아내는 마음이 짠해진다. 평소 호상이 유튜브에 얼마나 목을 매고 있는지 알기 때문이다. 머리가 비었다는 말도 괜히 한 것 같다.

아내 : (짐짓 큰 소리로) 어이! 인간 김호상, 뭐 그깟 것 갖고 그래? 그런 상황은 얼마든지 다시 올 수 있어. 뭐가 문제야? 뼈대 있겠다, 잠깐 까먹긴 해도 머리 있겠다, 그리고 내가 있는데.

호상 : (피식 웃으며) 아깐 머리 없다매?

아내 : (웃으며) 그건 농담이지. 당신하고 산 게 얼만데. 내가 당신을 몰라? 당신 집안을 몰라? 확실한 과학적 데이터를 갖고 하는 말이야.

호상 : 과학적 데이터?

아내 : 그럼. 당신하고 산 게 23년, 당신이 집안과 관련해 이야기한 게 3천 333번, 아버님의 말씀은 약 천오백 번, 어머님 말씀은 약 오백 번, 그 있잖아 구미 고향에 당신 문중 형님 약 삼백 번, 이를 모두 더하고 곱하고 나누면….

호상 : (표정이 환해지며) 당신 대단한데? 확실한 과학적 근거가 있는 말이군. 당신 짱이야.

아내 : (호상이 기분 풀어진 걸 확인하고) 그치? 그니까 아무 걱정하지 말고, 이제 자도록 해요. (오른 주먹을 불끈 쥐며) 내일은 내일의 태양이 뜬다.

아내가 호상을 조심스럽게 부축하고 안방으로 데려간다. 그 뒷모습이 참 다정하고 보기 좋다.

#21. 안방

침대에 누운 호상이 핸드폰을 연다. 습관적으로 자기 전에 유튜브 조회 수를 확인한다. 웬일? 조회수가 102다. 아침보다 열 배나 많은 수치다. 호상은 좋아서 소리친다.

호상 : 여보, 조회 수가 백이 넘었어. 이리 와 봐.

아내 : (안방 바깥 주방에서 들리는 소리) 어, 알았어. 편히 주무세요.

호상 : 백이 넘었다니까. 한번 봐 봐.

아내 : 나 지금 설거지 중. 나중에 볼게요.

호상 : (약간 실망한 듯) 그래 알았어. 나 먼저 잔다.

호상은 오랜만에 기분 좋은 상태로 잠이 든다. 무릎은 욱신거리지만 마음은 가볍다. 잠시 후 코 고는 소리가 진동을 한다. 안방 문이 조심스럽게 열리더니 누군가 들어온다. 아내다. 침대 곁으로 가는 가 싶더니 곧장 나간다. 카메라 천천히 침대 쪽으로 다가간다. 자고 있는 호상 옆 탁자에 점점 가까워진다. 뭔가 작은 박스가 놓여 있다. 핸드폰이다. 요즈음 비싸도 없어서 못 산다는 바로 그 폰이다. 폴드 폰.

에필로그

📽 # 오늘 오전 주방

카메라 멀리서 달리 인(Dolly In)하면 아내가 식탁에 앉아 어딘가로 계속 전화를 걸고 있다. (V.O. voice over)

아내 : 어, 미화야, 유튜버에 가서 '진정한 성찬-맛집 골목길 투어' 한번 봐 봐. 우리 신랑이 만든건데 그런 대로 괜찮아….
아내 : 정희야 잘 지냈어?… 한번 볼래? 유익한 정보 많아….'
아내 : 수윤아 요즈음도 맛집 가니? …한번 봐….

순자야… 희숙아… 미자야… 남순아… 은주야… 아내가 끝도 없이 전화한다. 초중고대 동창은 물론 문화센터 동기들, 아이들 친구 학부모 등 있는 연줄은 다 끌어모으고 있다.

✏ 추신

인트로

유튜브는 블랙홀이다. 모든 정보를 빨아들이는 블랙홀. 특히 정보를 영상으로 치환함으로써 심각한 중독을 일으키며 때로는 생활의 편리함을 맛보지만, 때로는 잘못

된 정보 때문에 심각한 문제에 직면하기도 하므로 사실 유튜브의 정보가 진짜인지 가짜인지는 개인으로서 알 방법이 없을 뿐만 아니라 진위를 알았다 하더라도 대처하기가 쉽지 않다. 유튜브에서 흘러나오는 정보에 우리는 습관적으로 노출되고 습관적으로 수용하며 습관적으로 함께 살아가는데, 과연 이렇게 살아가도 되는 건지 심각한 의문이 들므로 이를 어찌 할꼬?

제안 1 – 선택적 시청

유튜브의 알고리즘에 의해 제시되는 영상을 무심하게 보지 말고 나의 필요에 의해 찾아서 보는 습관을 들이자. 자동으로 소개하는 영상의 썸네일에 낚이지 말고 내가 원하는 제목을 찾아 능동적으로 시청하자. '내가 보고 싶은 것', 이 기준에 맞는 것이 없다면 과감하게 유튜브 창을 닫아버리자. 유튜브 말고도 볼 게 많다. 방송사들의 홈페이지에서 제공하는 영상들이나 포털 사이트에서 제공하는 TV 등 수많은 OTT들, 그리고 잘 보지 않겠지만 심지어 책까지. 너무 유튜브에 얽매이지 말자. 굳이 봐야 한다면 '선택적 시청'을 하자.

제안 2 –나의 이야기를 기록해보자

내가 좋아하는 것, 좋아하는 장소, 좋아하는 맛집 등을 올려 공유해보자. 세상과 소통해보자. 내 삶에 나를 적극 개입시킬 수 있으며 그야말로 내가 주인공임을 실감할 것이다. 그동안 내 삶에서 정작 나는 밋밋하게 존재해왔던 것이 사실 아니던가? 유튜브에 내 이야기를 올리다보면 나의 주변과 삶이 더 소중하고 가치 있게 느껴질 것이다. 그리고 감사하게 될 것이다. 내 삶에 더욱 애착을 가질 것이다. 모든 일에 적극적으로 임할 것이다. 무엇보다 내 삶이 재미있어질 것이다. 촬영과 편집을 두려워 말자. 핸드폰 카메라로 쉽게 찍고 핸드폰 편집 어플로 쉽게 편집하자. 구독과 좋아요에 집착하지 말자. 그냥 올리기만 하자. 내가 살아가는 재미를 나를 위해 올리고 혹시 다른 사람들이 본다면 "땡큐" 하면 되는 것이다. 가벼운 마음으로 세상과 소통해보자. 자, 이제 핸드폰 카메라를 열고 재미를 찾아 나서 보자.

소통하기
일상에서 찾는 소통의 길

BTS에 왜 열광하지?

음악 소통

북경 오리 한 마리를 두고 다들 침묵이다. 누구 하나 젓가락질을 못하고 있다. 그 비싼 오리요리에 문제가 있어서냐? 아니다. 그럼 너무 비싸서 감히 먹질 못해 아껴 먹기 위해서냐? 이 또한 아니다. 계속 중국 코스 요리가 나올 테니까. 그럼 뭐냐? 누군가 심각한 문제를 제기했기 때문이다. 50대를 넘어 60대를 넘보는 시점에서 나올 수 없는 문제, 바로 그 문제 때문에 이토록 심각한 것이다.

그 문제는 잠깐 제쳐두고 잠시 지금 앉아 있는 놈들의 면면을 살펴보자. 먼저 이 모임의 정체부터.

'드파'라는 이름하에 뭉친 그들. 모두 다섯이다. '드림 파이브(dream five)', 유치하기 그지없는 이름이지만 놈들은 '드림' 그러니까 '꿈'이란 말에 모두 꽂혔다. 5년 전 그때 모임이 결성될 때, 누군가 '드파'를 제시했을 때 다섯 가이들은 만장일치로 통과시켰다. 무슨 국회도 아니고 그렇다고 무슨 재판도 아닌데, 놈들 모두는 식탁을 두드리며 '드파'를 승인했다. 얼마나 세게 두드리면서 찬성했는지 식탁 위의 물잔이 날아갈 뻔했다. 당연히 물은 넘쳐 식탁은 한강이 되었다.

지금 생각해도 참 유치찬란한 네이밍이었다. 꺾어진 백 살을 산 놈들에게 '꿈'이라니. 이제 살아봐야 얼마나 산다고 '꿈' 타령인가?

모임의 큰형격인 잠철은 누구나 알아주는 소위 '고공단'이다. 고위 공무원으로서 지금 이 현재가 더할 나위 없이 좋다. 그래도 언제 퇴임할지 모르는 파리 목숨이라 훗날을 기약하지 않을 수 없다. 그래서 '꿈'이 좋은가 보다. 쉰일곱 살 주제에 모임의 우두머리다. 큰형으로서의 카리스마를 내뿜으려 한다. 근데 그게 잘 되는지는 모른다. 후배들이 큰형을 조직의 보스로 보는 것 같지는 않고 그냥 나이가 제일 많은 정도로만 보는 것 같다. 평생을 공무원으로 살아서 그런지 선이 얇고 좀 소극적이다.

또 다른 큰형인 공배는 잘나가는 변호사다. 한국에서 내로라하는 로펌의 파트너 변호사, 돈 무지 잘 버는 번질번질 각 잡힌 형이다. 덕분에 이 모임에서는 세상의 비싸고 맛있는 건 다 먹어본다. 그 비싼 킹크랩부터 지금 이 북경 오리까지. 또 복어 사시미, 투뿔 한우 등심, 것도 횡성 것으로. 스시와 쇠고기 오마카세 등등. 근데 정작 본인은 잘 먹지 않는다. 술만 먹는다. 즉 안주는 안 먹는다. 그렇다고 술을 잘 하느냐? 그렇지도 않다. 이야기하다 보니 옆길로 샜는데, 어쨌든 또 하나의 쉰일곱 살 공배도 '꿈'이 좋은가 보다. 변호사니까 정년도 없고 평생 해먹을 수 있는데 왜 다른 '꿈'을 꾸지? 일, 일, 바로 그 미어터지는 일 때문이다. 해도해도 끝이 없는 변론, 변론, 변론. 공배는 일에 지쳤다. 그래서 새로운 '꿈'을 갖고 싶은 것이다.

다음은 상준이다. 모임의 중간 다리, 그야말로 딱 중간이다. 나이로 쉰다섯 살. 여기서 눈치챘겠지만 다른 두 사람의 나이는? 수학, 아니

산수만 잘해도 답이 금방 나온다. 쉰다섯 살보다 적겠지. 그 답은 잠시 후에 알아보기로 하고. 상준의 캐릭터에 대해 말하자면 위의 형들에게 는 예의범절 없고 아래 동생들 에게는 존나 예의를 강조하는 그런 인간. 또 먹는 건 무지 좋 아해서 늘 후배들과 경쟁 관계 에 있다. 그럼 형들과는? 역시 경쟁 관계. 그러나 밀진 않다.

모임을 조정하고 분위기를 띄워 모임을 주도한다. 사실 '드파' 타이틀 도 상준이가 제안했다. 상준이에게 '드림'은 각별했다. 현재 백수이기 때문이다. 대기업 상무이사를 끝으로 잘 놀고 있다. 해서 '꿈'을 꾸어 야 했다. 제2의 인생을 도모하고 있다. 그래서 자신의 꿈을 더하여 다 섯 놈들의 꿈, '드파'라는 타이틀이 쉽게 떠올랐는지도 모른다.

이제 철민이 등장한다. 철민이야말로 먹기 대장이다. 상준은 저리가 라다. 맨날 먹는 걸 밝히다 보니 말수가 적다. 말할 틈이 없다. 씹는 입 은 있어도 말할 입이 없다. 그래도 가끔 뼈 있는 멘트도 날리기도 한 다. 철민은 한 해 선배 준상에게 치이고 한 해 후배 범창에게도 치인 다. 그 이유는 잘 모르겠다. 먹는 걸 밝혀서 그런가? 아님 한 살 차이 라는 물리적 차이 때문에 그런가? 그러나 큰형들의 사랑은 늘 넘친다. 아마 동정심 때문일 거다. '저 놈 저거 맨날 기도 못 펴니 우리라도 사 랑해주자'식의 큰형들의 동정심. 철민의 꿈은 그저 이 모임이 영원하 기를 바라는 것 정도. 여기 오면 배 터지게 먹을 수 있으니깐. 그의 직업은 '자유로운 영혼', 아무데나 막 돌아다니길 좋아한다. 그저 걷고 그저 글 쓰고 하는 게 철민의 인생이다. 늘 꿈꾸기 때문에 특별히 다른 '꿈'을 가질 이유가 없다.

마지막으로 범창이다. 이놈은 조직의 막내로서 형들에게 늘 톡톡 쏜다. 마치 쌍심지 켠 막내 여동생 같다. 항상 오빠들의 뒤를 캐는, 오빠들의 어떤 말에도 토를 달고 오빠들의 어떤 행동에도 안티를 다는 그런 귀여워도 너~~무 귀여워 미칠 것 같은 여동생. 그게 범창이다. 그리고 아는 것도 얼마나 많은지 논리정연하고 똑 부러진다. 특히 철민은 범창의 밥이다.

놈은 사업가다. 뭔 사업을 하는지 맨날 바뀐다. 동대문에서 신발도 팔았고 중국에서 캠핑카도 팔았다. 보험업도 크게 했고, 지금은 고철을 어디선가 주워 와서 팔고 있다. 다양한 경험만큼 다양한 분야에 관심이 많다. 해서 잡다하게 많이 알고 논리도 나름 갖추고 있다. 돈 많이 벌었느냐고? 모른다. 밥 한번 산 적 없으니까. 그래서 범창의 '꿈'은 확실하다. 무조건 돈 많이 버는 거다. 무리 중에서 가장 명확한 '꿈'을 가졌다.

자, 이제 두 놈의 나이를 알아채셨는가? 그렇다. 철민은 쉰넷, 범창은 오십하고도 세 살이다. 이들 다섯, 아니 '드파'는 꿈을 좇는단다. 늙어빠진 놈들이 가진 꿈이 무슨 꿈인지 잘 모르겠지만. 아차 잊어버릴까 봐 이야기하는데 놈들은 고등학교 선후배 사이다. 대구 촌놈들이 무슨 인연으로 이곳 서울서 이런 조직을 결성하게 됐는지 참 모를 일

이다. 하는 일도 다르고 생각하는 방식도 다른데 어쩌다 이렇게 만났을고? 그래도 놈들은 만나면 서로에게서 고향을 느낀다. 언제나 뜨뜻한 아랫목 같고 엄마의 밥상 같다. 할매의 눈길을 늘 느낀다, 서로 티격태격해도.

그럼 처음으로 돌아가서 지금 놈들이 가진 그 심각한 문제를 한번 들여다 보자. 그건 이랬다.

"요즈음 BTS, BTS 하는데 왜 그런 거야? 난 도대체 이해가 안 돼."

자칭 모임의 보스라 생각하는 잠철 형이 이야기를 꺼냈다.

"나도. 젊은 애들이 생난린데, 것도 전 세계적으로 난리를 치는데 그 이유를 모르겠어. 국위 선양하는 것 같기는 한데…."

같은 나이의 공배가 좋은 이야긴지 나쁜 이야긴지 애매하게 거들었다.

"아니 그걸 모르면 어떡해요? 전 세계적인 현상을. 우리의 젊은 아이돌이 K-POP를 가지고 나라의 이름을 드높이고 있는데…."

역시 평소와 같이 범창이 넌지시 형들에게 핀잔을 준다.

"야! 너 그게 무슨 말이고?"

기분이 살짝 상한 중간 다리 상준이 이해 당사자도 아니면서 두 형들 편에서 슬쩍 끼어든다.

"아니 BTS를 모르면서 어떻게 동시대를 사는 사람들이라고 할 수 있어요? 비틀즈를 모르는 60년대 영국 사람들이라면 이해가 되세요? 형들이 지금 그짝이란 말입니다."

"그짝? 일마 봐라."

이미 그 독한 빼갈을 한잔 확 들이킨 잠철 형이 한판할 태세다. 옆의 공배 형도 덩달아 한잔을 쫙 빨고 있다.

"니는 위아래도 없나? 어따 대고 그짝이라니, 니 죽을래?"

잠철 형이 팔을 걷어붙이며 흡사 고교 시절 얼차려 모드로 돌아가려 한다.

"아 아, 잠깐! 여기서 이러면 안 되고…."

빼갈 한 잔에 벌써 취기가 오른 공배 형이 흐느적흐느적 말한다.

"잠철아 쟈도 같이 늙어가는데 힘으로 하면 안 된다. 범창아 그래서 BTS 현상을 찬찬히 설명 함 해봐라. 이 형이 잘 함 들어보께."

"공배야 니…" 하며 일어서는데 공배가 잠철을 주저앉힌다. 술에 취하면 공배는 어벤져스가 된다. 힘이 어찌나 쎈지 누구도 감당 못한다. 안주 한 점 먹지 않은 공배가 술만 들어가면 딴 사람이 된다. 그 덕분에 누군가는 안주만 배터지가 먹을 수 있다. 철민이가.

철민은 왜들 이러는지 이해가 안 된다. 그 먹기 힘든 북경 오리를 앞에 두고 말이다. 해서 아삭한 북경 오리 껍질을 탐닉하느라 정신이 없다.

"BTS가 밥 먹여주냐? 이 비싼 오리, 것도 북경 오리를 언제 먹어보냐고오오. 오리 하면 단연 껍질이지. 허물허물 하면서도 쫄깃쫄깃한 식감, 더하여 고소한 육즙이 온 혀를 휘감으면… 오 마이 오리! 내 너를 다 먹어주지."

철민은 오리 껍질로 파를 이~쁘게 싸서 양념을 살짝 찍어 입으로 가
져간다. 눈을 지그시 감고. 오리 요리의 최고봉, 이 집에서 가장 비싼
북경 오리를 입안에서 씹을려는 순간, 뒷통수가 번쩍!

"야, 인마! 니 혼자 다 쳐먹을래?"

철민의 유일한 경쟁자 상준 형이 한방 먹였다. 철민보다 한 기수 위
일 뿐인데 상준의 위세는 십 년이나 더 넘게 차이 나는 것 같다. 그래
서 철민은 늘 불만이다. 고등학교 1년 늦게 온 게 천추의 한이다. 또 지
금은 논쟁에 낄듯낄듯 하면서 끼지는 않고 철민이 안주만 축내는 것
을 감시하고 있지 않은가? 항상 이 모임에서는 안주로 경쟁하는 유일
한 두 사람이었다. 술은 전혀 못하고 안주만 먹을 수 있는 철민은 상준
이 밉살스럽기 그지 없다. 지는 술도 먹으면서.

"BTS 노래 한 번이라도 들어본 적 있어요?"

느닷없는 질문에 잠철과 공배는 움찔했다.

"당근 들어 봤지."

잠철의 대답에 공배는 여전히 눈치만 본다, 낄지 말지 이 논쟁에.

"지나가면서 듣는 것 말고 처음부터 끝까지 제대로 들어본 적 있냐
고요?"

"꼭 그래야 되나? 노래란 것이 그저 쉽게 한 소절이라도 들어보면
되는 거 아니야?"

"그러니까 형이 BTS를 모르는 거예요. 노래 한 곡 제대로 들어보지
않고 사람들이 BTS, BTS 거리며 난리치는 게 이해가 안 된다는 식의
말씀은 진짜 말이 안 되죠."

잠철은 움찔했다. 범창의 말이 맞는 것 같기도 하다. 그래도 선배로서 여기서 물러설 수는 없다. 쪽팔리잖아.

"야 인마 그래도 노래란 슬쩍 들리는 것이지, 니처럼 기를 쓰고 듣는 게 노래냐? 그리고 니 그 태도가 뭐야? 선배한테 건방지게."

눈치 보던 공배는 논쟁에 끼지 않은 것이 천만다행이라 생각했다. 자기가 볼 땐 잠철이 몰리고 있다. 생떼를 쓰고 있다. 후배 범창의 말이 맞다. 공배는 잠철처럼 억지 부리는 선배가 되지 않은 걸 다행이라 생각하고 있다, 지금 이 순간.

"아, 예! 그럼, 예의를 갖춰 말씀드리겠습니다. 형님 그럼 BTS 뮤직비디오 한 편이라도 본 적 있으세요?"

"어… 어, 그건…."

"것봐요. 정말 BTS에 대해서는 전혀 모르시잖아요. 그러면서 K-POP으로 전 세계적인 한류 열풍을 일으키고 있는 우리 젊은 청년들의 가치를 폄하하시면 안 되죠."

"아니 폄하하는 것이 아니라 그냥 BTS 열풍을 잘 이해할 수 없다는 말을 한 것뿐인데…."

잠철의 목소리는 아까보다 확연히 작아졌다. 후배 범창에게 뭐라 할 처지가 못됐다. 이 상황에서 공배는 자신의 처신이 정말 잘한 것이라 위로하며 애꿎은 연태고량주를 홀짝거리고 있다. 당연히 철민은 북경오리를 여전히 공략하고 있다. 이젠 본격적으로 두툼한 오리 살점을 향해 젓가락질을 한다. 바로 그때 상준이 철민의 젓가락을 쳐낸다.

"손대지 마라이."

상준은 철민과 아직 경쟁 중이다, 안주를 두고. 그러면서 두 형님이

안쓰러웠는지 슬쩍 끼어든다.

"범창아! 그래도 좀 그렇다. 목소리 좀 만 더 낮추고 형님께 예를 갖춰서 말하면 안 되겠니?"

상준이 거드는 틈을 타 철민이 살점 한 점을 입에 물었다. 전광석화 같이.

"네! 형."

두 해 선배의 말에 범창은 곧바로 톤을 낮췄다. 지켜보던 공배가 안쓰러웠던지 술잔을 권한다.

"자 자! 한잔해. 그리고 천천히 설명해 봐."

범창은 잔을 받긴 받았지만 잠철의 눈치를 살핀다. 기분이 상한 잠철은 쳐다도 보지 않는다. 역시 공배가 나섰다.

"자, 니도 한잔해라. 이게 뭐야? 선후배끼리."

마지못해 잔을 받은 잠철은 범창을 슬쩍 본다.

"범창이 너 뭐해?"

또 두 해 위인 상준이 엄하게 말했다. 그제서야 범창은 잠철 형에게 잔을 짠 부딪힌다.

"형님 한잔하시죠. 제가 좀 과했습니다."

"과하긴 뭐, 좀 논리적이었지 나보단."

피식 웃는 잠철에게 범창도 씨익 웃는다.

"자, 다들 잔 들어 봐라. 한잔씩 하자."

공배 형의 제안에 모두들 잔을 들었다, 한 사람만 빼고. 술을 못 먹는 철민은 북경 오리를 먹다가 급하게 젓가락을 들었다. 그러다 상준에게 한방 맞았다, 뒷통수를. 하여 급히 물잔을 들었다.

"분위기 풀자. 처음이지 이런 거? 우리 화목한 형제들 아이가? 화
목! 하면 형제! 알지?"

공배가 빼갈을 몇잔 마셨는지 흐느적흐느적 건배 제의를 했다.

"화목!"

"형제에~~!"

"자, 이제 범창이가 BTS에 대해 설명 좀 해봐라."

기분이 좀 풀렸는지 잠철 형이 다정하게 말했다.

"네, 형님!"

범창도 다소곳이 예의를 갖췄다. 이제 이들 형제는 제자리를 찾았
다. 다만 처음부터 제자리에 있었던 철민은 여전히 오리만 공격하고
있다.

"저의 짧은 소견으로는 기존의 노래들이 사랑과 이별 등을 주로 다
루었다면 BTS의 노래들은 '나를 사랑하라'로 요약될 수 있을 것 같습
니다. BTS의 리더 김남준이 유엔 본부에서 연설한 것처럼 실수 투성
이인 자신을 사랑하라고 말합니다. 실수는 자신의 인생을 가장 밝게
빛내는 별자리라고 말하면서 내가 누구인지, 누구였는지, 앞으로 누구
이고 싶은지를 모두 포함해 사랑하라고 말합니다. 또 세계의 청소년들
에게 피부색과 성 정체성에 관계없이 자기 자신과의 끝없는 대화를
통해 자신의 고유한 목소리를 찾으라고 역설합니다. 남의 시선이나 틀
에 맞추지 말 것을 당부합니다. 김남준 본인은 전세기를 타고 전 세계
공연장을 다니며 화려한 생활을 하지만, 자신은 많은 단점을 가지고

있고 두려움도 많다고 합니다. 그러나 그런 자신을 북돋우며 조금씩
더 사랑하고 있다고 합니다."

"오! 멋지네."

공배형이 술에 취한 눈을 굴리며 맞장구를 쳤다. 잠철과 상준은 짐
짓 동의하는지 고개를 끄덕였다. 그러나 잠철은 마지못해 하는 것 같
다. 철민은 다 아는 내용이라는 듯 오리만 뜯고 있다.

"저 자식 저거 굉장히 일관된 놈이네. 저러다 절마 혼자 다 먹는 것
아이가?"

상준은 조바심을 내면서 철민을 흘겨본다. 그러거나 말거나 범창은
신이 나서 목소리 톤을 더 올렸다.

"BTS의 노래 가사를 보면 이런 주제 의식은 더 잘 드러납니다. 일
단 BTS 노래를 한번 들어보시죠."

범창은 휴대폰을 꺼내 BTS의 '소우주'를 틀었다. 좌중은 귀를 쫑긋
세웠다. 물론 한 사람만 빼고. 아직도 철민은 북경 오리와 사투를 벌이
고 있다. 상준은 "니 다 처먹어

라. 그게 그리도 맛있냐? 이

놈의 새끼." 하면서 발로 정
강이를 냅다 차버렸다. 철민
은 욱하며 앞으로 고꾸라지
며 입안에 있던 그 아까운 오
리를 쏟아냈다. 그래도 한번 정
강이를 쓱 만지는가 싶더니 본연의 임무로 돌아와 다시 오리와 사귀
기 시작했다.

소 우 주(2019)

반짝이는 별빛들, 깜빡이는 불 켜진 건물
우린 빛나고 있네 각자의 방 각자의 별에서
어떤 빛은 야망 어떤 빛은 방황
사람들의 불빛들 모두 소중한 하나
어두운 밤 외로워 마 별처럼 다 우린 빛나
사라지지 마 큰 존재니까
Let us shine
어쩜 이 밤의 표정이 이토록 또 아름다운 건
저 별들도 불빛도 아닌
우리 때문일 거야
......

가장 깊은 밤에 더 빛나는 별빛
밤이 깊을수록 더 빛나는 별빛
한 사람에 하나의 역사
한 사람에 하나의 별
70억 개의 빛으로 빛나는
70억 가지의 world
70억 가지의 삶
......

넌 누구보다 밝게 빛나...

"들으셨죠? 얘네들의 가사가 모두 이런 식이에요. 노래를 들으면서 힐링이 되지 않나요? 우리가 언제 우리 자신을 돌보고 사랑한 적 있나요? 나는 이 우주에서 홀로 빛나는 별이고 도시의 불빛들보다 더 반짝인다고 하지 않습니까? 그 별들은 각자 고유한 자신의 역사를 가지며 밝게 빛나고 있죠. 70억 개의 빛으로, 70억 가지의 삶을 살고 있는 우리 모두는 너무나 소중한 존재라고 하지 않습니까? 그래서 밤이 깊을수록 누구보다 더 밝게 빛나고 말로 표현할 수 없는 아름다움을 가지고 있다고 말하고 있죠. 자신의 가치를 잃지 말고 사랑하고 또 사랑하라고 하잖아요. 이렇게 반 꺾어진 백 살들에게도 감동을 주는데, 하물며 질풍노도의 청소년들에게는 어떻게 다가갈까요? 우리들 십대, 이십대를 생각해보세요. 의지할 데 없고, 세상에 홀로 내팽겨치진 느낌, 미래는 불투명하고 어떻게 살아야 할지 막막했던 그때 그 시설, 이런 BTS를 만났다면 한줄기 빛이지 않을까요?"

"말 되네. 나도 노랠 들으며 위안을 받는 느낌이었어."

공배 형이 취기 오른 눈으로 끄덕인다. 옆에 있던 잠철 형이 그런 공배를 꼬집는다.

"니 너무 쉽게 넘어가는 거 아이가? 어찌 한방에 동의를 하냐? 그래도 좀 버텨야 되는 거 아이가?"

화들짝 공배가 동그란 눈으로 잠철을 쳐다본다. 잠철은 그러거나 말거나 질문을 던진다.

"범창아! 그럼 갸들 노래가 모두 그런 가사냐?"

"그것까진 잘 모르겠지만, 대부분의 노랫말이 자아 사랑의 주제를 담고 있다고 할 수 있습니다. 전적으로 제 개인적인 의견입니다만 예를 들면…"

빛나는 나를 소중한 내 영혼을
이제야 깨달아 so I love me
좀 부족해도 너무 아름다운걸
I'm the one I should love

–Epiphany(2018)

내 안에는 여전히 서툰 내가 있지만
You've shown me I have reasons
I should love myself
내 숨 내 걸어온 길 전부로 답해
어제의 나 오늘의 나 내일의 나
I'm learning how to love myself
빠짐없이 남김없이 모두 다 나

–Answer : Love myself(2018)

멈춰서도 괜찮아 아무 이유도 모르는 채 달릴 필요 없어
꿈이 없어도 괜찮아 잠시 행복을 느낄 네 순간들이 있다면...
꿈이 없어도 괜찮아 네가 내뱉는 모든 호흡은 낙원에
우린 꿈을 남한테서 꿔 (빛처럼) 위대해져야 한다 배워 (빛처럼)
너의 dream 사실은 짐...
꿈이 뭐 거창한 거라고 그냥 아무나 되라고...
뭐가 크건 작건 그냥 너는 너잖아

– 낙원(2018)

손가락질해 나는 전혀 신경 쓰지 않네
나를 욕하는 너의 그 이유가 뭐든 간에
I know what I am, I know what I want
I never gon' change, I never gon' trade
(Trade off)
뭘 어쩌고저쩌고 떠들어대서
I do what I do, 그니까 넌 너나 잘해서
You can't stop me lovin' myself

– IDOL(2018)

괜찮아 자 하나 둘 셋 하면 잊어
슬픈 기억 모두 지워 내 손을 잡고 웃어
괜찮아 자 하나 둘 셋 하면 잊어
슬픈 기억 모두 지워 서로 손을 잡고 웃어
그래도 좋은 날이 앞으로 많기를

– 둘! 셋!(그래도 좋은 날이 많기를, 2017)

그 벽에 갇혀서 내 숨이 막혀도
저 수면 위를 향해 Hey oh oh hey oh yeah
Lonely lonely lonely whale
이렇게 혼자 노래 불러
외딴섬 같은 나도 밝게 빛날 수 있을까?
……
내 미래를 향해 가
저 푸른 바다와 내 헤르츠를 믿어

– whalien 52(2015)

"캬~! 헤르츠, 자신의 헤르츠를 믿는다니. 쥑이네."

가사에 감동했는지 철민은 먹던 입을 벌리고 감탄하고 있다. 얼마나 감동했으면 오리 먹기를 멈추었을까? 다들 철민을 뚫어지게 바라본다. 절마가 저런 놈이 아닌데, 먹는 거에는 환장한 놈인데 범창의 설명이 철민의 입을 멈추게 하다니.

"그쵸? 정말 멋진 가사 아닙니까? 내 헤르츠, 즉 자신의 색깔, 자신이 정한 방향, 목적, 꿈을 믿고, 저 넓디넓은 바다, 세상으로 나가 너의 미래를 밝게 빛낼 수 있다, 이 말 아닙니까?"

범창이 신이 나서 해석을 달았다.

"글치, 전 세계, 아니 전 우주를 관통하는 자신만의 고유성에 자신감을 가지고 자신만의 주파수를 쏘아라. 그럼 미래는 너의 것이니…."

아직 술에 덜 취했나 보다. 공배 형이 흐느적거리며 범창의 말에 주석을 달았다.

"아무리 서툰 나지만 그것마저도 아름답다고. 남들이 손가락질 해도 나는 나니까. 그동안 나의 꿈은 남들이 만들어준 헛된 꿈이었어. 진짜 내 꿈이 아니었어. 그저 내가 존재한다는 것만으로도 그것 자체가 멋진 꿈인 거야. 내 헤르츠는 바로 나 자체야. 내가 바로 나의 꿈인 거야."

가만있을 수 없었는지 상준이 침을 튀기며 외쳤다. 상준이 지도 기본 머리가 있다고, 가사를 잘 이해한다고, 나도 감동 먹었다고 이렇게 소리치는 것이다. 다들 어안이 벙벙하다. 특히 잠철이 어쩔 줄 몰라한다. 자기도 뭔가 한마디 해야 할 것 같은 강한 압박감, 그러나 무슨 말을 해야 할지 쉽게 떠올려지지 않는다. 멋진 가사이고 감동할 뻔도 했

지만, 큰형으로서의 자존심, 좀전의 범창과의 논쟁에서 쉽게 백기를 들고 싶지 않은 꼰대스러움, 뭐 이런 것들이 막 섞여 있어서 좀처럼 입이 떨어지질 않았다. 그래서….

"단순히 노랫말이 좋아서 세계적인 아티스트가 된 건 아닐 텐데, 뭐 또 다른 이유라도 있나?"라고 안티를 달고 말았다.

"그럼요. 유튜브를 통해 전 세계인들이 보고 있는 BTS의 영상을 한 번 보세요. 특히 IDOL 공연 영상은 압권입니다. 한번 보실래요?"
범창이 핸드폰을 꺼낸다.
"됐고. 내가 말로 설명해보께요."
철민이 또 나선다.
"되긴 뭐가 돼 인마. 넌 좀 빠져."
상준이 제지한다. 미워죽겠다 철민이가. 지 혼자 오리를 다 쳐먹어간다. 상준이 먹을 게 거의 없다.
"노상준, 놔 둬라. 철민아 어여 먹어. 어이구 잘 먹네 내 새끼."
공배 형이 철민의 편을 든다. 철민이 무슨 짓을 해도 이쁘기만 하다.
"아니 형들은 맨날 철민이만 좋아라 하고. 에이 씨! 범창아 한번 틀어봐라."
삐진 상준의 말이 떨어지기가 무섭게 범창은 2018 MMA(Melon Music Awards) 영상을 바로 플레이했다. 와, 이건 뭐 감탄이 절로 나온다. 북소리에 맞춰 태극 문양의 붉고 푸른색이 물감처럼 튀는가 싶더니 북을 치는 수십 명의 무희들과 함께 멤버 하나가 맨발로 긴 한복을 휘날리

며 북소리에 몸을 싣고 상상할 수도 없는 춤사위를 선보인다. 그 광경
은 말 그대로 소름이 돋을 정도다. 곧이어 해금인지 대금인지 묵직한
음이 깔리면 부채춤이 등장하
고, 멤버의 부채짓에 따라 부
채 군무가 일사분란하게 펼쳐
진다. 화면이 쫙 바뀌어 탈춤
이 절도 있게 올라오고 대형
탈이 갈라지며 사자와 농악대
가 한판 춤사위를 벌인다. 무

대 위엔 장구, 꽹과리, 북, 가야금, 대금 등 온갖 종류의 국악기가 관중
들의 환호성과 어우러지며 환상적인 장면을 연출한다. '드파' 일당들
은 넋이 나가 입을 떡 벌리고 보고 있다.

"이 국악 연주 말이죠, 이게 다 라이브라는 것 아닙니까? 그리고 저
춤 보십시오. 소름 돋지 않습니까? 저런 퍼포먼스는 오십을 넘게 살면
서 처음 봅니다."

"그러네. 나도 닭살 돋았어. 어떻게 저런 장면을 연출할 수 있지?"

범창의 설명에 공배 형이 거들었다. 그리고 감동에 절어 또 빼갈 한
잔을 털어넣었다. 저러다 술에 절면 어떡하지? 좌중은 그렇게 생각하
며 공배를 걱정했다.

"굉장히 한국적이면서도 세계적이지 않습니까? 흥겨운 한국 가락
에 아이돌의 최첨단 댄스가 합쳐져 묘한 매력을 발산하지 않습니까?
한 번 보면 몇 번이고 다시 보고 싶은 중독성이 강한 공연 영상입
니다."

"나도 봤는데….”

오리를 오물거리며 철민이 범창의 말에 끼어들었다. 그러거나 말거나 범창은 계속한다.

"주위에서 10번 이상 본 사람도 있더라구요. 이 영상의 댓글을 보면 외국인들도 코리안 퍼포먼스에 감탄하고 있습니다. 또 젊은이들뿐만 아니라 40대, 50대들도 많이 본 것 같아요. 엄마, 딸 할 것 없이 아빠와 아들 모두가 이 영상을 보면서 한국인이라는 자부심을 느끼는 것 같더라구요.”

"그래 맞어. 노래 중에 '얼쑤 좋다', '지화자 좋다 같은 말이 나오는 것 같던데 아주 좋았어. 굉장히 한국적이지만 동시에 글로벌한 그 뭐지? 여하튼 뭐 그런 걸 느꼈어.”

웬일인지 잠철이 한마디했다. 다들 주목한다. 갑자기 태도를 바꾼 잠철을. 잠철은 가사에 대해 말할 때부터 뭔가 말하고 싶었다. 그런데 주지하다시피 여러 사정상 말할 수 없었다. 하여 이때다 싶어 한말씀 했다.

"맞어 맞어, '덩기덕 쿵더러러 얼쑤' 같은 추임새도 막 들어가던데, 나도 잠철이 말에 동의, 동의해.”

공배가 잠철의 말에 좀 과하게 맞장구를 쳤다. 참 반가운가 보다, 동기로서 잠철이 백기를 든 것이, 아니 이 건설적인 논쟁에 올바른 자세를 가지고 참여하고 있는 것이. 동생들과 아름다운 하모니를 이루는 걸 보니. 해서 또 독한 빼갈을 한잔 빨았다.

"형 괜찮으세요? 이제 그만하시죠.”

상준은 공배의 취기가 걱정되는지 다정하게 말했다. 벌써 얼굴이 불그레해진 공배는 괜찮다는 듯 엷은 미소를 지어 보인다.

"뮤직 비디오도 한몫하지예."

갑자기 철민이가 툭 던졌다. 모두들 놀라 철민이를 주시한다. 철민은 역시 그러거나 말거나 얼마 남지 않은 북경 오리에서 시선도 거두지 않고 입안으로는 오리를 오물거리며 말한다.

"전 세계적인 BTS 열풍을 뮤직 비디오도 거들고 있다 이 말씀입니다. 전반적으로 색감이 화사하고 밝습니다. 빛나는 청춘을 말하는 것 같기도 하고 세상의 어두운 면보다 밝은 면, 즉 세상의 아름다움을 표현하고 있는 것 같습니다. 톡 터지는 상큼한 오렌지즙 같은 BTS의 이미지를 닮은 것 같기도 합니다. 청춘들이여 찌들어 있지 말자, 힘들어하지 말자, 그대들은 늘 빛난다, 그래서 세상은 너희들 때문에 아름답다 뭐 이런 메시지를 주는 것 같습니다."

"니 오리 안 먹어?"

상준이 떨떠름하게 한마디한다.

"형, 그거 가만히 놔두세요. 나중에 먹을 겁니다."

철민은 이 와중에도 경계를 늦추지 않는다. 그리고 계속한다.

"그 표현 방식도 때론 기하학적인가 하면 수채화 같고, 또는 점묘화 같은데 수묵화 같고, 만화스러우면서도 너무나 사실적이고 장르와 경계를 넘나들고 있어요. 청춘들이여 한계란 없으니 뭐든 도전하라는 듯이. 너무 청춘 청춘 했는데 이게 청춘에게만 해당되는 말일까요? 우리 반 백 살들에게도 시사하는 바가 크지요."

철민의 나름 예리한 분석에 '드파' 일당은 고개를 끄덕인다. 여기에 고무되었는지 철민은 목소리 톤을 높인다.

"'Fake Love' 뮤비를 보세요. 그 누구도 생각할 수 없는 장대한 스케일, 스펙타클한 설정, 걔네들 노래할 때 불기둥 솟아 올라가는 것 보세요. 또 엄청난 물이 쏟아지는 걸 보세요. 누가 상상이라도 했겠습니까? 끄~억!"

오리를 얼마나 먹었는지 철민은 거창하게 트림을 내뱉었다.

"또 춤, 아니 여기선 댄스라고 하는 게 맥락상 맞아. 글로벌한 아티스트니까. 그 댄스 함 보세요. 칼 군무를 넘어 기하학적 균형, 대치, 비례라 해도 과언이 아니죠. 군 의장대보다 더한 절도와 호흡 아닙니까? 이탈리아의 스페인 광장, 포르투갈의 코메르시우 광장, 미국의 유니온 광장 같은 전 세계의 광장이란 광장에선 전 세계의 청소년들이 BTS의 댄스를 따라 하지 않습니까? 그만큼 중독성이 강하고 그만큼 매력적이라는 거죠. 저도 몇 소절 출줄 아는데, 함 해보까예?"

철민이 주섬주섬 일어나려 한다. 일동 깜짝 놀란다. 당황스럽다. 철민이 절마 취했나? 아니지 술 한 잔 못하는데, 그러면 오리에 취했나? 어리둥절해 하는 사이에 경쟁자 상준이 나섰다.

"됐네요. 우리 철민이는 오리나 쳐 잡수세요."

양손으로 철민의 어깨를 누르고 주저앉힌다.

"춤도 춤이지만, 그 춤을 준비하는 데 들인 노력을 생각해 보세요. 그리고 멤버들의 행실은 어떤가요? 늘 겸손하고, 팬들을 생각하고, 신비주의로 무장하지 않고 솔직하게 다 드러내고, 이러니 대중들이 좋아하지 않을 수 없지 않겠어요?"

다시 범창이 나섰다. 근데 공배 형이 갑자기 일어났다.

"잠깐잠깐, 우리 철민이 절마 다시 봐야 하는 거 아이가? 맨날 먹을 것만 밝히는 줄 알았는데 저런 면이 다 있었네. 다들 박수 박수! 철민이 니 참 잘했데이."

취기 가득한 공배 형이 사투리를 섞어가며 일당들에게 박수를 유도했다. 다들 갑작스럽긴 하지만 내심 공배의 말처럼 철민을 다시 보게 되었다. '드파' 일당들은 큰 박수로 철민을 칭찬했다. 그러나 상준은 건성건성이다. 그 이유를 다들 아시리라. 철민이 혼자서 오리를 거의 다 먹었기 때문이다.

"형님들 제가 마지막으로 한 말씀 더 올리겠습니다. 이 가사 한번 들어보세요."

범창이 일어났다. 그리고 가사를 읽어 나간다.

하고 싶은 게 없다는 게 진짜 뭣 같은데
흔한 꿈조차 없다는 게 한심한 거 알어 다 아는데
하란 대로만 하면 된다며 대학 가면 다 괜찮아
그런 말들을 믿은 내가 병신이지
......
dream 그대의 창조와 삶의 끝에 함께하길
dream 그대의 자리가 어딜지라도 관대하리
dream 결국 시련의 끝에 만개하리
dream 시작은 미약할지언정 끝은 창대하리

– so far away(2016)

"청춘들 심정을 대변하는 것 같지만 우리 반 백 살들에게도 울림이 큰 내용이죠. 우리에게 꿈이 있나요? 그 꿈을 가져 본 지가 언제죠? 기억이 아득하지요. 상준이 형이 우리 모임 이름을 '드파'로 했을 때 왜 우리 모두 쉽게 동의했죠? 막연한 꿈이지만 가져보자. 꿈꾸어 보자. 꿈을 향해 달려가 보자. 이런 생각들을 가졌기 때문이 아닌가요?"

갑자기 좌중은 숙연해졌다. 범창의 말처럼 많은 것들이 생각났다. 나에게 꿈이 있었던가? 그게 언제였던가? 밤송이 같은 콧털이 막 나기 시작한 십대였던가, 아님 대학 때? 한 번이라도 꿈을 가진 적이 있었던가? 그럼 육십이 다 된 지금은? 지금 나의 꿈은 뭔가? 이런저런 생각이 끝없이 일어났다.

"자 자, 모두들 잔을 들어 보이소."
술도 못 먹는 철민이가 일어났다. 가만히 놔뒀다간 모두들 울 것 같았다.
"우리 형제들, 다섯 개의 꿈 '드림 파이브' 아닙니까? 일단 우리들 꿈이 다섯갠데 뭐가 문젭니까? 이제 우리들 꿈을 위해 건배하입시더."
"드림~~ 파이브!"
모두들 잔을 높이 들었다. 술을 넘기며 각자 그들의 꿈을 꾸기 시작했다.

에필로그

철민이 오리로 부른 배를 두드리고 있다. 근데 음식이 막 들어오기 시작한다. 공배 형이 코스 요리를 주문했던 것이다. 철민은 그걸 까먹고 있었다. 북경 오리는 에피타이저 같은 것이었다. 지금부터가 진짜다. 삭스핀찜, 전가복, 금사오룡, 마라한우차돌해산물볶음, 간장왕새우, 산마안심….

오 마이 갓!

그래도 가만히 있을 수 없다. 젓가락을 들었다. 한 점 입에 넣는다. 근데 별로 맛이 없다. 이미 오리로 가득 찬 배에 다른 음식이 들어갈 자리가 없다. 포만감 때문에 먹을 수가 없다. 반면에 상준은 고지가 코앞인양 총 공세다. 젓가락질이 쉴 틈이 없다. 철민을 힐끔 보면서 메롱이다.

"얌마! 그러니까 아까 건설적인 논쟁에 건설적으로 참여했어야지. 니 배만 뽈록하게 건설했으니 지금 이 맛난 음식 못 먹는 게 아니야고오오."

상준의 말에 좌중은 키득인다. 키득이는 좌중 틈에서 철민은 긴 한숨만 내뿜는다.

배가 부른지 배가 고픈지 잘 모르겠지만, 철민은 버스에서 내려 집으로 터덜터덜 걷고 있다. 걸음걸이에 힘이 없는 것은 북경 오리 다음에 나온 휘황찬란한 음식 때문이리라. 더하여 상준의 놀림 때문이기도 하다.

"그 맛있는 요리를 못 먹다니, 글고 상준이 형은 맨날 날 갖고 놀아. 한 기수 위만 아니면 그냥…."

음식도 음식이지만 상준 형이 얄미워 죽을 지경이다. 그러나 철민이한테는 이런 상황을 이겨낼 수 있는 무기가 있다. 바로 밤 산책. 음악과 함께. 언제부턴지 모르지만 귓갓길에 이어폰을 귓구멍에 꽂고 동네를 돌아다니는 게 그렇게 좋을 수 없다. 흘러나오는 음악 리듬에 맞춰 걷다 보면 가로등에 빛나는 나뭇잎이 그렇게 아름다울 수가 없다. 밤공기도 얼마나 달콤한지 심지어 이 서울 하늘에서 별도 보이기 시작한다. 비가 올 때면 우산에 부딪히는 빗소리가 어쩜 그렇게 고운지 잠시 발걸음을 멈추고 시 한 수 짓기도 한다. 평소엔 그저 스쳐 지나가는 사물에 지나지 않던 것들이 밤 산책 중엔 새록새록 감추어진 아름다움을 드러낸다.

"나뭇잎아 이 밤에 누굴 만나려고 빗물에 세수를 하니? 별아 너는 나와 같이 있는 게 좋구나. 그래서 반짝이며 더 밝게 빛나는구나. 아! 공기여 나의 폐부 깊숙이 들어가서 오염된 내 영혼을 깨끗이 씻어주렴."

이렇게 주저리주저리 대화를 나눈다. 이걸 가능하게 하는 것은 음악때문이다. 때론 경쾌하게 때론 조심스럽게 어깨와 발을 움직이게 하는 음악이 평소에 보지 못하는 소중한 것들을 볼 수 있게 한다. 음악의 아름다운 리듬이 내 주변의 소중한 것들을 보게 한다. 철민은 벌써 여덟 바퀴를 돌았다. 약 한 시간을. 앞으로 더 얼마나 걸을지 모른다. 들썩이는 어깨, 댄스인지 경보인지 모를 스텝, 하늘 똥구멍을 쑤시는 저 팔 놀림, 오늘, 밤샐 폼새다.

잠철은 택시 뒷자석에 푹 파묻혀 있다. 기분 좋게 늘어진 몸 줄기를 타고 올라오는 취기를 즐기고 있다. 범창과의 논쟁도 따지고 보면 좋았다.

"BTS 때문에 다시 꿈을 꾸다니. 그참…."

잠철은 좀 전의 논쟁을 복기하며 내 꿈이 뭔지, 어떤 꿈을 꾸어야 하는지, 그 꿈을 위해 어떻게 살아야 하는지, 바로 그 꿈, 꿈을 가다듬고 있다. 머리가 복잡해진다. 이럴 땐 음악을 들어야 돼. 핸드폰으로 음악을 틀었다. 우린 이런 상황에서 분명 BTS의 음악이 흘러나올 것이라 짐작한다. 그런데 잠철이 무심결에 튼 음악은 '송가인'이었다. 그것도 '한 많은 대동강'. 무슨 한이 그리 많은지. 그래도 어깨가 들썩인다. 어쩔 수 없는 반 백 살 하고도 일곱이다.

따르릉 따르릉!

갑자기 전화가 왔다. 잠철은 확 짜증이 난다. 현재 송가인과 데이트 중인데….

"공배야 왜?"

"집에 잘 들어가고 있나?"

공배가 취기 오른 입으로 친구의 안부를 묻는다.

"그래. 왜? 빨리 말해. 송가인 듣고 있단 말이야."

"미친놈, 그런 구닥다리를 듣고 있노? 임영웅 들어야지."

"뭔 말이고?"

"니 미스터 트롯도 모르나? 송가인 한물 갔어. 이젠 임영웅이야. 지금 방송하니까 집에 가서 봐 봐. 야 인마, 니 트롯 좋아해서 일부로 전

화한 거야. 미스터 트롯 꼭 보라고. 짜식 친구의 깊은 우정도 모르고. 끊어.”

딱 끊는 소리에 잠철은 화들짝 놀란다.

“뭐꼬? 인마 이거 지가 확 걸어놓고 지가 확 끊네. 미친놈.”

잠철은 다시 송가인을 들으려다 혼자 되뇌인다.

“미스터 트롯, 미스터 트롯이라….”

잠철은 자신도 모르게 음악을 늘 곁에 두고 살고 있었다.

🖊 덧붙여

음악을 들을 때 그냥 흘려듣지 말고 가사를 보면서 들어보면 그 의미와 감동이 더 깊게 와닿습니다. 멜로디 위에 얹어진 말들이 어찌나 아름다운지, 우리가 평소에 아무 생각 없이 쓰는 말들이 새롭게 다가옵니다. 한번 경험해 보세요. 흔한 것이 가장 소중하고 가장 아름답단 사실을 아실 테니까. 또 앨범 자켓도 유심히 한번 보세요. 앨범의 색상, 디자인, 사진, 그림 등이 앨범에 수록된 전체 곡들과 어떻게 연관되어 있는지, 그 의미가 무엇인지 짐작할 수 있을 겁니다. 그만큼 앨범 속의 음악들에 대해 더 깊은 맛을 느낄 수 있을 거예요. 그리고 그 앨범에 담긴 노래들이 어떤 것은 타이틀곡이 되고 어떤 것은 왜 제일 뒤에 배치되었는지도 어렴풋이 알 수 있어 참 재미있습니다. 더불어 가수와 작곡자, 작사자, 프로듀서 심지어 소속사 등에 대한 정보를 알고 들으면 그 음악이 더 풍부하게 와닿겠지요. 한마디로 음악을 더 맛있게 들을 수 있습니다. 맛있는 음악은 당연히 삶의 활력소가 되지요. 더하여 행복한 삶을 살 수 있게 합니다.

백종원의 음식은 늘 정답일까?

음식 소통

마누라가 콩나물밥을 만든단다. 한 번도 해보지 않은 것을.

"그걸 어떻게 만들어? 그냥 하던 대로 줘."

마누라 왈,

"백종원 레시피 보면 돼. 얼마나 쉬운데. 그리고 맛도 괜찮아. 당신도 따라 하면 할 수 있어. 한번 해봐."

"오! 노! 난 절대 할 수 없어. 똥손인 거 몰라?"

철수는 화들짝 놀랐다. 괜한 말 했다가 졸지에 요리할 뻔했다. 지금까지, 그러니까 어언 25년이네, 그래 25년이나 지켜온 똥손의 신화를 무너뜨릴 수는 없다. 일관되게, 한 길로, 지속적으로, 평생, 이 길을 걸어갈 것이다.

"여봇, 뭐해? 저기 가위 좀 집어 달라니까. 귀먹었어?"

"어… 어, 알았어."

철수는 자신의 철학과 인생 로드 맵을 공고히 하느라 마누라의 말을, 호령을 듣지 못했던 것이다. 그러니까 '똥손', 아무것도 할 줄 모르는 손, 요리도 설거지도 청소도 그 어느 것 하나도 못하는 손. 최소한 집에서는 그렇게 살기로 정했다. 철수는 돈 벌고 아내는 집안일하는 것으로 정했다. 철저한 분업 정신으로. 잽싸게 가위를 갖다 주면서 또 다짐한다.

'이 길로 쭈~~욱 가는 거야. 똥손의 길로'

"오 맛있는데, 어떻게 이렇게 쉽게 만들었어."

"내가 그랬잖아. 백종원 레시피가 진리라고, 그냥 하라는 대로 하면 돼. 한번 해 볼래?"

"아, 아니야. 난 당신이 해주는 건 뭐든지 다 맛있더라. 백종원 거든 아니든 간에."

"그치? 뭐 그건 사실이야. 내 음식 실력이야 천하가 다 알지."

철수는 속으로 휴~~ 했다. 속도 모르는 아내는 너스레를 떤다.

"나도 백종원처럼 음식 레시피 출시해볼까? 그 있잖아 지난번에 만들어준 채소무침, 고기 먹을 때 먹었던 거. 그거 온 세상에 널리 퍼트리자 그랬잖아. 상추와 파를 주재료로 해서 식초에다 간장, 설탕 조금 넣고 무치면 끄~~읏. 이건 표준화도 쉽게 할 수 있어. 그리고 캠핑을 가든 등산을 가든 우리 한국 사람들에겐 고기가 늘 정답이잖아. 고기를 먹으면 뭐

다? 채소가 있어야지. 채소는 일일이 씻고 다듬고 하기가 번거로우니까 나의 채소무침을 장착하면 쉽고 간편하다 이거지. 가격도 뭐 좀 싸게 받지 뭐. 한 2천 원? 아니다 그건 너무 싸다. 5천 원은 받아야겠지? 그리고 사무실은 뭐 따로 필요 없어. 우리 집 주방을 사무실 겸용으로 쓰면 돼. 그리고 배달이나 택배 같은 거는 뭐 당신이 하면 되고. 다 됐네 뭐. 바로 시작하면 되네."

"아! 아니, 그렇게 바로 시작하는 것은 아닌 것 같애. 검토해 봐야

할 게 얼마나 많은데. 당장 고1 딸래미는 어떡할려고? 대학은 보내놓고…"

"하기야 애들 뒷바라지 해야지. 뭐, 유다해 레시피는 그다음에 하지 뭐."

아내가 뭐 뭐 뭐 하며 좌악 말씀을 하시는데 철수는 가슴이 철렁철렁 내려 앉았다. 그러나 쿨하다 그럴까, 그냥 툭툭 말을 내뱉는다 그럴까, 어쨌던 아내는 자신의 레시피를 쉽게 거두어 들였다. 백종원 땜에 졸지에 배달원이 될 뻔 했다.

철수는 생각한다. 백종원이 고맙긴 한데 백종원 땜에 인생 로드 맵을 바꿔야 할 위기에 처할 수도 있겠구나. 백종원이 음식을 통해 우리에게 얼마나 큰 위안을 주냐고, 질 좋고 값싼 음식을 사먹을 수 있고 TV 등에서는 누구나 쉽게 따라 할 수 있는 레시피를 공유하잖아. 또 실패한 골목길 음식점을 진단해서 성공할 수 있도록 만들어 주고. 참 좋은 사람이야. 근데 또 한편으로는 이렇게 확실한 로드 맵을 가진, 절대 요리에 손을 대지 않겠다는, 똥손의 길을 가려는 나 같은 사람에게는 대단히 위협적인 존재거든. 이 위기를 어떻게 헤쳐 나가지?

이야기를 듣고 있던 권 실장님은 동병상련의 기운을 느낀다며 고개를 연신 끄떡인다.

"그래서 저는 매일 밖에서 해결하지 않습니까?"

사실 중견 기업의 기조실장으로 근무하는 권영훈 실장님은 어찌나 맛있는 음식점을 많이 아는지 그야말로 걸어다니는 음식점 백과사전이다. 그러나 한번도 그 사전을 주지는 않았다. 음식점 목록을 주지 않았다는 말이다. 다만 만날 때마다 새로운 곳으로 초대한다. 가는 곳마다 감탄이 절로 나올 정도로 맛있는 집이다. 물론 가격도 합리적이다.

"이게 말이에요. 정보를 한꺼번에 주면 소중한 줄 몰라요. 잘 찾아가지도 않아요. 이렇게 양파 껍질 벗기듯이 한꺼풀 한꺼풀 차례대로 음식점에 모셔가야 제맛을 알아요."

"하! 맞는 말씀입니다."

철수는 절로 고개가 숙여진다. 지금 먹고 있는 멘보샤 맛에 뻑이 갔기 때문이다. 기름기가 쫘악 빠진 식빵 조각에 새우 속살이 탱글탱글, 마요네즈 얹은 신선한 양배추의 사각거림, 혀가 미칠 지경이다.

"전 말이죠, 가능하면 아내의 손을 빌리지 않으려 합니다. 주말에도요. 주로 외식, 외식을 합니다. 괜히 집에서 먹으면 아내 눈치를 봐야 해요. 내가 음식 만드는 걸 도와줘야 하지 않을까? 다 먹고 설거지도 해야 하고. 괜히 미안하고 막 그래요. 그리고 결정적으로 아내 음식이 별로예요. 밖에서 먹는 것보다. 그래서 아내의 품도 덜어주고 맛있는 것도 같이 먹고 그러는 거죠."

"그럼 그렇게 평생을 살 수 있을까요? 퇴직하고 나면 어쩌시려구요?"

"그래서 이렇게 열심히 살지 않습니까? 김 교수님과 같은 훌륭한 분들을 매일 만나면서 배우고 익히는 데 한눈을 팔지 않는 거죠. 퇴직 후에도 외식의 길을 가기 위해서. 돈 걱정하지 않고 마음껏 사먹을 수 있게."

철수는 권 실장님이 부럽기 그지 없다. 매일같이 일명 법카, 법인 카

드를 쓸 수 있다는 사실이. 그리고 외식의 길, 그 한 길로 가겠다는 철학이. 그것도 평생토록. 똥손인 철수보다 한 차원 높은 경지가 아닌가? 철수가 집에 붙어 있으면서, 다시 말해 밥은 얻어 먹되 요리는 하지 않는다면 권 실장님은 당당히 밥을 주체적으로 해결하면서 요리를 하지 않는, 그야말로 철수와는 차원이 다른 피안의 세계에 있는 것이다. 철수의 '똥손' 철학을 넘어서는 '외식의 길'이라는 새로운 철학을 갖고 있는 것이다.

"자, 한잔하시죠. 이게 또 기가 막힌 술입니다. 몽지람이라고… 중국 8대 명주 중에 하나인 양하대곡의 최상위급 술입니다."

"야, 이게 병부터 다르네요. 푸른 빛이 싸악 도는 게 비쌀 텐테…."

철수는 살짝 걱정이 된다. 뭐든 과하면 안 된다는 평소의 생각 때문이다.

"아이고 김 교수님 왜 이러십니까? 비싸봐야 교수님 학식에 비할까요."

철수는 기분이 참 좋다. 이런 말은 들으면 들을수록 좋은가 보다. 그래도 그럴 수는 없다.

"무슨 말씀을, 과찬이십니다."

사람은 겸손해야 하는 법, 철수는 안면에 미소를 머금는다.

"자, 자, 받으시죠. 좀 독합니다."

"네, 네."

철수는 받자마자 원샷이다. 좋은 술일수록 원샷. 그 첫 느낌을 강하게 받기 위해서 원샷. 앞에 앉아 있는 사람을 기억하기 위해서 원샷. 이래저래 좋은 추억을 기념하기 위해 원샷. 오~! 예~!

마치 꿈길을 걷는 것 같다, 술 이름처럼. 그 길은 목구멍을 시작으로 전 내장을 휘감아 내려가면서 오장 육부를 부드럽게 솜이불처럼 감싸 안는, 말 그대로 신혼의 단꿈을 꾸게 하는 솜 이불이 깔린 길이다. 50도가 넘는 술임에도 전혀 독하지 않고 향기로우면서도 부드러운, 보통의 백주와 달라도 너무 다르다. 철수는 권 실장님이 뭐라고 하는지 전혀 들으려 하지 않고 연신 술잔을 들이킨다. 철수는 지금 이 꿈에서 깨고 싶지 않은 것이다.

"그러니까 형, 똥손의 길을 멈출 때가 됐다고. 형이 법카가 있어? 형 돈 많아? 권 실장님 그 분처럼 살 수 있을 것 같냐고?"

중민이가 꿈 깨라고 한마디한다. 철수는 호기롭게 자신과 비슷한 길을 가고 있는 권 실장님에 대해 말하고 있었다. 그런데 그렇게도 착하던 동생 중민이가 갑자기 핀잔을 준다.

"너 지금 무슨 말을 하고 싶은 거야?"

"음식 좀 하라고. 집에서 요리 좀 만들라고. 형수님도 좀 도와드리고. 이제 철들 때쯤 되지 않았어?"

"철?"

"그래! 철! 형수님이 불쌍해 죽겠어. 형은 집에서 손 하나 까딱 안 하잖아? 언제까지 그렇게 살래?"

"애 봐라. 너 오늘 날 잡았니?"

"뭔 날?"

"먼지 나도록 맞을 날."

"그래. 형이 나한테 좀 맞아야겠어."

중민이 숟가락을 들어 때리는 척 하다가 소주병으로 바꿔 잡고 술을 권한다.

"아니, 혀~엉, 내가 감히 어찌 형을 때리겠어? 한잔해."

철수는 허허 헛웃음 치며 술잔을 받는다.

"요놈 봐라. 이 형을 들었다 놨다 하네."

중민은 철수와 둘도 없는 형 아우 사이다. 사회에서 만났지만 이렇게 친형제처럼 지내기는 쉽지 않다. 중민과는 웬지 인연인 것 같다. 어떤 자리에서 소개로 만났다가 지금은 두 사람이 인맥의 플랫폼이 되었다. 두 사람을 중심으로 어찌나 많은 만남이 이어지고 있는지 마치 한 쌍의 거미가 거미줄을 끝도 없이 쳐서 거미집이 온 천지를 뒤덮은 형국이다. 그만큼 많은 사람들이 서로서로 얽히고설켜서 좋은 인연들을 만들어 가고 있는 것이다. 권 실장님과 중민도 이런 인연으로 몇 번 술자리를 같이 했다.

철수 입장에서 중민도 참 부러운 사람이다. 이 놈은 외식도 지 마음대로 하면서 집에서 늘 요리를 전담한다. 철수의 꿈, 법카, 이것을 가지고 있으면서도 집에 있을 땐 꼭 자신의 손으로 아내와 아이들에게 요리를 해준다. 한마디로 능력자다. 훌륭한 양다리를 걸치고 있다. '외식의 길'을 가면서도 '노(NO)똥손'의 길을 가고 있다. 그래서 중민이 뭔 말을 하면 철수는 저항할 수 없다. 하는 말마다 다 맞는 말이거든. 그리고 결정적으로 맨날 지가 계산한다. 술을 먹든 밥을 먹든 골프를 치든. 형 같은 동생이다. 한국 사회에서 형의 기준이 밥 사고 술 사는 사람이기 때문이다. 그래서 중민이 형이다. 철수는 무늬만 형이지 동생이나 다름없다. 물론 철수가 가난해서 중민이 계산하는 것은 아니다. 그만큼 중민은 철수를 좋아한다. 철수의 천진난만함, 맑음을 중민은 좋아한다. 교수 같지 않은 교수여서 좋다. 소탈하고 유머스러워서 좋다. 언제나 만나면 유쾌하다. 철수가 가진 학식이야 당연히 높겠지만, 중민에게 철수는

교수 형이 아니다. 그냥 맨날 놀리고 싶은 형, 맨날 갈구고 싶은 형, 맨날 타박하고 싶은 진짜 친형이다. 그래서 지금도 핀잔을 주고 있는 것이다. 집에서 요리 좀 하라고.

"야 난들 요리를 왜 안 하고 싶겠냐고. 하려고 해도 안 된다니까. 달리 똥손이겠어?"

철수는 엄청 노력한 것처럼 말한다. 사실 온갖 핑계를 다 끌어모아 빠져나가면서.

"똥손이 어딨어? 노력하면 다 하지. 정 안 되면 백종원 레시피대로 해봐."

'야야, 너도 백종원 타령이냐? 지난번에 니네 형수도 백종원 될 뻔했다."

"뭔 말이야?"

"백종원처럼 자기도 뭔가 팔아 보겠단다. 자기만의 노하우로."

"말 되네. 형수 요리 실력 끝내주잖아. 한 번 해봐."

"됐네 됐어. 그 나이에 사업은 무슨. 야, 저거 탄다 타."

철수는 다 타들어가는 고기를 중민의 입에 막 쑤셔 넣는다. 그 입 좀 닥치라고.

"혀엉, 숨 못 쉬겠어. 좀 천천히 줘."

철수의 작전은 성공이다. 일단 봉인은 했다. 그놈의 입을.

"고기는 이렇게 구워야 해. 육즙이 살아 있게. 앞으로 한 번 뒤로 한 번, 딱 이렇게만. 더 뒤집거나 하면 즙이 사라져요 즙이. 그러면 고기가 더 이상 고기가 아녀. 고무지. 이렇게 비싼 한우를 고무줄로 만들면 안 되지. 그리고 좀 크게 잘라야 돼. 그래야 풍부한 육즙을 입안 가득 느낄 수 있어. 작게 자르는 순간, 이건 한우에 대한 예의가 아니지. 것도 투뿔 한우에겐."

"아니 그렇게 잘 아시는 분이 왜 요리는 안 하셔?"

하는데 중민의 입속에 한우가 가득 들어찬다. 역시 철수의 짓이다. 고기를 중민의 입 속에 막 투하한다. 조용하라고.

"너 무슨 말하려고 하는지 아는데, 내가 선천적으로 체질이 아니에요, 요리에는. 그래도 최근에는 각고의 노력 끝에 한두 가지는 할 줄 알지."

철수가 목에 힘을 가득 넣어, 그뿐만 아니라 어깨에 뽕까지 넣어서 잘난 체한다.

"뭐 할 줄 아는데?"

그럴 리가 없다면서 중민은 고기로 가득한 입을 놀리며 별로 궁금하지 않다는 듯 묻는다.

"라면."

풋 하며 중민은 고기를 뱉어낼 뻔했다.

"또, 뭐?"

"계란프라이."

"아니 그게 요리야?

"요리가 아니면 뭔데? 신발이야?"

"거기서 신발이 또 왜 나와?"

"요리를 요리냐고 물으니까 그렇지. 아버지를 아버지라 못 부르면 뭐라 해야 되는데?"

"아니 형이 홍길동이야? 왜 또 그 대사가 나오냐고? 길 가는 사람에게 물어봐, 라면과 계란프라이가 요린지."

철수는 어이가 없다는 듯 고기 한 점을 입으로 가져간다. 그렇게 먹어놓고 또 먹는다. 역시 고기는 늘 정답이다. 먹어도 먹어도 맛있다.

"내 라면은 특별하지. 그래서 요리야."

"뭐가 특별한데?"

"너무 특별해서 브랜드가 붙었지. 뭔지 알아?"

"아 뭔데? 묻지 말고 말해."

중민은 짜증이 확 났다. 분명 별거 아닐 텐데 괜히 철수의 작전에 휘말려 들어가는 것 같았기 때문이다.

"바로~바로~"

순간 철수는 김성주 아나운서가 된다.

"바로~~, 아빠표 라면."

또 풋 하며 고기가 또 나올 뻔했다.

"미쳤어? 그게 무슨 브랜드야?"

"자, 한번 들어봐, 아빠표 라면이 왜 브랜드냐 하면 우리 딸이 네이밍을 했기 때문이야. 내가 아닌 누군가가 인정해서 만들어 줬기 때문이지. 그리고 우리 사모님도 여기에 동의를 했다는 말씀. 그래서 명백히 브랜드지. 그리고 이게 맛도 특별해요. 그래서 브랜드지."

"나 참, 그래 무슨 맛인데?"

"궁금하지, 궁금해 안 해?"

"아, 진짜!"

하며 중민은 벌컥 화가 난다. 그리고 벌떡 자리에서 일어난다.

"알았어 알았어, 앉아 봐. 이게 무슨 맛이냐 하면… 라면 맛."

"오! 주여 이 불쌍한 어린양을…."

중민은 얼마나 충격이 컸던지 주님을 찾는다. 그러다가 앞에 있는 술, 또 다른 주님을 찾아 술잔을 들이켠다.

"중민아 내 말 들어봐. 그냥 라면 맛인데 이 맛이 특별한 맛이야. 라면 고유의 맛, 이게 진짜로 특별한 거지. 왜 요즈음에는 라면에 맛 내려고 온갖 것들을 넣잖아. 일단 계  란부터 시작해서 김치, 파, 게, 고기, 치즈 등등. 심지어 라면과 라면을 섞어서 막 해먹잖아, 짜파구리처럼. 근데 나의 승부 수는 그냥, 그냥 라면 맛을 내는 거야. 라면이 본래 태생부터 가지고 있던 그 맛, '라면 맛' 이걸 요리해내는 거지. 흠!"

철수는 자신도 모르게 또 어깨에 힘이 들어가는 것을 느낀다.

"너 아냐? 라면 고유의 맛을 내는 게 얼마나 힘든지. 첫째, 물의 양을 550 밀리리터로 한 치의 오차도 없이 맞추어야 해. 둘째, 먼저 스프를 넣고 불판에 올린다. 셋째, 불 세기를 적당히 해서 물이 팔팔 끓을 때 면을 투하한다. 물이 팔팔 끓을 때 이게 중요한 거야. 반드시 이 룰을 지켜야 해. 팔팔. 셋째 5분 동안 끓인다. 이것도 한 치의 오차도 없이. 넷째, 어떤 이물질도 넣지 않는다. 라면의 순수성을 끝까지 지킨다. 마지막으로 느긋이 지켜본다. 반드시 느긋이 봐야 해. 째려보면 안 돼. 그래야 요리사의 넋이, 혼이, 정신이 또 다른 재료가 돼서 라면에 녹아 늘어가는 거야. 이게 라면의 고유의 맛을 좌우한다고도 할 수 있어. 일단 여기까지가 아빠표 라면의 1차적인 레시피지. 그리고…."

"또 있어? 그리고라니?"

"먹을 때 지켜야 할 룰, 난 이걸 먹는 레시피라 하지."

"먹는 레시피?"

"어, 이걸 잘 지켜야 '아빠표 라면'의 궁극에 도달할 수 있어. 진짜 맛을 알 수 있지. 첫째, 라면 면발과 국물을 같이 섭취해야 해. 라면 면발 따로 국물 따로 먹어서는 절대 안 돼. 이때 비율도 정확히 지켜야 하는데, 그 레시피는 면발 한 젓가락에 국물 두 숟갈, 이걸 정확히 지켜야 해. 둘째…."

철수는 중민이 제대로 듣고 있는지 자신의 말에 집중하고 있는지 슬쩍 살핀다. 음, 듣고 있군. 철수는 흡족해하며 계속한다.

"둘째, 잘 익은 김치와 함께, 알지? 세상의 그 어떤 라면도 김치가 없으면 고무줄 없는 팬티와 같은 법. 해서 김치랑 같이 먹어야 해. 여

기서 김치의 양이 궁금할 거야. 그건 적당히, 적당히 먹으면 돼.”

“아니 왜 김치는 적당히 먹으면 돼? 한 치, 그놈의 한 치의 오차는 어디 갔냐 말이야. 한 치의 오차도 없는 레시피를 강조하더니만 왜 여기서는 없어?”

중민이 빈정거린다. 철수가 지금까지 말하는 레시피라는 것이 그리 신뢰가 가지 않을 뿐만 아니라 같잖기 그지없기 때문이다.

“그건 말이야. 무릇 음식에도 여백의 미가 있어야 하는 거거든. 너무 숫자에 얽매이다 보면 인간미가 없어요. 음식도 인간미가 있어야 해. 또 먹는 사람의 자율성도 존중해 줘야 음식이 한 차원 높은 경지로 가는 거거든. 단순히 맛을 떠나 그 뭐랄까… 거시기 한 거… 그러니까… 아우라, 그래 음식의 아우라가 형성되는 거야.”

“으이구! 그놈의 조디는 살아서….”

“셋째”

‘조디’라는 다소 경박한 단어를 썼지만 아니지, 나를 많이 낮춰보는 말을 했지만, 철수는 ‘아빠표 라면의 레시피’에 집중해야 했으므로 중민의 도발을 용서해주기로 한다. 왜냐하면 너무나 집중한 나머지 자신이 생각하지도 못한 레시피가 철철 흘러 넘치고 있기 때문이다. 이렇게 자신도 모르는 아이디어가 막 떠오를 때는 최대한 이 순간에 몰입해야 하는 것이다.

“셋째, 면발을 다 먹고 나면 분명히 국물이 좀 남을 거야. 만약에 남지 않았다면 ‘한 치의 오차’가 생긴 거야. 레시피가 말한대로 ‘한 치의 오차도 없이’ 먹지 않았다는 거지.”

“거 참 말 많으시네. 결론만 말해. 셋째는 뭔데?”

"셋째, 남은 국물에 찬밥 말아먹기."

"아니 그건 누구나 다 알고 있는 거잖아."

"아니쥐, 달라도 한참 다르쥐. 보통 국물이 식었다고 국물을 데운다거나 밥을 꽉꽉 많이 채워 말아 먹는다거나 하는데, 나의 레시피에서는 남은 국물 고유의 온도에다가 밥은 국물에 비해 약 4분의 1 정도의 비율로 말아줘야 돼."

"이것도 '한 치의 오차' 룰이 적용되는 거야?"

"글치. 이제 말귀를 알아듣는군. 남은 국물의 온도가 뜨겁든 차갑든 간에 그대로, 그 속에 찬밥을 투척하는 거지. 그래야 이 라면이 갖고 있는 고유의 맛을 마지막으로 음미할 수 있는 거야. 우리 중민이는 국물을 다시 끓이거나 짜글이라 해서 밥과 함께 끓이는 바보 같은 짓은 안했으면 좋겠어. 오늘부로."

철수는 짐짓 '우리'라는 단어를 쓰면서까지 중민을 동지로 끌어들이려 한다. 아예 아빠표 라면의 홍보 대사로 만들 요량으로다. 그러나 중민은 이런 철수의 바람에도 아랑곳하지 않고 옛 추억을 끄집어 낸다.

"짜글이가 얼마나 맛있는데 그래? 우리 자주 해먹었잖아."

"오, 노 노! 그런 흑역사는 이제 그만. 그땐 정말 뭘 몰랐어. 이제부터라도 나의 레시피대로 만들고 먹고 할 것. 알았어?"

이번에는 제법 단호하게 이야기한다. 오랜만에 중민에게 형처럼 구는 것 같다. 그러거나 말거나 중민은 말한다.

"됐네요. 형이나 그 레시피대로 해먹으슈."

"정 그렇다면 할 수 없지. 아 그리고 내가 할 줄 아는 두 번째 요리는…."

"이제 그만해. 됐어."

"되기는 뭘 돼? 나의 자랑스러운 요리 하나 더 남았는데."

"아 진짜 됐다니까. 이거나 쳐드세요."

이제는 중민이가 철수의 입에 막 쑤셔 넣는다. 입 좀 닥치라고. 그런데 철수는 히히거리며 좋아라 한다. 그 많은 고기를 씹으면서도 하고 싶은 말은 다한다. 이건 뭐 달인 시리즈에 출연해도 될 판이다. 씹는입과 말하는 입이 따로 놀고 있다. 마치 4륜 구동 자동차가 네 바퀴를 따로 굴리는 것과 같다. 쉴 새 없이 먹고 쉴 새 없이 말한다. 중민은 두 손 두 발 다 들었다.

"계란프라이는 말이야 누구나 쉽게 생각하는데, 그게 아니에요. 한마디로 계란프라이는 과학입니다. 불 온도와 계란 쪼개기에서 일단과학이 들어갑니다. 불 세기는 보통 말하는  중불 정도이지만, 가스레인지나 인덕션 종류에 따라 다 다르기 때문에 감각적으로 조절해야 합니다. 이 감각이라는 것도 많은 고민과 오랜 경험을 통해 얻어지기 때문에 아무에게나 있는 게 아니지요. 나의 경우엔 오랜 경험보다는 철저한 고민, 많은 상념, 넘치는 상상력을 마음껏 동원해서 획득한 겁니다. 똥손의 한계를 극복하기 위해 무진 노력했다는 증거이지요. 중불은 말 그대로 전체 불 세기에서 중간 정도의 불을 말하는 것이지만, 그 정도를 가늠하기 위해 자신의 집에 비치된 가스레인지 등에 늘붙어서 많이 사용하고 다양한 테스트를 통해 말그대로의 '중불'의 정도를 감각적으로 얻어야 합니다."

"좀 짧게 하면 안 돼? 다 알고 있는 이야기를 뭐 그리 주절주절대는 거야? 그리고 왜 갑자기 존댓말을 하고 그래?"

"왜, 영 불편해? 존댓말 하는 게. 나의 과학적 레시피에 좀 더 무게 감을 줄려고 예의를 갖춘건데. 정 싫다면 원래 모드로."

"아주 생쇼를 하고 있어요."

중민은 철수의 이야기를 계속 듣고 있어야 할지 말아야 할지 짜증이 확 난다. 이를 눈치챈 철수가 중민의, 아니 고객의 요청을 잽싸게 받아들인다.

"그다음은 계란 쪼개긴데, 이건 정말 많은 연습을 해야 해. 한 방울의 계란 속살도 새지 않게, 그리고 한 조각의 계란 껍질이 들어가지 않게, 무엇보다 일도양단, 한방에 계란 표피가 갈라지면서 한방에 흰자와 노른자가 프라이팬에 쏟아지게 해야 하거든. 여기에서는 모든 과정이 '단 한 번'에 끝나야 돼. 그래야 계란프라이의 신선한 맛이 유지되거든. 마치 고급 한우를 딱 두 번 뒤집어 육즙을 살아 있게 하는 방법과 유사하다 할 수 있지. 그래서 연습, 연습, 또 연습해야 해. 나는 하루에 계란 두 판, 그러니까 60개로 연습한 적도 많아. 아차, 계란을 일도양단할 때는 반드시 쇠젓가락으로 해야 돼. 나무젓가락 노, 숟가락 노, 칼 노. 쇠젓가락으로 해야 계란 표피가 적당한 두께로 갈라지고 한방에 계란 속살을 프라이팬에 올릴 수 있어."

"좀 빨리 못해?"

중민은 점점 인내의 한계를 느낀다.

"그리고 재료가 중요한데, 같은 계란이라도 같은 것이 아니예요. 계

란에도 등급이 있는 것 알지? 난 가능하면 1등급을 사용하지. 만약 이게 없다면 2등급도 가끔 사용하기도 해. 야, 송중민! 너 설마 계란 등급이 뭔지 모르는 건 아니지?"

중민이가 아까와는 다르게 너무나 집중해서 듣고 있는 것 같아 철수는 궁금해진다. 절마 저거 계란 등급을 몰라서 이렇게 잘 듣고 있나 싶어서.

"어… 어, 사실은 잘 몰라."

웬일인지 중민이 기어들어가는 목소리로 대답한다. 이때다 싶은 철수는

"야야! 괜찮아 이 형아가 설명해 주께. 뭘 그것 가지고 기가 죽냐?"

철수는 의기양양하게 울대에 힘 주고 또 강의 모드다.

"계란 표면에 보면 숫자 등이 찍혀 있잖아. 제일 앞에 있는 4자리는 산란 일자고 그다음이 생산자 고유 번호 5자리, 그리고 제일 뒤에 있는 한자리가 사육 환경 번호야. 나는 주로 마지막 자리를 주목해서 봐. 물론 산란 일자도 중요하지. 산란 일자와 유통 기간에 차이가 많이 나면 구입하지 않지. 다시 마지막 숫자, 즉 사육 환경 번호를 보면 이게 계란 등급 표시야. 1번은 방목장에서 자유롭게 돌아다니도록 사육한 닭이고, 2번은 축사 등에서 키운 닭, 3번은 평방미터당 13마리, 4번은 평방미터당 20마리에서 키운 닭들이 낳은 계란이란 뜻이야. 그래서 나는 가능하면 방사된 상태에서 자유롭게 뛰놀며 낳은 계란을 쓰지. 거의 자연 상태의 달걀이라고 할 수 있어. 특히 난 지리산 달걀을 사용해. 고등학교 선배가 한 달에 한 번씩 보내주지."

"형 그거 나도 받을 수 있어요?"

웬걸? 중민이 대화에 적극적으로 끼어든다. 흐흐, 이제 나의 레시피에 기으픈 감동을 먹은 거야. 철수는 그렇게 생각하며 열변을 토하려 한다. 어, 근데 이건 다른 문젠데. 돈 문젠데. 그냥 공짜가 아닌데.

"중민아 니도 받을 수 있지. 그런데 40개 한 판에 2만 7천 원이야. 감당이 되겠어?"

"뭐 그렇게 비싸? 형이 그냥 나한테 보내주면 안 돼? 공짜로."

"그건 안 돼쥐. 제값을 주고 먹어야 제대로 그 맛을 알 수 있쥐. 공짜로 먹어서야 진정한 지리산 달걀의 맛을 알겠어?"

철수는 쥐 쥐 하면서 입술을 오리 주둥이처럼 쭉 내밀고 반드시 돈은 내야 한다고 강조한다.

"아, 됐어. 그놈의 레시피 빨리 끝내기나 해."

중민은 또 짜증을 확 낸다. 원래의 귀차니즘 모드로 돌아간다. 그 속내를 안 철수는 씨익 웃으며 계속한다.

"어떻게 굽느냐? 이게 또 굉장히 중요한데, 직접 보여주면 좋은데 말로 하자니 좀 거시기하네. 자 그래도 한번 들어봐. 난 절대 뒤집지 않아. 흰자와 노른자가 프라이팬에 얹히면 그 모양 그대로 구워. 노른자도 터트리지도 않고 흰자도 모양 잡으려고 건들지도 않아. 그냥 그대로 굽지. 그리고 흰자 바깥 쪽 테두리가 노릇노릇해질 때까지 기다려. 노릇의 정도는 타기 직전의 파삭하게 먹을 수 있는 정도. 이렇게 되면 가운데 노른자는 익는다기보다는 데워지는

정도이고, 흰자는 색깔만 하얗게 변하고 위의 액체는 떠 있는 상태, 그러니까 반숙 정도라고 할까. 이런 상태가 되면 불을 끄고 계란프라이를 완성하지. 아참 나는 소금을 넣지 않아요. 소금 맛 때문에 계란 고유의 맛이 없어지거든."

"그럼 싱거워서 어떻게 먹어?"

"다 방법이 있지. 먹을 때 좀 싱겁다 싶으면 소금을 살짝 찍어 먹으면 되지. 나는 거의 소금을 안 먹는다고 보면 돼. 처음엔 좀 싱겁다 싶다가도 먹다 보면 계란 고유의 꼬쏘한 맛이 일품이거든. 그리고 특히 지리산 달걀의 맛이란 정말 내가 지리산 한복판에 있는 기분이라니까. 싱그러운 자연의 맛, 풀 냄새도 나는 것 같고 계곡의 물맛도 있고 심지어 구름 맛도 있는 것 같애."

"어이그 시인 납셨네요."

중민은 아까보다 더 빈정거린다. 아마도 지리산 달걀을 공짜로 안 준다고 해서 삐져도 엄청 삐졌나 보다.

"자 먹을 때는 말이야…."

"아니 아직 안 끝났어? 먹는 거까지 했잖아."

"아니에요. 자 먹는 레시피에 대해 말하겠어요. 먹을 때는 먼저 바싹 익은 흰자 가장자리부터 먹는 거야. 다시말해 후라이의 제일 끝 둘레부터 먹는 거지. 이것부터 먹으면 고소하고 바싹한 맛이 일품이야. 어떨 땐 다 큰 닭 맛도 나. 치킨 맛 비스무레한 것. 신기하지 않아? 계란에서 치킨 맛이 나다니. 그런 다음 차례대로 후라이 중심으로 오면서 살짝 익은 흰자를 먹어. 그 부드럽고 감칠맛 나는 흰자. 이건 완전 건강한 맛이야. 어느 장수 마을에서 100세 할머니의 장수 비결이 매일 날계란 두 개씩 먹는 거라잖아. 달걀을 생으로 먹으면 건강한 맛을 느낄 수 있어. 그렇게 먹다 보면 이제 노른자만 남지. 이때 노른자 밑에 깔린 흰자와 한꺼번에 먹으면 안 돼. 먼저 혀로 노란자만 부드럽게 핥아먹어. 캬! 노란자 고유의 고수함과 부드러움이란 말로 형언할 수 없어. 내 방금 문자 썼지, 형언이라고. 그만큼 고급지고 있어 보이는 맛이야. 사람들이 다이어트다 뭐다 해서 노른자를 천시하는데, 난 정반대야. 이 노른자를 먹어야 진정 계란프라이를 먹었다고 할 수 있어. 균형 잡힌 맛, 자연의 조화로운 맛, 조물주의 정신이 들어간 맛, 퍼펙트! 바로 완벽한 맛이지."

철수는 신앙 간증이라도 하는 듯 완존 몰입되어 있다. 중민은 그런 철수를 보면서 기가 찬다. 뭔 놈의 설을 저렇게 장황하게 늘어놓냐고. 아니 간단한 계란프라이 하나를 두고 어디서 저런 서사가 나오냐고. 중민은 황당하다 못해 머리가 아플 지경이다.

"됐고, 그럼 노른자 먹고 남은 밑의 흰자는 버려?"

"버리긴 왜 버려? 당근 먹어야지. 마지막 이 흰자가 달걀 후라이의 화룡정점인데."

"화룡정점? 뭐 그 달걀은 용이 낳았어? 용 그림이냐고?"

"왜 그런지 한 번 들어봐. 노른자 밑의 흰자는 노른자 무게 땜에 조금 노릇노릇해 있어. 노른자에 깔린 흰자가 눌려서 좀 더 많이 굽힌 거지. 근데 이게 또 끝내주는 맛이야. 처음에 먹었던 흰자 가장자리의 치킨 맛, 바로 그 맛이 나는 거지. 참 신기하지 않니? 마지막 맛이 처음의 맛이라니. 이게 자연의 신비 아니겠어? 다시 제자리로 돌아온다. 그래서 화룡정점인 거야. 기이픈 철학적 의미가 있는 것 같애. 내가 만

약 이것도 설명하려 하면 중민이 니 머리는 터질거야 그치? 그건 생략
할게. 니 정신 건강을 위해서."

"아이고 고맙구만. 내 생각해줘서. 그건 사실이야. 형이 자연의 신비
다 철학적 의미다 하면서 설 풀기 시작하면 아마 난 정신병원에 가야
할 거야. 이제 다했지? 그 놈의 레시피. 형 말대로 이제 처음으로 돌아
가야지. 후라이 레시피에서 마지막 맛이 처음 맛인 것처럼. 자, 한잔
해."

철수는 피식 웃는다. 형의 너스레를 다 받아준 중민이 고마운 것이
다. 삐져서 집에 가지 않고 끝까지 자리를 같이 해줘서. 철수는 기분
좋게 잔을 내민다.

"그래. 우리 중민이 다 컸네. 이 형을 이해해줘서. 자 건배에~~!"

"중민이가 그랬다니까, 내가 대단하다고. 어떻게 요리를 두 가지나
할 줄 아냐고."

"그랬어요?"

철수는 아내에게 팩트 아닌 팩트를 늘어놓았다.

"아빠표 라면과 계란프라이를 극찬했다니까. 평범한 것 같지만 디
테일의 끝판왕이라고 침 튀게 칭송했다니까. 나의 새로운 면을 보게
됐다고, 이 형을 존경한다고, 형수님은 좋겠고, 막 그랬어."

"호호, 그랬어요? 내가 좋아할 거라고? 그쵸. 우리 신랑 얼마나 예
쁜데. 자신만의 레시피를 가지고 있는 신랑은 아마 얼마 없을걸요?"

"흐흐, 그렇지. 그렇고말고."

철수는 흐뭇하다. 이렇게 아내가 나를 인정할 줄은 몰랐다. 집에서

는 늘 천덕꾸러기처럼 아내 곁에 찰싹 붙어서 귀찮게만 했으니까. 그야말로 낙엽족처럼 살았는데, 아내가 날 이렇게 높이 쳐줄 줄은 몰랐다. 철수가 이런 생각을 할 줄 알았다는 듯 아내는 냉큼 받아친다.

"여보, 그래서 우리 프랜차이즈 해야 한다니까요. 나의 레시피와 당신의 레시피를 합치면 백종원 저리 가라죠. 우리도 백종원처럼 할 수 있다니까요. 우리 합시다."

철수는 기겁을 한다. 말이 또 이렇게 처음으로 돌아오다니. 철수는 작전에 심각하게 휘말린 느낌이다.

"아… 아니… 그건 아니고…."

"아니긴 뭐가 아니에요? 우리가 가진 재능이 아깝지 않아요? 내일 당장 컨설팅 받으로 갑시다. 시작이 반이라고, 알았지요?"

오 마이 갓! 어찌 이럴 수가! 똥손의 일관된 길을 철수해야 할 절체절명의 위기에 처한 것이다, 자신의 이름처럼.

✎ 덧붙여

음식과 소통하면 새로운 세상이 열립니다. 음식을 시쳇말로 밥 먹듯 하는 것이 아니라 다시 말해 몸에 밴 습관처럼 관성에 의해 아무런 의미를 두지 않고 무심히 먹지 말고 음식에 들어간 재료와 대화해 보세요. 그리고 재료를 잘 버무려 맛을 낼 때도 이야기해 보세요. 이렇게 하면 신기하게도 음식이 더 맛있고 또 훨씬 더 멋지고 맛있는 음식을 만들 수 있습니다. 조리할 때 모든 순간에 말을 걸어 보면 음식에 들어간 하나하나의 요소들이 소중해지고 감사해집니다. 그래서 더 아름다운 모양의

요리가 나오고 맛도 더 맛있어집니다. 이런 멋진 요리를 함께 먹는 사람들은 또 어떨까요? 당연히 더불어 같이 식사하고 있는 앞사람과 옆 사람이 또 소중하고 감사해집니다. 음식과 소통하면 그야말로 선한 기운이 늘 함께합니다. 새로운 세상이 열리고 또 그 속에서 행복을 느낄 수 있습니다.

여기서 말하는 대화란 단순히 말하기만을 의미하는 것은 아닙니다. 소통은 눈으로 보는 것, 냄새 맡는 것, 호흡하는 것, 만져보는 것 등 그 어떤 것으로도 가능합니다. 몸과 마음으로 느끼는 것도 소통의 중요한 수단입니다. 음식과 이야기한다는 것은 우리 인간이 가진 모든 것들을 열어 놓으면서 보고, 만지고, 냄새 맡고, 숨길을 나누고 느끼는 것입니다. 우리가 가진 짧은 말과 글로만 대화하는 것이 아니지요. 음식과 대화를 하다 보면 그 대화의 결과를 언어로만 표현할 수 없는 것과 같은 이치입니다. 어떻게 음식이 전해주는 이야기를 말과 글로 다 표현할 수 있겠습니까? 우리의 오감을 활짝 열고 소통하는 것입니다.

좋아하는 음식을 상상해 봅시다. 생각나는 그 어떤 음식이라 하더라도 자태가 얼마나 아름답습니까? 형형색색 세상의 온갖 색을 다 모아놓았지요. 그야말로 색의 향연이라 할 만합니다. 예술 작품도 이런 예술 작품이 없습니다. 눈에 보이는 것 말고도 그 냄새는 어떻습니까? 냄새만 맡아도 배부르지요. 맛있는 음식 냄새는 잠자고 있는 열정을 불러 깨웁니다. 먹고 싶다는 열정은 그 어떤 형태의 열정보다 강렬합니다. 그리고 이 열정은 음식 이외의 영역으로 확대됩니다. 작게는 내가 지금 하고 있는 일에서부터 세상을 어떻게 살아야 할지와 같은 커다란 꿈에 대해서도 열정을 가지게 합니다. '밥심이 모든 힘의 원천'이라는 옛 선조들의 말처럼 말이지요.

또한 그 맛은 어떻습니까? 음식이 선사하는 다채로운 맛은 '사는 것이란 이런 것이구나'를 절로 느끼게 합니다. 달고 짜고 맵고 씨고 쓴 맛, 그리고 이들의 조합으로 형성되는 지상 최대의 행복의 맛, 정말 살맛이 나죠. 음식에서 솔솔 흘러나오는 온기는 또 어떻습니까? 몽실몽실 돋아나는 옅은 수증기는 마치 이리 오라고, 와서 먹어 보라고 손짓하는 것 같습니다. 그냥 이 온기에 몸을 맡기면 신선이 따로 없습니다.

음식이 담긴 그릇과도 이야기해 봅시다. 그릇도 음식의 맛을 더 좋게 하는 중요한 요소입니다. 그릇의 디자인과 색상, 질감은 음식을 한층 더 돋보이게 하고 먹는 사람의 기분을 업그레이드시킵니다. 그릇에 손가락을 허치해 보세요. 그 형태에 눈길을 줘 보세요. 분명 그릇이 대답할 것입니다. 그리고 또 다른 차원의 멋진 음식 세계로 인도될 것입니다. 한 접시 요리만으로도 세상을 다 가질 수 있습니다. 이 얼마나 감사하고 행복한 일입니까?

앞서 라면과 계란프라이에서 요리하기와 먹기를 아주 디테일하게 묘사한 것은, 음식을 만들 때, 그리고 음식을 먹을 때, 그 순간순간을, 그 모든 마디를 느끼고 즐길 수 있다면 삶의 또 다른 행복을 찾을 수 있지 않을까 해서입니다. 음식이 가진 고유의 맛을 더 자세히 느낄 수 있고 그 맛을 알면 감사하게 됩니다. 음식이 나오기까지 깃들여진 수많은 정성을 알 수 있기 때문입니다. 재료에서 완성되기까지 음식이 걸어온 기나긴 여정을 생각하면 저절로 머리가 숙여집니다.

음식과 소통을 잘해야 하는 또 하나의 이유는 우리 삶의 큰 부분이 늘 음식과 함께한다는 것입니다. 하루 세끼 먹는 것도 그렇고, 우리가 사람을 만날 때, 어떤 일

을 도모할 때 우리 곁에는 항상 음식이 동행합니다. 누구를 만난다, 연말연시 모임을 한다, 회의를 한다, 결혼식, 돌잔치 등 그 예는 차고 넘칩니다. 그런데 우리는 음식의 존재에 대해 자주 까먹습니다. 공기처럼 언제나 우리 곁에 있어서 그것의 존재를 잊어버리고 그 고마움을 놓치는 것과 같습니다. 언제나 우리 곁에 있는 음식, 소중하고 감사한 음식, 행복의 원천인 음식을 무심하게 대하는 일은 없어야 하겠습니다. 자, 지금부터 음식과 소통해 볼까요?

왜 서울의 봄인가?
영화·드라마 소통

📺 에피소드 1

"따르릉 따르릉"

전화벨 소리가 시끄럽게 울린다. 그러다 뚝 끊긴다. 곧바로 "따르릉 따르릉" 다시 울린다. 쉴 새 없이 누군가를 애타게 찾는다. 온 집안이 전화벨 소리로 가득하다. 휴대폰이지만 벨 소리는 전통적인 전화벨 소리다.

"여보 큰일 났어. 엄마가 전화를 안 받으셔."

"어 뭐라고?"

"전화를 안 받는다니까. 이런 적이 한 번도 없었어."

"무슨 일 있으신 거 아냐? 다시 한 번 해 봐."

"아니, 지금 한 시간 동안 이러고 있는 거야. 하도 안 받아서 당신한 테 전화한거구."

"그래? 그럼 옆집에 전화해보지?"

"옆집이 어디 있어? 시골 산속이잖아."

"맞네. 공기 좋은 곳에서 사신다고 산으로 들어가셨지."

"그래. 이제 3개월밖에 안 됐는데 아는 사람이 있겠어? 그나마 옆집 이라 해도 한참은 떨어져 있는데."

"큰일이네, 이를 어쩌지?"

"아! 미치겠네, 엄마는 왜 전화를 안 받으시는 거야. 뭔 일 있는 거아냐?"

딸 지영은 발을 동동거리며 엄마를 애타게 찾는다. 이런 아내의 심정을 충분히 짐작하고 있는 병기도 애타기는 마찬가지다. 팔순의 장모는 동년배의 장인어른과 산에 집을 짓고 살고 있었다. 아웅다웅 두 분이 잘 지내고 계셨는데 지금 이런 상황이 벌어진 것이다. 걱정이 앞서는 이유는 현재 장인어른은 집에서 한참 떨어진 암자에 가서서 장모혼자 있기 때문이다. 장인은 가끔 스님과 차를 마시며 자연의 이치에대해 대화를 나누러 며칠씩 암자에 가 있기도 한다. 바로 오늘이 그런상황이다.

"안 되겠다. 경찰에 신고하자. 그럼 경찰에서 장모님 집으로 갈거야."

병기는 불현듯 떠오른 생각을 말했다.

"그래 그게 좋겠어. 당신 빨리 신고해. 난 엄마한테 계속 전화할 테니까."

지영은 이렇게 말해놓고 부랴부랴 엄마 번호 단축키 1번을 누른다. 신랑도 아니고 아이들도 아닌 엄마 단축키 번호가 1번인 이유는 차차알게 될 것이다.

"내가 경찰인지 노인 보호 요양산지… 왜 이런 일을 내가 해야 되느냔 말이야. 아니 뻔한 것 아냐? 주무시지 않으면 귀가 먹었든지. 그리고 오늘은 이 깊은 산속까지 내가 왜 와야 하느냐고?"

경찰 한 명이 구시렁구시렁거리며 경찰차에서 내리고 있다. 집 현관 앞에서 초인종을 눌러댄다. 한 번이 아니라 수차례 신경질적으로 누른다. 그래도 안에서는 아무런 기척이 없다. 애꿎은 TV소리만 들릴 뿐이다.

"맞네 맞어. 주무시고 있네. 그래도 그냥 갈 수 없잖아. 보고도 해야 하고. 미치겠네…."

집 안에서는 초인종 소리에 벨 소리, 거기에 TV 소리가 합쳐지니 흡사 예술의 전당 공연장 같다. 불협화음을 주제로 한 관현악 같다. 묘하게 잘 어울리는 한 판의 공연 현장 같다. 거기에다 TV 화면에서 새어 나오는 빛이 어두운 집안을 밝히며 공연장의 운치를 더한다. 마치 무대 위에 쏟아지는 조명 빛처럼. 그 빛을 타고 계속되는 초인종 소리, 또 계속되는 전화벨 소리, 그리고 TV 소리. 누군가 듣고 있다면 지휘봉을 잡고 지휘자가 되어 이 소리들을 정리하고 싶을 것이다.

경찰은 지휘봉 대신에 초인종을 잡았다. 아직까지도 초인종에 화풀이하듯 막 눌러댄다. 집안에서는 전화벨 소리도 들린다. 경찰은 갑자기 이상한 생각이 든다.

"혹시…."

급기야 발로 현관문을 냅다 차기 시작한다.

쾅쾅쾅!

얼마나 세게 찼던지 발가락이 엿가락이 될 지경이다. 너무 아파서 펄쩍펄쩍 뛰기 시작한다. 덩치는 산만 해서 온 천지가 쿵쾅거린다.

다시 집안. 이젠 앞선 세 가지 소리에다가 쿵쾅거리는 소리까지 합쳐져 불협화음의 난이도는 더 크고 깊어진다. 이 불협화음에 반응이라도 하듯 TV 앞에 펼쳐진 이불 속에서 뭔가 꿈틀거린다. 고양이라 하기엔 좀 크고 개라고 하기엔 좀 작다. 도대체 뭐지? 앗 저건? 사람이다. 그렇다. 이불 위로 눈만 보인다. 눈만 살아서 TV가 내뿜는 빛을 그대로 받아 반사해내고 있다. 이 빛은 옆으로 흘러내린 흰 머리카락에도 닿아서 집 안의 어둠과 대조를 이루며 더 희고 밝게 빛난다.

아직도 경찰은 폴짝폴짝 뛰고 있다. 눈치챘겠지만 펄쩍펄쩍에서 폴짝폴짝으로 바뀌었다. 아까보다 아픔이 덜한 것이다. 그래도 여전히 그 큰 덩치가 토끼마냥 깡총거리고 있다.

집안에서는 작은 체구의 할머니가 일어나 앉았다. 좀 전의 소리들이 요란할 때 아무도 없는 것처럼 보였으나 사실은 TV 앞 이불 속에 할머니가 누워 있었다. 누워서 TV를 보고 있었던 것이다. 너무 작아서 잘 보이지 않았다. 이불만 펼쳐져 있는 것처럼 보였던 것이다. 할머니는 일어나 앉은 지금도 TV에서 눈을 떼지 못하고 있다. 그래도 밖에서 울리는 쿵쾅거리는 소리가 귀에 거슬리는지 힐끔힐끔 현관문 쪽을 쳐다본다.

경찰은 폴짝거리다 현관문 앞에 등을 기대고 앉는다. 아픈 발이 조금 괜찮아진 모양이다.

"아니 정말 집에 아무도 없단 말이야? TV 소리는 나는데, 분명 틀

어놓고 주무시는 게 맞는데…. 그래도 내가 확인은 해야지 본청에서 뒷말이 안 나올 거 아냐? 이 산속에서 지금 뭐하고 있는 거지? 나 참…."

경찰은 또다시 구시렁구시렁거리기 시작한다. 그 순간 현관문이 슬쩍 움직인다. 화들짝 놀란 경찰은 황급히 몸을 일으켜 세운다.

현관문이 열리며 작은 체구의 할머니가 나온다.

"어, 자네 왔는가? 왜 이제야 왔어? 김 서방 주려고 마늘 꿀에 재워 놨는데, 아, 그리고 나중에 가지랑 호박도 가져가게나. 내가 직접 기른 거니까 맛이 일품일 거야. 자네랑 에미도 먹고 아이들도 먹이도록 해. 건강에 아주 좋아…."

이럴 수가! 저렇게 작은 체구에서 목소리는 쩌렁쩌렁하다. 말도 얼마나 빠른지 팔순의 노인 같지 않다. 요즈음 젊은이들의 수다를 듣는 것 같다. 그런데 경찰관을 보고 김 서방이란다. 혹시 또다른 사위인가? 그럴 리가? 좀 전에 경찰이 하는 짓을 봤을 때 사위일 리가 없다. 그럼 뭐지?

"할머니 전 경찰이에요. 김 서방이 아닙니다."

"어 그래 김 서방, 어여 들어와. 지금 한참 재미날 때야. 그놈의 여편네가 신랑 몰래 바람 피다가 들켜서 온 집안이 난리도 아니야. 근데 딸이 자기 엄마를 감싸고 있어. 그 되먹지 못한 엄마 편을 든다고, 못된 것 같으니라고. 빨랑 들어와 같이 봐야지."

경찰은 어안이 벙벙하다. 난데없이 이게 무슨 말인지? 아까 TV 소리를 떠올린 경찰은 할머니의 말씀이 드라마 이야기인 줄 직감한다. 이런 일을 한두 번 해본 것이 아니기 때문에 직감적으로 알 수 있다.

"할머니 전 김 서방이 아니구요…."

"그래 김 서방, 어여 들어가자니까. 바람 핀 여편네와 그년을 편드는 딸아이가 어떻게 되는지 봐야 한다니까."

할머니는 경찰의 팔을 잡고 집 안으로 끌고 들어가려 한다. 덩치 큰 경찰은 어찌할 바를 모르고 현관문을 잡고 버티고 있다. 조그마한 할머니와 산 같은 경찰은 그 몸무게로 보나 부피로 보나 상대가 안 되는데 왜 경찰관은 현관문에 의지해 버티고 있을까? 그건 아마도 할머니의 저 위세당당한 태도, 아니 치매기 때문일 것이다. 자신을 김 서방으로 믿고 있는 할머니의 정신 상태가 두렵기 때문이다. 그렇다. 할머니는 약간의 치매를 가지고 있다. 그렇게 심한 편은 아니지만 가끔 오늘처럼 심하게 발동할 때가 있다. 특히 할아버지가 집에 없고 혼자 집에 있을 때 심하게 나타난다.

이 와중에도 전화벨 소리는 계속 울린다. 경찰은 일단 전화를 받아야겠다고 생각한다. 할머니 손에 이끌려 집 안으로 들어간다.

"아, 네! 제가 말씀드렸잖아요. 할머니께서 주무실 거라고. 근데 드라마를 보시고 계셨네요. 할머니 아무 일 없으시구요 괜찮습니다."

"정말 감사합니다. 감사합니다. 저희들은 얼마나 걱정했는지 몰라요. 감사합니다. 감사합니다."

지영은 연신 감사하다는 말밖에 나오질 않는다. 엄마가 집에 계시다는 말만으로도 너무 감사하다. 또 이를 확인해준 경찰관에게도 감사할 수밖에 없다.

"근데 할머니께서 절 더러 김 서방이라고 자꾸 그러시는데 할머니 괜찮으신 거죠?"

"예, 경찰관님, 엄마가 약간 치매가 있으신데요, 심하지는 않으셔서 크게 걱정할 일은 아닙니다."

"예, 그럼 저는 돌아가겠습니다. 전화 바꿔 드릴게요."

경찰이 할머니를 보는데 그 할머니는 TV 삼매경에 빠져 계신다. TV 앞에 쪼그리고 앉아서 열심히 드라마를 보고 있다. 뭐가 그리 재미난지 얼굴엔 미소가 한가득이다.

"근데 할머니께서 TV만 보시는데요. 전화에는 관심도 없으세요. 바꿔드릴까요? 어떻게 할까요?"

"아, 아닙니다. 그냥 나오시면 됩니다. 울 엄마가 드라마를 너무 좋아하셔서 그럽니다. 아까도 전화 못 받으신 게 아마 드라마 보시느라 그랬을 겁니다."

"네, 알겠습니다. 그럼 저는 이만 가보겠습니다."

"네, 너무 감사하구요. 나오실 때 현관문은 꼭 잠가 주시면 감사하겠습니다."

"네, 그럼."

경찰은 집안을 나오며 뒤를 돌아본다. 여전히 할머니는 TV 앞에 앉아 있다. 미동도 하지 않는다. 경찰은 살짝 미소를 지으며 조심히 빠져나온다.

지영은 단축키 1번을 눌러 엄마께 전화하려다 그만둔다. 상황을 알았으니까 안심이다. 엄마가 치매가 있으시다는 걸 안 다음 날부터 단축키 1번에 엄마 전화번호를 저장했다. 수시로 전화를 드리기 위해서다. 또 엄마를 생각하니 가슴이 저민다. 어느덧 여든이 넘으셔서 정신이 오락가락하는 걸 보며 딸로서 못해드린 것이 후회로 남는다. 부모에게 아무리 잘해도 후회가 된다는데 지영은 잘해드린 것도 없어서 더 후회스럽다. 이젠 신랑보다 아이들 보다 엄마를 더 챙겨드려야겠다고 생각한다.

"여보, 엄마 드라마 보고 계시대. 걱정하지 마."
"휴 다행이다. 짐작은 했지만 그래도 전화는 받으실 줄 알았는데, 장모님은 드라마가 그리도 좋으실까?"
"글쎄 말이야. 심심해서 드라마를 자주 보시는 것은 이해하지만 말씀하셨다 하면 드라마이야기만 하니… 나 참."
"당신한테도 그래? 나한테도 안부 전화할 때마다 드라마 이야기셔."
"드라마 그만 보라고 할 수도 없고…."
"그러지 마. 장모님 유일한 낙이 드라마인데. 그걸 못 보시게 하면 안되지. 그리고 우리가 자주 찾아뵙지도 못하는 형편이잖아. 어쨌던 아무일 없으시니 다행이다. 당신도 이제 좀 쉬어."
지영은 남편의 자상함에 새삼 감사하며 전화를 끊었다. 그리고 밀린 설거지를 하고 소파에 앉는다. 그러다 갑자기 소스라치게 놀라 일어선다. 자신도 무의식중에 드라마를 보고 있지 않은가? 앉자마자 리모컨

을 돌려 드라마를 찾아서 보고 있었던 것이다. 엄마만 나무랄 게 아니었다. 지영 자신도 드라마에 빠져 있는 것이다. 찬찬히 생각해 보니 드라마를 많이 보기는 하는 것 같다. 뉴스 이외에는 죄다 드라마만 보니까. 자신의 생활 속에 드라마가 이렇게 깊숙이 들어와 있는 줄 몰랐다. 설거지 하다가도 드라마 할 시간이 되면 부리나케 TV 앞으로 달려갔던게 몇 번이던가? 남편과 TV를 같이 보다가 자신이 보던 드라마를 보려고 리모컨 쟁탈전을 하지 않았던가? 그 엄마의 그 딸이었다. 지영은 이런 일들을 떠올리며 드라마가 삶에 피로를 씻어주고 힘이 된다는 사실을 새삼 알게 되었다. 드라마를 보면서 울고 웃고 욕하고 하는 게 모두 자신에게 카타르시스를 주고 있음을 새삼 깨달았다. 지영은 다시 소파에 앉았다. 그리고 드라마를 본다. 지영의 얼굴엔 미소가 가득하다.

📺 에피소드 2

"야 인마 아직 그걸 안 봤다고? 니 대한민국 사람 맞아?"

"여기서 왜 대한민국 국민 운운해?"

"왜? 내가 틀렸어? 지금 천만 명 이상이 본 것을 니가 안 봤다니 하는 이야기야."

살짝 취한 두 사람이 한바탕 말씨름을 하고 있다. 다름 아니라 김병기와 그의 친구 윤석봉이다. 영화 '서울의 봄'을 두고 붙은 것이다. 석봉은 이 영화를 두 번씩이나 본 상황이고 병기는 아직 보지 못했다.

"넌 인마 문화인도 아니야. 어떻게 안 볼 수가 있어? 니가 그래가지고 회사 임원이냐? 니네 회사 수준을 알겠다 인마. 그리고 넌 내 친구 자격도 없어. 최소한 천만 명이 본 영화는 봐야 나와 친구 먹을 수 있어. 그것도 안 본 놈은 여기 이 자리에 앉아 있을 자격이 엄써!"

가만히 보아하니 석봉이 더 많이 취했다. 혀가 꼬여도 한참, 아니 상당히 꼬였다. 그에 반해 병기는 하나도 안 취한 것 같다. 석봉이 많이 취했으니 병기는 덜 취하려고 노력하고 있는 것 같다. 혀 꼬인 석봉이 영화 '서울의 봄'에 대해 또 이야기한다.

"고 영화 보면 전두광이 고놈의 새끼 얼마나 못된 놈인 줄 다시 한번 알게 된다고. 권력에 눈이 어두워 반란을 일으키고 죽이고… 그 놈의 새끼 아주 나쁜 놈이야. 끄윽! 한 잔 줘 봐."

병기는 피식 웃으며 잔을 따른다. 석봉이 하는 작태가 귀엽기도 하고, 친구가 취했으니 괜히 보호자 모드가 발동하는 것 같기도 하고.

"그리고 황정민 걔는 보면 볼수록 물건이란 말이야. 어떻게 고렇게 연기를 잘하느냐고. 화장실 장면에서 권력을 탐하는 군바리 모습을… 그 뭐랄까… 카리스마, 그래 맞어, 카리스마 넘치게 연기했잖아. 와

그 장면은 아주 몰입감이 최고였어. 이 영화만 그러냐? 정민이 걔가 출연한 영화는 다 대박쳤잖아. 특히 2014년에 개봉한 '국제시장'과 2015년의 '베테랑'은 천만 관객을 넘겼잖아. 천만을 넘긴다… 이게 쉬운 일이 아니거든. 우리 인구가 5천만 명이라고 치자. 그러면 다섯 명 중에 한 명 꼴로 봤다는 거야. 그런데 실제로 영화를 보기 힘든 어린아이들, 여든 이상 된 어르신들 등등을 빼면 우리 국민 대부분이 봤다고 보면 돼. 이걸 단순히 운발이라고 말할 수는 없지. 정민이 걔 연기력 때문이라고 난 믿어. 니, 인마 이런 것도 모르지? 천만 영화도 안 본 놈이 이런 고급 정보를 알겠어? 뭐해? 한잔 줘봐 끄윽."

병기는 또 공손히 잔을 따른다. 술 취한 친구가 일장 영화 평론을 하는데 오늘만은 그저 웃고 앉아 있을 생각이다. 아예 작정하고 술시중이나 들려고 한다. 석봉이가 하는 말이 다 맞고 또 재미있기도 하기 때문이다. 그리고 간간히 자신도 술로 입술을 적신다.

"황정민만 그러냐? 정우성은 또 어떻고? 전두광에 맞서는 참군인의 모습을 아주 리얼하게 연기했어. 특히 2공수 여단이 행주 대교를 넘어올 때 홀로 맞서는 장면이나 마지막에 전두광과 대치하며 바리케이트를 넘어가는 신은 정말 압권이었지. 그 눈빛과 표정은 당시 군사 반란으로 사라진 민주주의 봄을 잘 표현했다고 봐."

"힐! 완전히 영화 평론가 납셨네."

병기는 슬쩍 한번 거들어 본다.

"히히 영화 평론가? 그치. 그런데 이 형님은 평론가를 넘어선다 이거지. 뭐랄까… 그래 맞다, 감독 수준이라고 할까? 어 맞다 감독…."

뭔가 생각났다는 듯이 석봉은 다시 일장 평론에 들어간다.

"김성수 감독은 이번에 '서울의 봄' 말고도 많은 작품을 연출했지. 대중에게 알려진 영화만 말해보면 1997년의 '비트', 1998년의 '태양은 없다', 2001년의 '무사', 2013년의 '감기', 2016년의 '아수라' 등이 있어. 이 영화들을 보면 정우성이가 주로 나오지. 김성수 감독 하면 정우성, 정우성 하면 김성수 감독이지. 그만큼 두 사람의 관계는 아주 가깝지. 김성수 감독은 사실 대박 감독은 아니야. 실패한 영화들도 많아. 그러다 이번에 회심의 일격을 날린 거지, 천만 관객 동원으로다. 아 그리고 김성수 감독의 연출 스타일은 '비주얼'에 있어. 배우들의 가장 아름다운 모습을 잘 담아내기로 유명하지. 또 전반적으로 영상미가… 뭐랄까… 왕가위 스타일도 있고 이명세 감독 느낌도 있어. 전체적으로 색감이 풍부하고 스피디하면서도 정적인 측면도 강해. 이건 세련된 편집과 잘 계산된 연출의 혼합이라고 할 수 있지. 뭐 니가 알아들을지 모르겠지만. 어쨌던 김성수 감독은 '서울의 봄'으로 화려하게 컴백한 거지. 컴백."

와아! 기가 찰 노릇이다. 석봉이가 이 정도인 줄은 몰랐다. 병기는 석봉의 해박한 지식에 감탄한다.

"니 지금 전화기 한번 열어봐."

"전화기? 전화기가 어딨어? 저쪽 카운트에 있는 거 말이야?"

병기는 석봉의 말에 일부러 식당 계산대를 가르킨다.

"아니이, 니는 말귀를 못 알아들어. 니 전화기 말이야."

석봉은 병기의 핸드폰을 집어들며 짜증스럽게 말한다.

"야 인마. 이게 왜 전화기냐? 스마트 폰이지. 따라 해봐. 스 마 트 폰."

병기는 석봉을 놀리며 소주 한잔을 입에 털어넣는다.

"아 그래? 좋다. 한번 해보께. 스 마 트 폰."

석봉은 스마트폰을 집어들더니 냅다 바닥에 던지려 한다.

"야야, 그건 안 되지."

외마디를 지르며 병기는 온몸을 날려 스마트 폰을 낚아챈다.

"히히, 니 좀 하네. 날렵한데."

석봉이기 히죽거리며 또 한잔을 털어넣는다. 병기도 피식 웃으며 한잔한다. 역시 친구는 친구다. 두 사람이 서로 농을 걸고 티격태격하는 모습이 수십 년간 쌓아온 우정의 깊이를 보여주는 것 같다.

"야 인마! 히죽거리지 말고 전화기를 열어 보라니까."

"아 그래그래! 전화기, 전화기를 열어봐야지."

병기는 스마트폰을 확 열었다. 최신형 폴더 폰이기 때문에 가능한 일이었다. 전화기라는 구닥다리 표현을 썼지만 그래도 석봉이 최신형 폴더 폰을 그런대로 잘 대접해준 셈이다.

"그래 열었는데 뭐 어쩌라고?"

"그럼 네이버에서 '상영 영화 순위'라고 쳐 봐."

"어, 쳤어."

"그럼 쭈욱 훑어봐. 뭔가 오는 게 없어?"

"글쎄 오는 게 뭐지? 음 '서울의 봄'이 1등 하고 있고, 그리고 의외로 에니메이션 영화가 꽤 있네. 12월이라서 그런가?"

"야 인마, 뭔가 느낌이 없어? 영화 제목만 봐도 느낌이 확확 와야 하는데 니는 아직 멀었다."

"핀잔만 주지 말고 말해 봐. 말해 보라고. 아니 좋다. 가르침을 줘

봐. 스승님 플리즈~"

"바로 그거야. 그 자세 맘에 들었어. 그럼 이 스승님이 한 수 가르쳐 주지."

석봉은 젓가락을 집어 들었다. 그리고 공중에 휘저으며 병기의 집중을 유도한다.

"자아, 먼저 '노량', '서울의 봄', '길 위의 김대중', '나폴레옹' 등이 보이지?"

"어 보여."

"뭔가 느껴지는 게 없어?"

"어, 없어."

"이런 멍충이! 봐아. 이들 영화 제목만 봐도 '역사'가 느껴지지 않아? 우리가 살아온 역사, 우리 조상이 산 역사. 이 영화들을 보면 역사 시간에 배운 것들을 다시 한번 떠올리게 되지. 물론 픽션이 가미되었지만, 그래도 역사의 흔적을 모티브로 삼기 때문에 우리가 겪은 역사에 대해 새로운 시선으로 볼 수 있고, 또 상상의 나래를 펼칠 수 있는 거지. 영화란 바로 그런 거야. 역사를 리마인드시킨다."

병기는 석봉이 술 취한 놈이 맞나 싶다. 이렇게 말을 잘하는 걸 보니 술이 다 깼나보다.

"자, 한잔 줘 봐."

병기는 석봉에게 잔을 따르며 '어, 아닌데, 지금까지 계속 먹었는데.'라고 생각하며 고개를 꺄우뚱거린다. 아마 영화 '취권'처럼 석봉이 술을 먹으면 오히려 평상시보다 말을 더 잘하는가 보다 생각한다.

"그리고 애니메이션이 몇 편 보이지? 이게 또 의미심장하지. 바로

그건 '동심'이야. 애니메이션이라는 것이 나이에 상관없이 동심의 세계에 빠져들게 하잖아. 각박한 일상생활 속에서 잊어버린 동심, 이걸 찾아주는 거지. 특히 12월에는 가족들이 다 같이 볼 수 있어서 더 좋아. 크리스마스다 연말이다 새해다 해서 가족들이 많이 모이고 만나잖아. 그래서 12월에 애니메이션 영화가 많이 개봉되는 편이지."

"캬아~~"

병기는 감탄이 절로 나온다.

"자 한잔해."

병기는 또 석봉에게 술을 권한다.

"크윽! 술 맛 좋다. 니도 한잔해."

석봉은 자신의 말에 귀 기울이는 병기가 이뻐서 술을 권한다.

"이뿐인 줄 알아? 영화를 보면 세상의 아름답고 좋은 곳은 그냥 공짜로 여행할 수 있어. 파리, 뉴욕 등 대도시뿐만 아니라 아프리카, 아마존 등 아름다운 자연 경관도 다 볼 수 있지. 일일이 영화 제목을 이야기하지 않더라도 이 말은 이해가 될 거야. 다양한 영화 배경을 보면서 간접 여행을 하는 거지. 그리고 앞으로 세상이 어떻게 돌아갈지도 미리 예측할 수도 있어. 로봇과 AI가 앞으로 어떻게 변할 건지, 또 인간들의 환경 파괴가 어떤 재난을 가져올지, 우주 개척으로 우리들의 삶이 어떻게 달라질지 등등 말이야. 그러니까 니 취향에 맞지 않더라도 천만이 넘었다는 영화는 반드시 봐줘야 되는 거야. 그래야 동시대인으로서 의무를 다했다고 볼 수 있어. 여기서 말하는 의무는 너같이 게으른 놈들에게 붙이는 용어야. 뭐 사실 의무랄 것도 없지. 그냥 즐기면 되는데 왜 싫은 걸 억지로 하는 의무라는 단어를 써야 하는가 말이지."

"그래 니 말이 맞어. 의무는 아닌 것 같아."

"그래 의무는 생략하자. 자, 다시 본론으로 돌아가서 너 '응답하라 1988' 알지? 드라마 말이야. 한때 큰 인기를 끌며 드라마 열풍을 일으켰잖아."

"어, 기억나. 나도 그 드라마 보면서 내가 겪은 그 시대의 추억들을 떠올리며 재미있어했지. 매회 꼬박꼬박 챙겨봤어."

"바로 그거야. 그 드라마 속에서는 베를린 장벽 붕괴, 배철수의 음악 캠프 시작, 연세대 농구부, 88 올림픽 등이 나오지. 우리가 다 아는 이야기야 그치? 근데 그 시대를 산 어떤 사람이 베를린 장벽 붕괴를 모른다거나 연세대 농구부의 활약과 인기를 모른다면 어떻겠어? 간첩이지. 대한민국 사람이 아닌 거야. 어떻게 그 시대의 중요한 사건과 사람들을 모를 수 있어. 북한에서 살았거나 아니면 산속 동굴에서 혼자 산 거야. 말하자면 동시대의 사람이 아닌 거지. 마찬가지로 '응답하라 2023' 드라마가 20년 후에 만들어진다고 쳐. 그 드라마를 보면서 '서울의 봄' 신드롬을 모른다 생각하면 어떻겠어? 그 사람도 바로 간첩이야. 동시대의 사람이 아니란 말야. 너 그렇게 되고 싶냐?"

병기는 듣고 보니 맞는 말이다. 석봉이 이놈 이거 갈수록 술이 깨는 것 같다. 논리 정연한 달변가에 평론가와 감독을 뛰어넘는 시대를 읽어내는 혜안을 가진 것 같아서다.

"그래 니 말 다 맞어, 맞다. 그래도 그렇지 간첩이 뭐냐? 시대에 맞지 않게."

"너 내일 당장 '서울의 봄' 볼 거지?"

"그래야겠어."

"그럼 내 것도 같이 예매해라. 한 번 더 보게."

"아니 두 번씩이나 봤다며 또 보게?"

"당연하지. 영화란 말이야 보면 볼수록 또 다른 맛이 나거든. 두 번째 볼 때와 세 번째 볼 때 그 느낌이 또 다르다 이 말씀이지. 그리고 너랑 같이 가서 또 한 수 가르쳐줘야지."

"난리 났네 난리 났어. 가르치는 재미가 쏠쏠하나 보네."

"어, 쏠쏠해. 너의 그 맑게 쳐다보는 눈망울을 한번 더 느끼고 싶어."

"뭐야? 징그럽게."

"이리 와봐 내 수제자. 한번 안아 줄게."

석봉은 병기를 덥썩 안는다. 깜짝 놀란 병기는 부리나케 일어서며 피한다.

"아, 알았어. 앉아. 그럼 이 스승님의 잔을 받아. 반드시 두 손으로."

병기는 어이없는 웃음을 지으며 자리에 앉는다.

"네, 스승님 한 잔 주시옵서소."

"오냐."

석봉은 병기의 잔을 채운다. 둘은 세게 잔을 부딪친다. 그 소리가 어찌나 큰지 주위 사람들이 쳐다본다. 석봉과 병기는 서로 마주보며 깔깔거린다.

에필로그

병기는 집으로 돌아오는 길에 장모님을 떠올린다. 장모님과 석봉이 비슷한 면이 있는 것 같다고 생각한다. 한 사람은 영화광, 또 한 사람은 드라마광. 그리고 이 두 분은 드라마와 영화를 보면서 자신이 행복하다고 생각하는 것 같다. 재미있고 즐겁지 않으면 그렇게 빠져서 볼수 없기 때문이다. 영화에 대해 시간 가는 줄 모르고 떠들고 드라마 보시느라 전화 받을 틈도 없으니까. 병기는 생각해본다. 자신도 채널을 돌리다 우연히 드라마가 걸리면 10분이고 20분이고 넋을 잃고 보게된다. 영화관에서도 영화를 보는 그 시간만큼은 다른 잡생각이 나질 않는다. 그러고 보니 자신도 일상생활 속에서 드라마와 영화를 늘 가까이 두고 살고 있음을 실감한다. 단지 이런 사실을 의식하지 못한 것이다. 병기는 이제 의식적으로 드라마와 영화를 찾아서 봐야겠다고 생각한다. 수동적으로 무의식적으로 드라마와 영화를 보는 것이 아니라 자신이 보고 싶고 봐야 하는 것이 무엇인지 생각하며 적극적으로 찾아 봐야겠다고 다짐한다. 영화와 드라마가 어쩌면 자신의 삶에 큰 활력소가 될 수 있을 것 같아서다.

장모님께 전화를 드린다. 역시 받지 않으신다. '뚜우 뚜우' 음을 타고 뭔가 들리는 것 같다.

"김 서방 나 드라마 보고 있어."

드라마와 영화에는 반드시 나오는 것이 있다. 바로 '주인공과 악인의 대결' 그리고 주인공이 맞닥뜨리는 '큰 장애물', 또 이를 극복하는 데 주인공을 도와주는 '조력자' 등이다. 한번 되짚어 보자, 우리가 본 영화와 드라마를. 주인공, 악인, 큰 장애물, 조력자 등이 반드시 등장할 것이다. 영화와 드라마를 볼 때 이런 요소들을 생각하면서 보면 더 재미있다. 그리고 몰입도도 높아지고 스토리에 대한 이해도 커진다. 한 가지 더 영업 비밀을 말하자면 바로 '멜로 라인'. 영화와 드라마에는 반드시 사랑 이야기, 그러니까 멜로 라인이 나온다. 물론 그렇지 않은 콘텐츠도 가끔 있다. 그러나 일반적으로 대부분의 영화와 드라마에는 때로는 지지고 볶고 때로는 달달한 사랑 이야기가 스토리의 중요한 구성요소로 이루어진다. 이 '멜로 라인'도 찬찬히 들여다보면 영화와 드라마가 더 맛있을 것이다. 이상, 전직 드라마 PD가 털어놓은 영업 비밀 끝.

엄마의 뉴스 그리고 친구 놈들의 뉴스

뉴스 소통

"푸틴이 죽었대."

"예?"

"푸틴이 죽었다고. 지금 세계 언론들이 난리도 아니야."

"에이 설마⋯."

"얘도 참. 정말이라니까."

엄마가 호들갑을 떨며 전화했다. 나는 또 반신반의하면서 전화를 받았다. 여기서 왜 '또 반신반의'냐? 그중에서도 왜 '또'냐? 짐작하시겠지만 이런 일이 한두 번이 아니기 때문이다.

"러시아 타스 통신사가 처음 뉴스를 발표했는데, 푸틴이 심장마비로 죽었다는 거야. 푸틴 걔. 인상도 그렇고 항상 찡그린 얼굴이잖아. 느낌적으로 말이야. 그래서 무슨 일이 있을 것 같았어. 건강이 안 좋을 것 같더라구. 이 에미의 예감이 언제 빗나간 적 있니? 이렇게 또 딱 들어 맞았잖아."

"엄마, 엄마 예감이 언제 한번 맞은 적 있어? 말씀을 하셔도 제대로 해야지. 또 이상한 것 보고 이 난리 치는 거 아냐?"

"아니야 아니야, 아니래도. 이번에는 정확해. 러시아 언론뿐만 아니라 유럽의 다른 언론, 그러니까 로이똔가 로똔가, 여하튼 어떤 다른 통신사와 영국 KBS 있잖아⋯ 그 뭐지?⋯ 그래 BBC⋯ 그래 맞다 BBC, BBC도 같은 보도를 했다는데, 푸틴이 뒈졌다고. 꽥 다이했다고."

"엄마 또 말 거칠게 나온다. 좀 좋게 말해."

나는 짜증이 올라와 확 질러버렸다. 엄마는 수다쟁이다. 얼마나 말씀이 많은지, 그리고 말을 잘 옮긴다. 당신이 재미나다 생각하면 뭐든지 막 퍼나른다. 상대를 가리지 않는다. 벌써 나에게 전화하지 않는가? 그리고 이웃집, 사촌, 사돈 팔촌까지. 심지어 내 친구들도 건드린다. 왜 내 친구까지 건드리냐고? 걔네들이 무슨 죄가 있어 엄마의 수다를 들어야 하느냐고? 어릴 적부터 서로 집안을 드나들었다는 이유로 엄마의 집중 포화 대상이 되어야 하느냐고. 또 얼마나 멀든 거리도 상관이 없다. 어디에 있든 할 말씀이 있으면 엄마는 무슨 수를 써서라도 연락을 한다. 지금 보라고. 한참 일하고 있는 아들, 나에게 전화로 수다를 떠는 것을 보면 짐작이 가잖아. 명색이 임원이어서 독방을 쓰기 때문에 엄마의 이런 수다를 받아줄 수 있는 거지, 다른 직원들과 사무실을 같이 쓴다면… 어이쿠 상상만 해도 머리가 아파. 지난번에는 또 어땠는지 알아? 미국 해외 출장 중이었는데 갑자기 영상 통화가 뜨는 거야. 그래서 급한 일인 줄 알고 받았지.

"아들, 잘 갔어? 밥은 잘 챙겨먹었고? 날씨는 어때? 춥지 않아?"

처음엔 잘 나갔지. 아들의 안부를 묻는 거야. 그래서 나는 순순히 대답했지.

"네 네 네, 다 모두 전부 걱정하지 마세요."

"그래 아들. 그래도 객지니까 조심해야 된다. 찻길 조심하고, 전철도 조심해. 듣자하니 미국에는 스크린 도어도 없다는데 조심해야 돼. 공공 장소에서도 조심해. 은행이나 쇼핑센터 같은 곳 말이야. 그런데서

총기 난사 사고도 많던데, 뉴스 보니까. 알았지? 조심하고 또 조심해야 돼."

아니 내가 지금 50이 훨씬 넘었는데 뭘 조심하라는 말인지… 지천명이라고. 하늘의 뜻을 아는 나인데, 찻길이라니. 또 전철은 뭐고 공공 장소는 뭐냐 말이야.

"엄마, 내 나이 쉰셋이야. 알 만큼 다 아니까 이제 그만 하세용."

"야 인마. 니가 아무리 나이를 많이 먹어도 나한테는 항상 아기야 아기. 그러니까 조심하거라."

오 마이 갓! 아기라신다 아기. 그래 그렇지 뭐. 쉰셋 된 아기 맞지, 엄마한테는. 속에서 부글부글 끓지만 참아야 하느니라 참아야 한다.

"예, 엄마. 조심할게요."

"그래그래, 그래야지 착한 내 아기. 근데 아들?"

"예?"

"뉴스 봤어? 미국이 중국과 전쟁을 벌인다는데…."

"엄마 또…."

"아냐. 내가 뉴스를 봤는데 중국이 하도 미워서 미국이 중국 상하이를 공습한다는 거야. 이건 미국의 유명한 언론산데… 뭐더라… 기억이 안 나네. 어쨌던 미국 언론사가 보도했는데, 중국이 대만을 위협하고 일본과 영토 분쟁 중에 있잖아. 그런데 미국이 반도체다 뭐다 수출 수입을 다 끊어 버리니까 중국 시진핑이 열 받아서 대만을 침공한다는 거야. 이 정보를 미국 정보부가 미리 알아내고 중국을 선제 공격한다

는 거지. 지금 미국과 중국이 경제 등 여러 분야에서 세계 부딪히고 있
는 게 그 증거라는 거야. 미국과 중국이 전쟁하는 날이 멀지 않았대.
아들 미국에서 가능한 한
빨리 들어와라. 조심….”

전화를 딱 끊어 버렸어.
‘조심’에서 끊어버렸지. 그
냥 있다가는 한 시간도 모
자랄 판이었거든. 엄마는
뉴스의 ‘뉴’ 자가 나오면 시간 가는 줄 모르고 말씀하시잖아. 미치는
거지. 이억 만리 미국에 있으니까 핑계도 좋잖아. 전화 회신이 안 좋아
서 끊어졌다고.

올 엄마는 이런 분이야. 멀리 있든 가까이 있든 어디든지 전화 공습
을 하시지. 다시 아까 푸틴 뉴스로 돌아가면 다음과 같아.

“엄마, 말씀하시는 그 푸틴, 그 푸틴 뉴스 어디에서 봤어요?”
“유튜브에서 봤어. 굉장히 신뢰성 있던데, 말도 잘하고 세트며 이런
게 고급지던데. 그리고 구독자가 30만 명이 넘는….”
“엄마 그만!”
난 또 소리쳤어. 엄마 말씀을 끊었어. 도저히 더는 못 듣겠더라고.
“엄마 제가 유튜브 그만 보라고 몇 번이나 말씀드렸어요? 그거 다
가짜 뉴스예요.”
“아니다아. 가짜면 구독자가 왜 30만 명이 넘겠어? 그리고 세계 주

요 언론들을 다 인용하고, 거기에다 진짜 방송국 같더라고. 고급진 세트와 자막이 방송국 뺨치던데. 무엇보다 진행자가 유명한 사람이야. 그 사람 알고 봤더니 지상파 방송사 기자 출신이던데. 이런 걸 다 종합해보면 가짜일 수가 없지. 안 그래?"

"엄마, 안 그래. 그거 다 속임수야. 첫째, 영상 비주얼이 방송국 같은 것은 그렇게 의도적으로 꾸민 거야. 사람들이 잘 속아 넘어가라고, 둘째, 세계 주요 언론들을 인용했다고 한 것도 그 근거가 어디 있어? 엄마가 확인해 봤어? 만약에 세계 언론들이 보도했다면 우리 언론들도 가만히 있었겠냐고? 그런데 우리 언론들은 잠잠하잖아. 엄마가 본 그 유튜브만 난리고. 셋째, 지상파 방송사 출신이면 다 믿을 수 있는 거야? 그걸 어떻게 보증해?"

말하다 말고 이런 생각이 든다. 이제 곧 팔순을 바라보는 엄마에게 이렇게 첫째, 둘째 하며 반박하는 게 맞는 짓인지. 불현듯 이상하다고 생각해서 말을 멈춘다. 내가 왜 이러지? 이러면 안 되지. 그럴 필요가 없지. 그냥 보시지 마라 말씀드리면 되는 거잖아. 아 근데 그렇게 말씀 드리면 또 본단 말이야. 벌써 몇 번짼가 말이지. 매일 유튜브를 끼고 사시니 미칠 노릇이야. 유튜브에 건강하고 아름다운 영상이 얼마나 많냐고. 왜 하필이면 그런 온통 가짜 뉴스에만 빠지냐고. 내가 몇 번이나 말씀을 드렸지만 엄마가 맨날 그놈의 가짜 뉴스에 빠져 있으니까 내가 첫째 둘째 셋째 하며 논리적으로 말씀드릴 수밖에. 아이고 이렇게 주절주절 말하다보니 숨이 다 찰 지경이네. 그런데 엄마가 또 말씀하신다.

"그럼 왜 구독자가 30만 명이 넘는데?"

"엄마 그건 나도 모르겠고, 어쨌든 푸틴 뉴스는 가짜 뉴스야. 한번 생각해보시라구요. '푸틴 사망' 이게 얼마나 큰 뉴스야? 세계적인 토픽감이라고. 근데 우리 언론에서 입 한 번 뻥긋했냐구요. 그 어떤 언론에서도 보도하지 않잖아. 그리고 30만 명은 엄마 같은 사람들이겠지. 내가 그걸 어떻게 알아?"

"그럼 30만 명 그 사람들이 다들 가짜 뉴스에 빠져 있다는 거야?"

"그렇죠. 그 사람들 중에는 재미로 보는 사람들도 있겠지. 가짜인 줄 알면서 그냥 재미로 보기도 하겠지. 엄마처럼 무조건 믿는 게 아니고."

"아니야. 나도 처음에는 재미로 봤어. 재미있잖아 쇼킹하고. 근데 자꾸 보다 보니까 사실 같더라구. 그래서 믿게 되는 거지."

웬일이지? 엄마가 순순히 내 말을 받아들인다. 이렇게 쉬운 분이 아닌데.

"아니다 아냐. 가짜가 아니라 사실 맞어. 내가 본 것 전부 다."

내 이럴 줄 알았어. 그리고 또 계속한다.

"그리고 재미로만 보는 사람이 어떻게 30만 명이 넘겠어? 이 채널을 믿는 거지. 신뢰하는 거라고. 나도 그중의 한 사람이고. 엄마는 재미로 보는 게 아니야. 세상 돌아가는 것을 누구보다도 더 깊이 있게 알려고 노력하는 사람이야. 말이 나와서 말이지 엄마가 얼마나 바쁘니? 집 앞 경로당 사람들 관리도 해야 하고 미장원 아줌마와 슈퍼 아저씨 그리고 생선 가게 총각하고도 볼 일이 많잖아. 그럼에도 불구하고 잠 안 자고 뉴스를 보는 거잖아. 이건 동시대를 살아가는 사람으로서 세상에 대한 예의야 예의."

너무 어이가 없어서 나는 대꾸도 하지 않는다. 이런 이야기를 한두 번 들었어야 말이지. 울 엄마는 본인이 세상을 다 책임져야 한다고 생각한다. 경로당 사람들을 관리하다니, 엄마가 아파트 관리소장이야 뭐야? 그리고 동네 상인들과 볼일은 무슨 볼일을 말하는 건지. 만나서 수다 떠는 게 전부인데 마치 지역구 국회의원처럼 이 사람 저 사람 다 만나고 다닌다. 뭐 이런 일들이야 충분히 이해된다. 워낙 활발하시고 말씀하는 걸 좋아하니까. 그런데 뉴스에 빠지는 건, 특히 가짜 뉴스에 빠지는 건 이해가 안 된다. 그래서.

"엄마 그만 좀 해!"

짧게 소리를 확 질렀다. 이 정도 상황이 되면 엄마는 주춤한다. 여기서 말하는 '이 정도 상황'이란 내가 소리를 지르는 것, 그것도 짧게, 길지 않게. 엄마는 그 의미를 안다. 당신의 아들이 한계에 왔다는 걸. 그리고 이 선을 넘으면 전화가 끊어진다는 걸. 그럼 엄마의 입장에서는 더 이상 수다를 떨 수 없다는 것을 뜻한다.

그래서 엄마는 "어 어, 알았어. 너 일해야지." 하며 일단 물러난다.

"엄마 그건 가짜 뉴스야 알았죠?"

"어 어 어 그래에."

어투에서 눈치 챘겠지만 엄마는 일단 백기를 든다. 이렇게 엄마는 백기를 들었지만 또 알 수 없는 일이다. 매번 백기를 들지만 매번 다시 가짜 뉴스에 낚이기 때문이다.

한편으로는 가짜 뉴스를 만드는 놈들이 원망스럽다. 우리 엄마 같은 순진한 분들을 꼬시기 위해 온갖 장치로 유혹하기 때문이다. 방송사에서나 볼 수 있는 프로페셔널한 외모와 멘트, 그리고 고급진 세트, 잘 디자인된 자막 등, 겉으로 보기에는 우리가 보는 일반적인 뉴스와 똑같다. 누가 유튜브 채널이라고 생각하겠는가? 전달하는 정보도 사실처럼 구성한다. 신뢰성 높은 외신 보도를 인용하는가 하면, 해당 분야의 전문가 인터뷰도 했다고 말하기도 한다. 그리고 아이템도 선정적인 것이 많다.

그래서 자신들의 가짜 뉴스를 보는 사람들을 믿도록 만든다. 환장할 노릇이다. 왜 정부 기관에서 이런 것들을 단속 안 하는지 모르겠다. 이런 가짜 뉴스 때문에 울 엄마 같은 분들이 나쁜 취미를 가지게 되는 것 같다. 선정적인 아이템에 눈길을 뺏기고 재미 삼아 보다가 빠져서 그 뉴스를 진짜로 믿게 되고, 이걸 또 주위 사람들에게 퍼 나른다. 악순환의 연속이다. 아들로서 엄마의 말벗은 되어 드려야겠는데, 어떻게 가짜 뉴스를 가지고 말벗이 되겠느냐고오오오. 무슨 방법이 없을까? 오늘도 한숨밖에 나오지 않는다.

엄마와 실랑이를 하고 나니 머리가 지끈지끈거린다. 저녁에 친구 두 놈을 만나기로 했는데 잘 됐다. 놈들과 회포를 풀어야겠다. 뭐니 뭐니 해도 친구가 최고다. 뭔 말을 해도 뭔 행동을 해도 보듬어 주니까. 아닌가? 이해하고 보듬어 주는 것이 아니라 그냥 한 귀로 듣고 한 귀로 흘리는 걸까? 무관심한 걸까? 항상 만나는 놈들이기 때문에? 아니다. 무관심은 아닌 것 같다. 어떤 말을 하면 그 말이 나온 맥락을 알고, 어떤 행동을 하면 그 행동을 한 배경을 아는 것이 친구이기 때문이다. 같

이 살아온 세월이 켜켜이 쌓여 뭐든 훤히 꿰고 있기 때문일 거다. 해서 무관심이 아니라 이해가 맞는 말 같다. 나도 놈들을 생각하면 한 마디만 해도 무슨 뜻인지 알 수 있느니까. 뭔 일을 저질러도 왜 그렇게 했는지 충분히 짐작이 가니까. 결국 친구는 친구인 것이다. 다른 말이 필요 없다. 친구라서 좋고, 친구라서 미워도, 친구이기 때문에 사랑하는 것이다. 나이 다 먹어서 남자들끼리 사랑 운운하니 약간 닭살이 돋긴 하지만 어쩌랴? 이게 정확한 표현이거든. 나는 이런저런 생각을 하며 약속 장소에 도착했다.

"어이 여기야."

희섭이 손을 들어 반긴다.

"좀 빨리 와라. 너는 맨날 늦어."

경식이 핀잔을 준다.

"아니 그게. 엄마랑…."

"또 어무이랑 싸웠냐? 넌 어무이랑 그러면 안 돼. 잘 모셔야지."

경식이 내 말을 끊고 잔소리한다.

"지금 연세가 어떻게 되시니? 곧 팔순이셔. 사시면 얼마나 사시겠냐? 나중에 후회하지 말고 무조건 효도, 효도 알겠어?"

"야, 싸우기는 무슨… 엄마랑 왜 싸우냐? 그냥 논쟁을 좀 했지."

"인마 그 논쟁이 가당키나 해? 연로하신 어머니와 논쟁이라니. 그게 되먹지 않았다는 거야."

"그래그래, 근데 그놈의 가짜 뉴스 때문에…."

"야야! 그만하고 한잔해."

옆에서 듣고 있던 희섭이 잔을 권한다. 잔을 받은 나는 단숨에 털어 넣는다. 또 한 잔이 온다. 이번에는 경식이가 준다. 나는 또 털어 넣는다. 또 한 잔이 날아온다. 당연히 희섭이 잔이다. 오냐 다 마셔주마. 나는 세 잔, 네 잔, 다섯 잔을 연거푸 마셔댔다. 취기가 살짝 올라온다. 남들이 보면 무슨 억하심정이 있는 것처럼 보일 것이다. 그리고 그게 엄마 때문으로 오해할 수도 있을 것이다. 그런데 사실은 그게 아니다. 친구 놈들을 만나서 반가워 잔을 싹싹 비운다. 그리고 늦게 온 놈은 앞서 온 놈과 비슷하게 술을 마셔야 한다는 일종의 룰, 우리만의 루틴이 있다. 그래서 자동적으로 원샷 원샷 한 것이다. 얼추 다섯 잔 정도면 놈들의 페이스에 맞춘 것 같다. 해서.

"야 근데 니네들 표정이 별로 안 좋다. 둘이서 싸웠냐?"

그렇다. 찬찬히 놈들의 얼굴을 보니 벌겋게 달아올라 있다. 이건 술 때문이 아니다. 우리가 한두 해 본 것도 아니기 때문에 금방 알 수 있다. 이건 뭔가 내용이 있는 빨간색 얼굴이다.

"아 글쎄 일마가 HZS 뉴스가 개판이라고 막 난리잖아."

희섭이 선방을 날린다.

"그럼 개판이지 그게 뉴스냐?"

경식이 질세라 한방 날린다. 놈들의 상황을 보아하니 내가 오기 전부터 한바탕한 거였다. 순간 나는 빠져 있어야겠다는 생각이 불현듯 들었다. 괜히 끼었다가는 본전도 못 찾을 것 같았다. 여기서 말하는 본전은 뭐냐? 당연히 맑은 자태를 뽐내는 사시미, 그중에서도 단새우를 말한다. 이건 식기 전에 먹어줘야 하거든. 그리고 감자 고로케. 이것 또한 식으면 맛이 없지. 그래서 나는 빠져 있기로 했다. 내가 아무 소

리도 안 하고 단새우 한 마리를 집어먹자 경식이 눈치 챘는지 공세를 이어간다.

"어떻게 사장이 바뀌자마자 뉴스가 그렇게 달라지냐? 앵커도 아무런 예고 없이 단칼에 교체되고. 이건 시청자, 아니 국민을 우롱하는 거야. 아무리 그래도 앵커 정도는 시청자에게 인사는 해야 하지 않아? 이건 뭐 군사 정권 때도 아니고."

"얘가 무슨 소릴 하는 거야? 경식아 앵커 교체는 사장의 고유 권한이야. 그리고 사내의 인사조치고. 이걸 누구에게 인사하고 자시고 할 게 있어?"

"앵커는 사안이 달라. 매일같이 얼굴 맞대고 살았다고 해도 과언이 아니야. 온 나라의 소식을 전하고, 이걸 알게 되는 시청자들은 앵커를 이웃처럼 생각한다고. 사실 앵커 얼굴 보고 싶어 뉴스를 보기도 해. 근데 친한 이웃이 아무런 인사도 없이 이사를 갔다고 생각해 봐. 넌 납득이 돼?"

"납득 좋아하시네. 어떻게 앵커가 이웃이야? 그럼 일일 드라마에 나오는 배우들도 다 이웃이게? 이 사람들도 갑자기 교체되면 시청자들에게 일일이 인사를 해야 되니? 그런 거 봤어? 말이 되는 소릴 해야지."

"야 인마, 뉴스 생방송을 하는 사람하고 녹화된 드라마에 출연하는 사람하고 같니? 비교할 걸 비교해야지. 그리고 뉴스 꼬라지가 그게 뭐냐? 완전 친정부 친여당 일색이잖아. 정치 뉴스만 봐도 여당 뉴스는 우호적으로 다루고 야당 뉴스는 비판적이잖아. 또 정부에 대해서는 왜 그렇게 칭찬 일색이야? 잘하는 것은 잘한다, 못하는 것은 못한다 이게 뉴스지. 왜 한쪽으로만 계속 가느냐고."

"무슨 소릴 하는 거야? 내가 볼 땐 언론의 역할을 굉장히 잘하고 있더만. HZS는 국가 기간 방송사야. 그러면 정부 여당이 하는 일을 돕고 알리는 게 맞지, 이걸 냅다 비판하는 게 맞냐? 정부가 하는 일을 우호적인 시선에서 알리고 여당이 하는 일에 대해서도 긍정적으로 보도하는게 당연한 것 아니니?"

"그래서 야당은 무조건 잘못이고 여당과 정부는 다 맞다? 이게 무슨 뉴스냐? 모름지기 뉴스는 공정해야지. 그리고 객관적이어야지. HZS는 공영 방송사야. 말 그대로 공익을 최우선으로 해야 한다고. 공익이란 뭐야? 바로 시청자의 눈높이에 맞게, 그러니까 시청자의 이익을 증대시키는 방향으로 뉴스를 만들어야 한다는 거야. 근데 HZS가 그러고 있니? 정부 여당의 이익만 앞세우잖아."

"야 인마. 정부 여당을 위하는 게 공익이잖아. 국민들의 손으로 뽑고 만들어진 정부 여당이 일을 잘할 수 있도록 하는 게 공익이지. 이보다 더한 공익이 어딨냐? 야 그러면 KZC는 잘하는 거야?"

이 순간 나는 감지했다. '아, 이제 타깃이 KZC로 넘어갔구나 그럼 공수가 바뀌겠구나'라고 말이다. 이 와중에도 난 계속 입을 놀리고 있다. 물론 두 놈의 입과는 차원이 다르지. 경식과 희섭은 말하는 입이고, 난 먹는 입이거든. 내 접시에는 단새우 꼬리만 수북히 쌓였다.

"야 인마 넌 쳐먹기만 하냐?"

난데없이 희섭이가 나에게 성깔을 부린다. 그러거나 말거나 난 씨익 웃어 본다. 그리고 곧장 고로케로 젓가락을 날린다.

"넌 왜 절마한테 화풀이야?"

경식이 내 편을 든다. 이건 착각이었다.

"너 인마 너무 쳐먹잖아. 그만 먹어. 우리 거 남겨 놔. 아니 내 거는 분명히 남겨 놔."

사시미 접시에 남은 방어며 새우며 등등에서도 경식은 희섭을 경계한다. 희섭이 먹을 게 남든지 말든지 자기 것만 남겨두라는 거다. 허허 요놈들 요고 심상치가 않다.

"내 거도 남겨 놔!"

희섭이 갑자기 소리친다. 자기 것도 건들지 말라는 거다. 놈들은 격론 중에도 먹을 건 챙긴다. 나는 다시 한번 씨익 미소를 날린다. 그래 봐야 다 내 거라는 뜻이다. 니들은 뉴스 논쟁하세요. 난 사시미 논쟁 할랍니다.

"야 경식이 KZC 뉴스는 어떠냐고? 대답해야 할 거 아니야."

"KZC? 잘하고 있지. 비판할 건 비판하고 칭찬할 건 칭찬하고." "웃기고 있네. 그게 뉴스냐? 니 말대로 개판이지. 왜 그렇게 정부 여당이 하는 일에 트집을 잡아? 뭘 그렇게 비판만 하느냐고? 그리고 야당 일이라면 손 걷어부치고 편들더라. 이게 뉴스냐?"

"아니 못하는 걸 못한다 해야지. 그럼 잘한다고 해야 맞냐? 그리고 언론이란 원래 비판하는 거야. 감시 기능. 그것도 모르냐?" "알어. 아는데 근데 왜 정부 여당 일만 비판해? 야당은 가만히 놔두고. 이건 대놓고 편드는 거야. 아무리 야당이 정부를 견제해야 한다고 하지만 얘네들은 무조건 반대야. 그걸 KZC가 그대로 보도하고 있고. 정치하는 사람들이야 정권 탈환과 유지가 목표지만 언론은 이러면 안 되지. 완전히 정치판하고 똑같단 말이지. 왜 뉴스가 이렇게 정치 논리에 휘둘려야 하느냐고. KZC가 많이 심한 거 같애. KZC도 공영 방송이잖아. 공영 방송이면 공영스럽게 해야 하는 거 아냐? 왜 사심이 확 들어간 뉴스를 하느냐 이 말이지."

"사심? 뭐가 사심인데?"

"천편일률적으로 다 정부 여당에는 비판적인 뉴스를, 야당에게는 우호적인 뉴스를 만드는 게 사심 아니야? 또 사건 사고 뉴스는 왜 그렇게 많아? 이거 다 선정적인 뉴스

아니니? 누가 살인했다, 어디서 큰 사고가 났다, 이런 거 다 광고 붙이려고 그러는 거잖아. 선정적인 뉴스를 만들어서 사람들 많이 보게 해서 시청률을 높여 광고주 들에게 어필하려고 하는 거잖아. 이게 사심이 아니고 뭐냐?"

"아니 방송사도 회사야. 먹고 살아야 할 거 아니냐고. 직원들 월급도 줘야 하고 회사도 운영해야 하고."

"인마 봐라. 내가 그걸 왜 모르겠니? 알지. 아는데 이건 좀 심하잖아. 대놓고 난 돈 벌겠소 하고 있잖아. 일단 사건 사고 뉴스 양이 많잖아. 그리고 뉴스 길이도 대부분 2분이 넘어. 아니 이런 걸 그렇게 길게 할 필요가 있어? 좋지도 않는 뉴스를, 보면 괜히 불편한 뉴스를. 이건

뭐 무늬만 공영 방송사지 완전히 상업 방송이야. 이참에 아예 상업 방송으로 나서지 그러냐?"

"야 내가 뭐 사장이냐? 나한테 왜 이래라저래라 해?"

난 이 시점에서 또 눈치 챘다. 경식이 더 이상 이야기할 게 없다는 것을. 경식이 본인이 가만히 생각해보니 자신이나 희섭이나 둘 다 똑같은 이야기를 하고 있다는 것을 알아챈 것이다. 내가 봤을 때도 두 놈 다 똑같다. 다들 우리 뉴스를, 아니 한국 언론을 걱정하고 있다. 단지 두 놈이 기대고 있는 곳이 여당, 야당으로 갈리고 있을 뿐이다. 똑같은 이야기를 가지고 쌈박질하고 난리치고 있는 것이다. 그리고 두 놈 모두 더 이상 진도를 빼면 안 될 것 같다는 생각을 하는 것 같다. 왜냐? 두 방송사 뉴스에 대해 더 이상 말할 것이 없든지 아니면 조금씩 없어져 가는 사시미를 먹고 싶든지, 어쨌든 이제 내가 개입할 차례인 것 같다는 강한 느낌을 받았다. 그래서.

"니들, 이거 안 먹을 거야? 내가 다 먹는다아아~~." 하고 말하면서 쓰윽 눈치를 살폈다. 짐작대로 놈들의 눈은 흔들리고 있었다. 이제 뉴스 논쟁은 끝내고 사시미 논쟁, 즉 사시미를 먹어야겠다는 신호인 것이다. 그냥 놔뒀다간 내가 다 먹을 판이거든. 해서 점잖게.

"으음, 한잔들 하지."

그랬더니 글쎄 이놈들이 기다렸다는 듯이 잔을 내미는 거 있지. 나는 아까와 똑같은 '피식 미소'를 날리며 놈들의 잔을 채워 주었다.

"자 한잔하자고. 원샷!"

짜짝, 경쾌한 잔소리를 내며 우리 세 놈은 이제야 원래의 모습대로 돌아왔다. 경식과 희섭도 썩은 미소, 아니 나와 같은 '피식 미소'를 흥내 내며 서로를 쳐다보고 시원하게 원샷을 때렸다. 나는 신이 나서 다시 한번 외쳤다.

"야 인마 이게 친구지. 뉴스는 저리 가라고 해. 각자 알아서 생각하고. 그런 의미에서 내가 건배사 한번 하께." 하는데 경식이 갑자기 훅 들어온다.

"또 지랄을 해요. 됐어 인마. 넌 빠져. 이번엔 내가 한다."

희섭에게 '피식 미소'를 날리며 "희섭아 오케이?" 하니 '피식 미소'를 받은 희섭이 흔쾌히 "오케이!"를 외친다.

"자, 다들 날 따라 해라. 음 뭐로 할까? 어 어기 있네. 우리 오늘 소주 '참이슬'을 마시니까 '참이슬'로 하께. 자 앞 글자를 외쳐봐."

"참!"

"참 좋습니다."

"이!"

"이 자리와 이 분위기와 이 친구들이"

"슬!"

"슬슬 시작해볼까요?"

"와아, 죽인다. 멋지다. 경식이 인마 이거 건배사 달인이네." 이런 소리들이 막 들리는 가운데 우리 세 놈은 잔을 마구 부딪혔다. 이후 나를 포함한 세 사람은 얼마나 달렸는지 모른다. 내가 거의 다 해치운 단새우와 사시미를 두세 번 더 시킨 걸로 기억나고, 고로케는 몇 접시를 추가했는지 모르겠다. 그리고 오늘의 히트 상품 '참이슬'은 셀 수 없을 만큼 빈 병이 탁자 위에 널부러져 있었다. 거나하게 취한 우리들 자리에서 더 이상 뉴스는 중요하지 않았다.

✏️ 올바른 뉴스 수용을 위한 팁

1. 어떤 뉴스든지 그 뉴스의 배경 등 맥락적 이해를 하려고 노력한다. 뉴스를 생산하고 있는 언론사가 어떤 성향의 회사인지, 그리고 사회적으로 어떻게 평가받고 있는지, 또한 뉴스를 쓴 기자는 어떤 사람인지, 그동안 어떤 기사를 써왔는지. 또 해당 기사의 대상이 되는 기업과 사람에 대한 정보도 살짝 찾아보기 등 뉴스를 둘러싼 다양한 맥락을 알면 해당 뉴스를 더 풍부하게 해석하면서 수용할 수 있다.

2. 뉴스를 비판적으로 수용하려고 노력한다. 다시 말해 어떤 뉴스라도 언론사가 보도하는 내용을 그대로 받아들이지 말고 건설적인 의심을 하면서 비판적으로 뉴스를 보면 뉴스의 공정성, 중립성을 파악하는 데 도움이 된다.

3. 두 개 이상의 언론사 뉴스를 본다. 예를 들어 방송사 2개, 또는 신문사 2개. 이때 논조가 서로 다른 언론사를 선택한다. 왜냐하면 같은 사안에 대해 다른 시각을 접할 수 있기 때문이다. 이를 통해 균형 잡힌 시각을 가질 수 있고 자신만의 해석으로 뉴스를 수용할 수 있다.

4. '뉴스는 객관적이다'라는 생각에서 벗어나야 한다. 중립적이며 공정한 객관적인 뉴스는 없다는 것이 개인적인 생각이다. 어떤 뉴스든지 1차적으로 기자의 가치관과 세계관에 의해서 걸러져서 만들어진다. 취재 대상을 선택하고 이를 어떻게 구성할 것인가를 결정하는 데 기자 개인의

성향이 먼저 뉴스에 영향을 미친다. 두 번째로는 기자가 속해 있는 언론사의 방침, 논조 등이 기사에 영향을 미친다. 해당 언론사가 정치 권력과 경제 권력에 대해 어떤 입장을 가지고 있는지 등이 뉴스에 영향을 미친다. 따라서 '객관적인 뉴스'는 말 그대로 신화이다. 다만 각 언론사들이 객관적이고 공정한 보도를 위해 노력해야 하는 것은 자명한 사실이다.

소통하기
일상에서 찾는 소통의 길

내 친구 라디오
라디오 소통

안녕하십니까? 저는 대구에 사는 동이 아빠라고 합니다. 아들 이야기하려고 하는 게 아니라 울 마누라 이야기를 하려고 그럽니다. 저는 조그만 회사를 하고 있는데, 벌써 30년이 넘었습니다. 요즈음 저의 낙은 바로 울 '사모님'입니다. 한마디로 아내 때문에 산다고 해도 과언이 아닙니다. 회사에서 안 좋았던 일, 친구 관계에서 오는 스트레스, 금전적인 문제 등 지치고 힘든 일들은 울 사모님 목소리만 들으면 화~악 날아갑니다. 최근에는 어떤 일 때문에 관계가 좀 안좋지만 그래도 아내 뒷모습만 봐도 참 좋습니다.

그래서 아내와 좋았던 시절에 아내와 있었던 에피소드를 잠깐 소개할까 합니다. 한번은 이런 일이 있었습니다. 늘어지게 자고 일어난 일요일 늦은 아침, 아내에게 물었습니다.

"밥 먹었어?"

아내 왈 "저 신발 참 이쁘지?" 하는 게 아니겠습니까? 아내는 열심히 홈쇼핑 채널을 보고 있는 중이었습니다. 하도 어이가 없어 다시 물었습니다.

"사모님, 밥 먹으셨는지요?"

이번에는 극존칭을 써가며 여쭤봤습니다. 사모님 왈 "저 빨간색이 눈에 확 띄고 좋네." 나 참 또 어이가 없어 "아니 내 말이 말 같지 않아?"라며 약간 짜증을 냈습니다. 그랬더니 아내 말씀인즉 "왜? 동서문답하면 안 돼?" 그 순간

박장대소, 배꼽 잡고 배 터지게 웃었습니다.

"동서문답이 뭐꼬? 동문서답이지."

아내는 약간 당황해하는 기색이 잠깐, 아주 잠깐 보이더니 다음과 같이 말하는 것입니다.

"아, 나도 알지, 당신 웃기려고 그랬지. 그리고 어? 내가 동서문답이라 말하면 당신은 그게 무슨 말인지 알 거 아냐? 그럼 됐지. 뭐 문제 있어?"

"아~니~이~. 당연 문제없지."

전 최대한 아첨 모드로 들어갑니다. 얼굴에 미소 가득 머금고. 이런 일이 한두 번이 아닙니다. 백화점에서는 에스컬레이터를 엘리베이터라 하질 않나…. 그래도 전 이런 아내가 예뻐도 너무 예쁩니다.

그래서 아내의 일거수일투족을 기록하려 노력합니다. 어떻게요? 녹음도 하고 촬영도 합니다. 아이들과 대화하는 장면을 몰래 녹음합니다. 아내는 부산 사람이라 어찌나 목소리가 크고 거친지 모릅니다. 깔깔거리고 호호거리고 맛있는 것 먹으면 감탄을 연발합니다. 이런 아내의 목소리는 뭐라 그럴까요, 흠… 힐링, 그렇지 저를 힐링시킵니다. 이런 소리들이 그렇게 좋을 수가 없습니다. 그래서 틈만 나면 몰래 녹음합니다. 그리고 아내가 혼자 노는 것도 촬영합니다. 노래 들으며 "오 예, 오 예" 하는 외침이나 재봉틀 하는 모습, 혼자서 춤추는 장면 등을 말입니다. 참 사랑스러운 모습들이거든요. 나중에 늙어서 꺼내보면 얼마나 좋을까요? 상상만 해도 입 꼬리가 올라갑니다. 무슨 스토킹 짓이냐고 말할 수 있지만 어떻게 남편이 아내의 예쁜 모습을 찍는 게 스토킹이라고 할 수 있겠습니까? 예쁘고 아름다운 아내의 모습을 오래 간직하려고

한 것뿐이니까요. 오히려 이런 저의 모습이 보기 좋지 않습니까 여러분? 저에 겐 이게 힐링이 된다니까요.

근데 지금은 냉전 중이라 이런 사소한 것들이 마냥 그립습니다. 그래서 찍 어 놨던 영상과 오디오를 가끔 꺼내서 보고 듣습니다. 그러면 내가 얼마나 바 보였는지, 그리고 아내가 얼마나 감사하고 고마운지 새삼 느끼게 됩니다. 그 래서 전 다짐하고 또 다짐합니다. 무조건 아내에게 져주기로, 어떤 사안이든 지 항상 양보하기로, 항상 아내 입장에서 생각하고 행동하기로 마음먹었습니 다. 아내가 왜 저런 말을 하고 이런 행동을 하는지 내 입장이 아닌 아내의 입 장에서 생각해 보면 그 어떤 일에서도 다툼이 일어날 일이 없기 때문입니다. 그래서 저는 투명 인간이 되기로 했습니다. 그리고 앞으로 살아갈 날들은 아 내를 위해서 살 겁니다. 지금까지 살아온 25년은 아내를 철없이 대했다면 남 은 25년은 아내를 위해 살 겁니다. 양말 한 짝, 팬티 한 조각까지 빨고 말려주 면서 나를 위해서 살아온 아내에게 내 사랑이 얼마나 큰지 보여줄 겁니다. 제 사연 끝까지 읽어 주셔서 감사합니다.

승현은 글을 다 써 놓고 한참을 생각한다. 방송국에 사연을 보낼까 말까. 그래도 명색이 작은 회사의 사장인데 누군가 들으면 어떡하지? 거래처 사람이나 회사 사원들이 들으면 민망할 것 같았다. 그래도 벌 써 몇 년 전부터 벼르던 일이 아닌가? 매일 라디오를 들으면서 누군가 가 보낸 사연 때문에 울기도 하고 웃기도 하며 많은 위안과 힐링이 되 지 않았던가? 그래서 승현은 라디오에 보답한다는 차원에서, 아니 그동안 사연을 보낸 사람들에게 빚을 갚는 심정으로 자신도 사연을 보내 보리라 마음먹었다. 그런데 막상 보내려니 마음에 걸리는 게 한두 가지가 아니다. 주변 사람들의 평가에서부터, 특히 아내가 어떻게 생각할지 또 과연 자신의 글이 방송에 소개될 수 있을지 등등.

다른 사람들도 모두 승현과 같은 고민을 했을 것이다. 재미있고 웃기고 감동적인 이야기가 있는가 하면 별 내용도 없는 사연도 있고, 낯 뜨겁고 부끄러운 이야기도 있었다. 이런 사연들과 비교하면 자신의 이야기는 그래도 괜찮을 것 같았다. 하지만 용기가 나지 않는다. 일단 좀 더 생각해보기로 했다. 잠시 사연을 묵혀두기로 했다.

승현은 업무 특성상 회사에서 내근 근무를 많이 한다. 해외 바이어들과 온라인을 통해 수시로 상담하기 때문이다. 그리고 밤낮이 따로 없다. 그래서 항상 라디오를 곁에 둔다. 틈틈이 듣는다. 아니 정확히는 고정적으로 듣는 라디오 프로그램이 있다. 승현에게 라디오는 기분 좋은 친구들 같다. 언제든 불러도 나올 수 있는 친한 친구 말이다. 그래서 라디오를 끼고 사는지도 모른다.

첫 번째 친구는 M 본부의 '지금은 여성시대'다. 승현은 이 프로그램을 '참새 같은 친구'라 생각한다. 세상의 온갖 이야기를 참새처럼 짹짹거리며 물어 나르기 때문이다. 이른 아침에도 짹짹, 점심 한나절에도 짹짹, 해거름 저녁에도 짹짹, 늘 곁에서 기분 좋은 수다를 떠는 참새 말이다. 세상을 살아가면서 일어나는 평범한 일상사를 정말로 평범하

게 소개한다. 그런데 그 평범한 게 감동을 준다. 또 웃음을 준다. 기쁨을 준다. 내가 한번쯤 겪은 일들 같다. 사업에 실패하고 인생의 어두운 긴 터널을 지나는 이야기, 이혼의 아픔을 극복하는 이야기, 큰 병에 걸려 죽음을 앞둔 이야기, 사소한 가족 이야기 등 수없이 많은 우리네 이야기가 소개된다. 모두 내 이야기 같고 나의 친척, 나의 친구, 그 누군가의 이야기 같다. 그래서 더 공감이 가고 더 감동이 온다.

또 '지금은 여성시대'는 전화 사서함을 이용해서 그동안 못했던 말, 가슴속에 담아 두었던 말을 누군가에게 이야기할 수 있게 한다. 딸이 엄마에게 그동안 죄송했던 마음을 전화 사서함에 녹음으로 남긴다. 이걸 여성시대에서 소개한다. 남편이 아내에게 지금까지 살면서 잘못했던 일을 고백한다. 아빠가 아들이 얼마나 자랑스러운지 고마움을 전달하기

도 한다. 이처럼 미안한 마음과 잘못했던 일에 대한 반성, 그리고 감사한 마음, 사랑하는 마음을 진솔하게 전달한다. 승현은 이걸 들으면 가슴이 항상 따뜻해진다. 미안하고 감사하고 사랑하는 마음을 주변 사람들에게 대입시켜 본다. 그러면 긍정적인 에너지가 몸을 감싸는 걸 느낀다. 선한 기운이 충만한 것을 느낀다. 그러면서 내 삶이 얼마나 행복한지, 또 행복하기 위해 어떤 노력을 해야 하는지 어렴풋이 알게 된다. 승현은 고마울 따름이다.

이뿐만이 아니다. '여성시대'는 아이의 교육 문제나 사랑 이야기, 군대 이야기, 라디오 주치의(건강 문제), 옆집 변호사(법률 문제) 등 다양한 코너를 두고 있다. 일상에서 겪는 다양한 문제에 대해 해결책을 제시하는 등 질 높은 상담을 해주어서 얼마나 고마운지 모른다. 승현은 자신이 겪지 않은 일들에 대해서도 흥미를 갖고 열심히 듣는다. 재미도 있지만, 앞으로 자신에게 닥칠 수 있는 문제라 생각하니 허투루 들을 수 없는 것이다. 승현은 감동스러운 사연들과 삶에 도움을 주는 상담 코너를 들으며 라디오와 소통하는 것이 삶의 위안을 넘어서 힐링을 선물한다고 느낀다.

어느덧 점심시간이다. 승현은 한 일도 없는데 점심을 먹으러 간다. 사장으로서 이래도 되나 싶다. 뭐 그래도 직원들 월급은 빼먹지 않고 주고 있으니 다행이라 생각한다. 다만 아내에게는 항상 미안한 마음이다. 매달 들쑥날쑥한 생활비를 주고 있으니 눈치코치 다 봐야 한다. 그럼에도 불구하고 회사에 나오면 마음이 편하다. 왜냐고? 라디오가 있어서다. 점심 후에 양치를 하고 잠깐 오후 일 계획을 하고 나면 개그맨 같은 친구가 찾아온다. 바로 S 본부의 '두 시 탈출 컬투쇼'다.

이 프로그램은 얼마나 웃긴지 모른다. 정형화된 형식이 없다. 목소리 좋은 아나운서도 없고 잘 다듬어진 포맷도 없는 것 같다. 그저 입담좋은 김태균이 초대 손님과 한바탕 농담 따먹기를 한다. 가끔 일반 청취자도 모셔서 함께 프로그램을 진행한다. 듣고 있노라면 일상의 피로가 확 날아간다. 왁자하게 떠들고 웃고 박수치고 난리다. 사회자를 비

롯해 출연자들은 라디오를 진행한다기보다는 옆에 있는 누군가와 일상적인 대화를 나누듯 그냥 막 말한다. 이게 재밌다. 그리고 편하다. 무형식의 진행에 파격에 가까운 라디오 프로그램이라 할 수 있다.

가끔 유행어도 만들어 낸다. '뻐꾸기 날리다'가 대표적이다. 관심 있는 이성을 꾀기 위해 끊임없이 말을 건다는 뜻이다. 뻐꾸기 날린 사례를 시청자들로부터 받아서 소개하는데 웃다가 턱이 빠질 지경이다. 영화나 드라마에서 멜로 라인이 반드시 들어가야 관객의 시선을 사로잡을 수 있다는 철칙을 '두 시 탈출 컬투쇼'는 라디오에서 그대로 실천하고 있다. 남녀 사이에 재미있는 에피소드를 '뻐꾸기 날리는 것'으로 새롭게 포장해서 청취자들을 사로잡고 있는 것이다. 라디오 프로그램이 이렇게 많이 웃게 만들어주는 것은 우리에게 큰 기쁨이라고 승현은 생각한다.

그리고 '두 시 탈출 컬투쇼'를 자신의 생활에 잘 이용하고 있음에 스스로 감탄한다. 그저 듣고 웃기만 하면 되니까. 이게 또 승현의 사업에 도움이 된다고 확신하고 있다. 웃으면서 머리를 비우게 되고 비우면 뭔가 새로운 아이디어가 그 자리를 채우기 때문이다.

승현은 이 시간만 되면 미소가 떠나지 않는다. 빙그레 웃으며 바이어들과 화상 채팅도 하고 해외에서 온 이메일을 확인하기도 한다. 또 새로운 제품이 출시되었는지도 확인하고 굉장히 많은 일들을 하면서도 힘들다는 생각을 하지 않는다. 옆에서 수다스럽게 웃음을 주는 라디오가 있으니까. 이래저래 수다쟁이 친구 '컬투쇼'에 감사하지 않을 수 없다.

누구는 오후가 되면 식곤증이다 해서 나른하고 잠이 오고 힘들다고
하는데 승현은 그럴 틈이 없다. 그저 신나게 키보드 두드리고 마우스
를 굴린다. 귀로는 컬투쇼의 수다를 즐기고 눈으로는 업무를 보기 때
문이다. 승현 자신도 놀란다. 이렇게 멀티태스킹을 잘할 줄 자신도 몰
랐기 때문이다. 자신이 변화무쌍한 디지털 세상에 딱 들어맞는, 알맞
은 사람이라 생각한다. 방금 말한 멀티태스킹을 할 수 있다는 사실 때
문에. 승현은 스스로를 쓰담쓰담거리며 대단하다고, 잘하고 있다고 칭
찬하고 있다.

오후 4시 정각을 알리는 "띠 띠 뚜!" 하는 소리가 라디오에서 흘러
나온다. 뉴스를 듣는 둥 마는 둥 하다가 귀가 번쩍 뜨인다. 맞다, '지금
은 라디오 시대'가 나올 시간이네. 승현은 이 프로그램을 가끔 듣는데
이 프로그램을 '무형 문화재 친구' 같다는 생각을 해본다. '라디오 시
대'를 진행하는 정선희, 문천식 두 진행자의 입담이 얼마나 좋은지 프
로그램에 몰입할 수밖에 없다.

두 진행자가 어찌나 재미나게 진행하는지 그들의 음성 연기를 듣고
있노라면 미소가 절로 퍼진다. 두 사람을 '무형 문화재'라 해도 무방할
듯하다. 맞아, '무형 문화재'. 예술을 넘어 문화재야. 승현은 두 진행자
에게 완전 매료되었다. 그동안 많은 사람들을 만나봤지만 이렇게 말로
좌중을 쥐락펴락하는 사람은 처음 봤다. 입이 딱 벌어질 정도로 신기
할 따름이다. 음성 연기는 타의 추종을 불허한다. 두 사람이 이런 재능
을 태어나면서 타고 났는지 아니면 후천적으로 열심히 노력해서 얻게
된 것인지 승현은 궁금하다.

이들이 전하는 '웃음이 묻어나는 편지'는 묻어나는 정도가 아니라 배꼽 빠지게 한다. 청취자가 보내온 사연을 얼마나 맛깔나게 전하는지 승현은 가끔 멀티태스킹이 되지 않을 때도 있다. 일손을 놓고 완전히 넋이 나가 듣게 되는 것이다. 또 '사랑의 손길을 기다립니다'는 우리 주변에 힘든 사람이 많이 있음을 일깨워준다. 어렵고 힘들게 사는 사람들의 이야기를 듣고 있으면 승현 자신은 참 운이 좋은 사람이라고 생각한다. 작은 회사지만 먹고 사는 데 지장이 없고 이렇게 인생을 감사히 즐겁게 살 수 있기 때문이다. '사랑극장'을 통해 가슴 아린 사랑의 추억을 떠올리기도 하고 메마른 감성을 되짚어 보기도 한다. 또 나이는 들었지만 '사랑'에 대한 막연한 동경을 가질 때도 있다.

남의 이야기 같지만 결코 남의 이야기가 아닌 것이다. 라디오를 통해 다양한 사연들을 들으며 승현은 그래도 세상은 살 만한 것이라 생각한다. 세상에 홀로 남겨진 외톨이 같지만 사실은 이렇게 많은 사람과 관계를 맺으며 살아가고 있음을 실감한다. 새삼 라디오가 고맙고, 새삼 자신의 삶에 감사하게 된다.

6시다. 퇴근 시간이다. 그런데 승현은 미적거린다. 바로 이 프로그램 때문이다. '배철수의 음악캠프'. 승현은 가능하면 꼭 들으려 한다. 70, 80년대를 소년에서 청년으로 산 승현에게 그때의 추억과 흔적을 고스란히 전달해주는 프로그램이기 때문이다. 중학교 어린 시절, 기댈 곳이라고는 음악밖에 없었던 질풍노도의 시기. 돈이 없어 빽판, 다시 말해 정품 레코드가 아닌 복사본을 사러 시내를 헤매던 기억, 영어 공부한다고 가사에 밑줄 치며 사전 찾아 읽고 해석하던 시절, 그 어릴 적 추억 한 자락이 불쑥불쑥 튀어나오게 만드는 프로그램이다.

마치 승현의 청소년기를 다 아는 듯한 이 프로그램에 승현은 빠져들지 않을 수 없다. 록 음악을 중심으로 해외 팝을 전문으로 들려주는 독보적인 프로그램이라 해도 과언이 아니다. 승현은 이 방송을 듣기위해 퇴근을 미루기도 한다. 급한 약속이 있으면 차 안이나 전철 안에서도 항상 들으려 노력한다.

음악도 음악이지만 배철수의 수다도 좋다. 70이 넘은 나이에 삶을 대하는 자세가 참 젊다. 사고방식이 유연하다. 배철수는 노인이 돼서 꼭 한 가지는 실천하려 노력한단다. '고약한 노인이 되지 말자.' 승현은 좋은 말이라 생각한다. 나이 들면 자신의 생각과 행동이 화석화된다. 자신의 말과 행동이 다 옳다고 생각한다. 그래서 자신의 기준으로만

세상을 보려 하고 자신만의 기준으로 사람을 평가하고 판단한다. 그러다 보면 고집 센 노인이 된다. 한마디로 고약한 노인이 된다는 것이다. 50대 중반에 접어든 승현은 배철수의 말이 백 번 옳다고 생각한다. 자신도 좀 있으면 노인의 대열에 합류하는데, 배철수처럼 자신도 열려있는 노인, 융통성 있는 사람이 되기 위해 노력해야 되겠다 생각한다.

배철수처럼 모든 일에 유연한 사고를 갖고 멋있는 노인이 될 거라 다짐한다. 그리고 배철수처럼 에너지 넘치는, 요즈음 말로 텐션이 넘치는 노인이 되고자 노력하려 한다. 물리적 나이 때문에 축 처지지 않는, 활력 넘치는 노년을 보내리라 생각한다.

배철수의 수다는 음악 평론가 임진모와 진행하는 '스쿨 오브 록'에서 절정에 달한다. 두 사람이 티격태격, 아웅다웅하는 모습이 어찌나 재미있는지 승현은 하루의 피로가 확 가시는 것 같다. 오랫동안 쌓아온 두 사람의 호흡은 그야말로 철떡 궁합이다. 시쳇말로 서로 '갈구는' 말들은 그 어떤 개그 프로그램보다 재밌다. 배를 잡게 한다. 그러면서 두 사람의 진한 우정을 보여준다. 늘 흐뭇하다. 미소가 번진다. 그리고 이들이 펼치는 록 음악에 대한 지식은 그저 놀라울 따름이다. 많은 것들을 배운다. 그저 귀로 흘려 듣는 것이 아니라 뭔가를 배우면서 알고 듣는 재미가 쏠쏠하다. 승현은 임진모와 같은 친구 하나 있었으면 좋겠다 생각한다.

이뿐만이 아니다. 이 프로그램은 영화 칼럼니스트 김세윤과 영화 이야기도 한다. 영화에 대한 깊이 있는 해석과 독특한 시선은 듣는 이로 하여금 빠져들게 만든다. 소개된 영화는 꼭 보고 싶다는 생각을 하게 한다. 승현은 이 코너에서 소개된 영화를 모두 보지는 못했지만, 가끔 영화관을 찾아서 본다. 이것 하나만이라도 고맙고 감사하다. 넘쳐나는 수많은 영화 중에서 뭘 볼지 선택 장애를 겪기도 하는데, '배철수의 음악캠프' 덕분에 좋은 영화를 보게 되니 말이다. 이외에도 주말마다 해외 최신 팝 차트도 소개해주고, 30, 40년 전 유행했던 팝 음악도 들려

줘서 승현은 이래저래 팝 음악 세상에서 즐거운 경험을 하고 있다.

승현은 거나하게 한잔했다. 오랜만에 고등학교 친구들을 만나 회포를 풀었다. 놈들은 하나같이 잘됐다. 변호사에, 대기업 부사장에, 외국 기업 한국 지사장에, 사업가까지. 모두 자랑스러운 친구들이다. 뭐 본인도 이놈들만큼은 아니지만 그래도 작은 사업체를 운영하고 있으니까 나쁘지는 않다 생각한다. 지금 이 나이에 다들 안정적인 일들을 하고 있으니 참 다행이라 생각한다. 친구 놈들과 수다 중에도 승현은 라디오를 이야기했다. 근데 놈들 중에서도 승현이 듣는 프로그램을 듣고 있는 놈도 있었다. 배철수의 '음악캠프'뿐만 아니라 정선희 문천식의 '지금은 라디오 시대'도 가끔 듣는다고 한다. 역시 같은 연배니 취향도 비슷한 것 같다. 공통점은 라디오를 통해 삶의 위안과 재미를 얻는다는 것. 승현처럼 하루 종일 라디오를 끼고 살지는 않지만, 일상생활 속에 라디오가 있어 참 좋다고 한다. 역시 친구는 친구다. 승현은 속으로 피식 웃어본다.

침대에 누웠다. 창문을 활짝 열고 초가을의 선선한 공기를 맛본다. 거기에 라디오의 클래식 음악이 승현을 감싼다. 기분 좋은 가을밤을 더 기분 좋게 한다. 일반적으로 클래식이라 그러면 좀 어렵게 느낀다. 그런데 자꾸 듣다 보면 특별한 뭔가를 느낀다. 뭐랄까, 삶의 깊은 맛을 느낄 수 있다고 할까? 우리 인생의 희로애락을 이렇게 절절히 깊숙이 표현할 수 있을까 싶다. 가끔 눈물이 핑 돌 때도 있다. 물론 대중음악도 그렇지만, 또 다른 차원의 느낌을 준다. 클래식은 때론 엄마 품 같

은 포근함을 주고 때론 격정적인 사랑에 몸을 떨게 만들고 때론 황홀한 신세계의 경험을 주며 때론 축제의 들뜬 마음을 주기도 한다. 삶의 여러 가지 단면을 다양하게 깊이 있게 표현하고 있는 것 같다.

무엇보다 감사한 것은 클래식 전문 라디오 방송이 수많은 클래식 음악을 다양한 기준과 풍부한 해설로 소개해준다는 것이다. 작곡가별로, 시대별로, 악기별로 소개하기도 하고 클래식 음악과 관련된 재미있는 에피소드도 함께 소개해준다. 그래서 같은 음악이라도 더 깊이 있게 감상할 수 있다. 알고 들으니 더 감동적이다. 이뿐인가? 햇살 좋은 날, 비오는 날, 바람 부는 날 등등 상황에 맞게 선곡해서 승현의 기분을 늘 어루만져 준다. 말은 별로 없지만 항상 옆에서 어깨 두드리며 위로해 주고, 삶의 기운을 복돋아 주는 든든한 친구 같다고 생각한다.

승현은 선선한 가을밤 공기와 함께 저 멀리서 들려오는 밤 새소리, 그리고 이들을 포근히 감싸는 라디오의 클래식 음악을 들으며 스르륵 잠이 든다.

에필로그

"따르릉"
전화가 왔다.
"니 사연 진솔하고 참 좋더라."

"아내를 그렇게 사랑하는 줄 몰랐네."

"너한테도 그런 면이 있는 줄 처음 알았다."

"사장님, 재미있는 사연 감사합니다."

승현이 사연을 방송국에 보낸 것이다. 그게 방송을 탔고. 이래저래 전화가 오는데 승현은 정신을 못 차릴 정도다. 다들 좋은 평가를 해줘서 다행이라 생각한다. 그리고 방송의 힘이 이렇게 큰 줄 몰랐다. 특히 라디오는 잘 안 듣는다고 생각했는데 의외였다. TV 만큼 사람들이 많이 이용하고 있음을 실감했다. 또 방송을 탄다는 게 이렇게 멋진 일인 줄 몰랐다. 자신의 이야기가 전국에 알려지니 뭐랄까 우쭐해진다고 할까, 좀 부끄럽기도 하고. 그래도 마치 인기 연예인이 된 기분은 숨길 수 없다. 어깨에 뽕 몇 개가 들어간 것처럼 자신감이 생기고 기분이 좋다. 무엇보다 좋은 게 아내와 화해했다는 것이다. 아내가 사연을 들은 그날 저녁 맛있는 호박찌개를 내놓으며 피식 웃었다. 더 말하면 잔소리지. 그날부터 아내는 예전의 모습으로 돌아왔다. 승현은 너무 감사하고 행복했다. 앞으로 라디오에 사연을 종종 보내야겠다고 다짐한다. 아참, 하나 더! 더할 나위 없이 좋은 한 가지 더는 다음과 같다.

"딩동딩동!"

초인종이 울린다.

"누구세요?"

아내의 경쾌한 목소리가 들린다.

"방송국 택배입니다."

"예? 방송국에서요?"

아내가 부리나케 뛰어간다. 그다음 들리는 말….

"어머어머 이게 웬일이야? 신상 밥통이잖아? 여보~~~!"

"어, 왜에?"

"당신 큰 일 했어. 넘 좋아 넘 좋아. 당신 최고오옹~~~!"

"히히"

두둥…!

방송국에서 선물이 도착한 것, 것, 것이었다.

이 주식 괜찮아?
경제 소통

 등장인물

규동이 형 위에 송구 형, 이 둘은 고교 선후배. 동시에 대학 방송국 선후배.
그 밑에 대경과 희팔, 요놈들은 서로 갈구는 사이. 대경은 대구 근방 점촌 출신,
그래서 희팔이 맨날 놀림. 자기는 대구 출신인데다 당시에 드문 병원 출생이라
대경을 촌놈이라 놀림. 그 외 최영훈은 희팔의 부하 직원.

"다사다난했던 한해 너거들 고생 많았다. 자 한잔하자. 위하여~~!"
송구 형이 잔을 높이 들었다.
"잠깐만요 잠깐만요. 형님 명색이 망년휜데 건배사가 좀 그렇습니
다. 제가 한번 하겠습니다."
"치아라 마, 니 또 그거 할라 그러제? 숙종이… 그거 말이야."
희팔이 나서자 대경이 태클을 걸었다.
"미친놈. 그거 하나밖에 없는 줄 아나? 촌놈은 가만히 있어라. 시티
즌 출신, 그것도 동산 병원 출신이 한 말씀할 거니까."
"이 새끼, 거기서 와 또 병원 타령이고. 니 언제까지 우려먹을 끼고?"
"야 인마. 우려먹긴 뭘 우려먹노? 우롱찬 줄 아나? 니 출신 성분과

나는 엄연히 다르다는 건 팩트다 팩트. 알겠나?"

"이게 진짜!" 하면서 대경이 달려들었다.

"그만해라. 이놈들 맨날 만나면 으르렁거리네. 그러면서도 좋아서 어쩔 줄 모르고. 우리 형들이 어느 장단에 맞춰야 하나? 오늘 송년회고 하니 희팔이 건배사 함 해봐라. 뭔가 새로운 버전이 있겠지."

규동 형이 정리를 쫙 했다. 근데 희팔이 생각할 땐 아직 정리가 덜 됐다. 그래서 다시 정리에 들어갔다.

"형님, 형님들도 집에서 태어났지요?"

느닷없는 질문에 두 형들은 고개를 끄덕였다.

"대경이 니도 인마 당연히 집에서 났고. 왜냐? 대구 시민인 형들이 집에서 탄생하셨는데, 점촌 촌놈인 니는 분명 집에서 태어났다 이 말씀이지. 맞제? 내가 왜 이걸 강조하느냐? 당시엔 대부분 집에서 태어났지만, 나는 병원, 그것도 대학 병원에서 탄생했다는 이 말씀이지. 그만큼 내가 지체 높다는 말이지."

말을 내뱉었지만 아차 싶었다. 형님들이 눈을 부라리고 있었기 때문이다. 즉시 수습 모드로 들어갔다.

"아 물론 형님들보다는 낮아도 한참 낮지요. 어찌 감히 형님 자릴 넘보겠습니까? 하루 햇살이 얼만데. 하물며 몇 년 차이는 감히 범접할 수 없지요. 제 말씀은 대경이 절마한테만 해당된다는 겁니다. 히히."

형님들의 눈치를 살피며 희팔은 대경을 정조준했다.

"아이고 저 미친놈. 하루 이틀도 아니고 알았다 알았어. 니 똥 굵다. 그만 설 풀고 건배사나 해봐라."

똥이 무서워서 피하냐는 듯 대경이 선뜻 건배사할 기회를 줬다.

"그렇지. 바로 그 자세야. 나한테 굽신거려야지. 그게 니 신분에 맞아."

"이놈아 이 술 다 식겠다. 어여 해라."

제일 큰 형 송구 형이 웃으며 재촉했다.

"넵! 가는 해를 아쉬워하며 새해엔 더 큰 복이 올 것이라 확신하면서 건배사를 하겠습니다. 지금 나라도 어려운데 형님들 덕에 우리가 이렇게 자주 만나서 맛있는 것도 먹고 인생사에 대해 좋은 말씀도 해 주시니까 나라를 구하는 심정으로 '이순신 버전'으로 건배사를 한번 하겠습니다."

"그 참 말 많네. 빨리 안 하나?"

대경이 신경질을 확 냈다. 그렇거나 말거나 희팔은 무시하며 진도를 뺐다.

"제가 '형님들' 하면 형님들께서는 '나를 따르라' 하십시오. 나라를 구하는 심정으로 크게. 그러면 대경아 니는 나랑 '와아~~' 하며 함성을 질러야 한다. 형님들보다 더 크게 나라를 구하는 심정으로 알겠지?"

일순간 좌중들은 '호, 요거 재밌겠다' 하며 눈을 말똥거렸다. 당연히 대경도 포함해서.

희팔은 힘차게 선창했다.

"형님드~~을 ~~!"

"나를 따르라~~!"

"에이 에이, 그래 가지고 이 힘든 나라를 구하겠습니까? 다시 하시죠."

희팔의 채근에 형님들은 목에 힘줄을 있는 힘껏 세우고 외쳤다.

"나를~~ 따르라~~!"

"와아~~~!"

병졸 대경과 희팔은 벌떡 일어나 잔을 높이 들고 냅다 소리를 질렀다. 갑자기 술집 전체가 조용해지더니 모든 시선이 한곳에 꽂혔다. 나라를 구한 장군과 병졸들은 머쓱해하며 조용히 자리에 앉았다.

"우리가 나라를 구한 건 맞는가 보다. 다들 우리에게 집중하잖아."

규동 형이 최대한 낮은 톤으로 방금 끝난 전투에 대해 결론을 내렸다.

"그죠? 우리가 해냈심더. 크크"

웬일인지 대경이 맞장구를 쳤다. 송구 형과 규동 형은 놀라서 눈이 휘둥그레졌다. 희팔은 순순히 맞장구를 치는 대경의 자세가 심상치 않다는 듯 째려본다.

불안한 기색을 안고 희팔은 꼬치를 입에 가져간다.

'고놈 참 맛있네, 근데 이 사케는 왜 먹는 거야? 무슨 맛으로 먹느냐고? 값만 비싸지 차라리 소주가 훨 낫겠어. 이 형들 돈 많은 건 알겠는데 취향이 별나서들.'

희팔은 속으로 혼자서 쫑알쫑알거린다. 그러면서 눈알은 나머지 세 분들의 말씀을 유심히 듣고 있다. 여기서 왜 유심히냐? 지금 뭔가 중요한 이야기를 하고 있는 것 같았기 때문이다.

"내년에는 3만 원 찍을 것 같다고? 그럼 홀딩해야겠네."

"당연하죠. 3상이 성공하면 더 갈 걸요. 5만 원은 넘지 않을까요?"

송구 형의 기대에 규동 형은 덤으로 2만 원을 더 얹어서 말한다.

"전 생각이 좀 다릅니다. 내년 하반기까지 존버하면 10만 원도 가능하다고 봅니다. 전 내년 연말까지 버틸려 합니다. 임상 3상 말고도 독일에 기술 이전 테마도 살아 있기 때문입니다. 제가 공부한 바에 의하면 이 종목은 짧게 볼 게 아닙니다…."

웬걸 촌놈 대경이 나름의 분석을 좌악 펼친다. 듣고 보니 일리가 있다.

"아니 그럼 지금의 열 배쯤 되네."

희팔이 치고 들어갔다. 이해 당사자인 송구 형과 규동 형이 말할 틈도 주지 않고.

"현재 11,300원이니까 10만 원이면 약 열 배, 음… 열 배 정도 되네. 맞네."

희팔의 머리가 팽팽 돌기 시작한다. 그리고 혼자서 막 계산한다. 그러다가 코를 벌렁이며 음흉한 미소를 짓는다. 바로 이거지. 연말 모임이란 이렇게 건설적이어야지. 뭔가 서로에게 정보를 막 주고 뭔가 서로에게 도움이 되는 이런 게 바로 따~아~뜻한 연말 송년회라는거지.

"대경아 나도 사도 되겠지? 아니 형님들 저도 매수할랍니다."

희팔은 자신도 모르게 대경을 먼저 부른 게 아차 실수였다고 느끼자마자 바로 형님들을 찾는다.

'시티즌이 촌놈에게 의지할 수는 없지. 내가 어찌 절마 말을 믿고 움

직일 수 있겠나? 형님들의 말씀을 따라야지. 암, 난 지금 형님들이 하라는 대로 하는 거야.'

희팔은 이 와중에도 대경을 절대 인정하지 않는다.

"너도 할라고? 니 돈 있나? 맨날 쪼달린다고 찡찡 짜는 놈이…."

대경이 한마디하자 희팔이 대뜸 "넌 됐고, 형님 저도 끼워주세요. 네?" 대경을 확 제치고 바로 형님들에게 매달린다. 희팔은 끝까지 촌놈을 무시한다. 병원 출신으로서 자존심을 지키고 싶은 것이다.

"좋아 끼워줄게. 니가 한다면 내가 가진 정보 다 주꾸마."

대경도 지지 않고 촌놈의 위용을 보여준다.

"야 인마. 니는 좀 빠져라. 내 지금 형님들과 대화를 하고 있잖니? 지금 정말 중요한 순간이거든. 내 인생이 걸린 일이야. 대경아 제발 좀 가만있어라."

"아 그래? 그럼 돈은 어디서 구할려고?"

희팔이 그러거나 말거나 대경은 자신의 길을 간다.

"야! 권대경, 니는 좀 빠지라니까아."

희팔의 음성이 좀 높아지려는 순간

"그럼 희팔이 너 참전할래? 말이 쉬워 주식 투자지, 여긴 전쟁터야. 각오 단단히 해야 된다."

규동 형이 드디어 허락하시었다.

"근데 이 전쟁에서 이기려면 대경이 말을 잘 들어야 하는데, 니 그럴 수 있겠니?"

맏형 송구 형도 허락하시며 거들었다.

"7천 원대에서 지금 만 원대까지 힘겹게 참고 올 수 있었던 것은 대

경이 때문이다. 대경이가 주식 카페에서 정보도 퍼 나르고 혼자 공부도 하고 해서 우리를 여기까지 끌고 온 거야. 절마 저거 아마 책도 수십 권 읽었을걸."

송구 형의 칭찬에 희팔은 할 말이 없다. 대경이 이 순간을 놓칠 리 없다, 희팔이 꼬리 내리는 이 순간을.

"니 얼마나 할 건데? 돈은 어디서 구하고? 감당은 되겠나? 많이 떨릴 텐데. 제수씨에게 이야기는 할 끼제?"

대경이 속사포를 쏘아댄다. 희팔은 할 수 없이 굴복한다. 이 시점에서 어떻게 병원 출신이니 시티즌이니 하며 나댈 수 있겠는가? 두 분형님들이 저렇게 이놈 대경이를 신뢰하고 있으니, 더군다나 대경이 말대로 해서 현재 수익권에 있으니 이런 팩트 앞에 희팔은 순순히 백기 투항인 것이다.

"어, 은행에서 돈을 좀 빌려야지 뭐."

완전 개미 기어 가는 소리다.

"그거 위험한데, 주식은 목돈으로 하는 건데."

"인생 별거 있나? 한방인데. 이렇게 좋은 주식을 지금 안 사면 언제 사노? 걱정하지 마라. 책임은 다 내가 진다."

이 대목에서 희팔은 확신에 찬 목소리로 돌아왔다. 그래도 대경은 좀 걱정이 돼서 다시 한 번 말한다.

"니 괜찮겠나?"

"고럼, 당장 내일 신용 대출 할란다."

"얼마나 할라고?"

"최대한 내가 빌릴 수 있는 한도로."

"그래도 처음이니까 무리하지 마라."

"걱정 붙들어 매라. 이상 끝."

희팔은 말하다 보니까 점점 힘이 들어가고 확신에 찬다. 기분도 막 좋아진다. 내년 이맘때를 생각하면 하늘을 날 것 같다. 한 5천만 할까? 아니야 한 장은 돼야지. 1억! 그렇지 그 정돈 돼야지 내 인생 후반 풍요롭게 살 수 있어. 1억의 10배면 10억, 10억이란 말이야. 흐흐. 현찰 10억이면 돈 걱정 안 하고 살 수 있어. 매일 골프도 칠 수 있고 여행도 럭셔리하게 갈 수 있지. 무엇보다 이건 나만의 비자금이잖아. 절대 와이프 몰래 할 거니까. 상상의 나래를 펼치고 있는 희팔의 머리 위로 손이 획 날아든다. 퍽! 억!

"야 인마 뭐해? 일단 한잔해"

규동 형이 채근한다.

"와 맛있네. 그렇게 맛없던 사케가 왜 갑자기 맛있어졌지?"

희팔은 한방 맞은 머리가 아픈지도 모르고 사케를 좌악 들이켠다.

"근데 희팔아, 처음에는 천천히 해. 주식이라는 게 신도 알 수 없는 거야. 언제 어디서 악재가 터질지 모르는 거야. 아무리 재료가 살아있다 해도 신중에 신중을 기해야 하는 게 주식이야. 새겨 들어라. 알겠지?"

"네, 알겠습니다. 형님."

송구 형님의 말씀에 희팔은 우렁차게 대답한다.

다음날 희팔은 곧바로 은행으로 달려갔다. ATM기 앞에 섰다가 '아니지 여기선 돈을 마음껏 뽑을 수 없지' 하며 보무도 당당하게 은행

안으로 들어섰다.

"안녕하세요."

청원 경찰의 인사가 오늘따라 왜 이렇게 반가운지 모르겠다.

"네에, 좋은 하루 되세요."

희팔은 자신도 모르게 오버하고 있다. 왠지 오늘은 그래도 될 것 같다. 그리고 싶다. 바로 오늘이 내 인생 역전 출발점이니까.

창구 앞에서 기다리는 시간마저 마냥 즐겁기만 하다. 1년 후의 모습을 상상하니 괜스레 어깨에 힘이 들어간다.

"딩동!"

차례가 왔다. 희팔은 창구 직원에게 현재 신용으로 얼마를 빌릴 수 있는지 물었다.

"현재 재직 기간이 15년이 넘으셨고… 직급도 높으시고… 다른 은행 대출도 없으시니…"

직원은 루틴하게 계산에 들어갔다. 희팔이 군침을 삼킨다. 지금 이 돈이 종잣돈이 되어 내 미래의 풍요로운 생활을 담보할 것이다. 좋은 일도 많이 하고 주변에 베푸는 넉넉한 사람이 되어야지. 이렇게 다짐하다 보니 괜히 입속의 침들이 목구멍을 타고 넘어 갔다.

"재직 증명서만 가지고 오시면 2억까지 대출 가능하십니다."

'흑! 2억이나!'

희팔은 살짝 흥분했다. 본인의 신용도가 이렇게 높을 줄 몰랐다. 곧바로 표정 관리에 들어갔다.

"그럼 1억만 대출해주세요."

나머지 1억은 혹시 몰라서 남겨 두고 싶었다. 그리고 주식 처음 하는데 몰빵할 수는 없었다.

"무슨 좋은 일 있으세요?"

"네?"

"아니 제 말씀은 좋은 투자 거리가 있으시나 봐요."

"아닙니다. 집 사는 데 좀 보태려구요."

희팔은 자신도 모르게 거짓말을 했다. 주식 투자한다는 사실을 숨기고 싶었기 때문이다. 더 정확하게는 투자 종목을 비밀로 하고 싶었다. 혹시 천기라도 누설되면 큰일 날 것 같았다.

"그러시군요."

창구 직원은 대수롭지 않다는 듯 필요한 서류를 내밀었다. 희팔은 쓴웃음을 지으며 서류를 작성했다. 왜 이렇게 손에 힘이 들어가는지 이름과 주소 등을 쓰는 데 그렇게 힘찰 수가 없었다. 서류에 빵구라도 낼 것처럼 필압을 최대치로, 글자 획도 확확, 한 마리 용이 날아가듯 온 정성을 다해 쓰고 있다.

"수고하셨습니다. 내일 오후쯤 입금될 겁니다."

"네에? 지금 바로 들어오는 것이 아니구요?"

당황스러웠다. 희팔은 처음 대출을 받아 보는 것이라 신청하면 금방 나올 줄 알았다. 그동안 재정 상태는 좋았던 것이다. 굳이 은행에서 돈을 빌리지 않아도 먹고살기에는 충분했던 것이다. 살면서 빚 내보기는 처음이다.

"대출 심사하는 데 조금 시간이 걸립니다. 급하시다면 내일 오전까지는 맞추어 보겠습니다만…."

"네, 그렇게 좀 해주시면 감사하겠습니다."

왜냐하면 조금이라도 빨리 주식을 사고 싶었다. 늦으면 늦을수록 값이 뛸 것 같았기 때문이다. 희팔은 주어진 기회를 빨리 낚아채고 싶었다.

"이자는 우대 받으셔서 연 3.2%입니다. 한 달로 치면…"

"아, 됐습니다. 말씀드린 대로 가능하면 내일 오전 중에 빨리 입금시켜 주시면 감사하겠습니다."

희팔은 직원의 말을 끊고 일어섰다. 은행을 빠져 나오면서 그깟 이자쯤이야. 주식에서 나오는 수익이 얼만데. 희팔은 씨익 웃으며 나름 계산에 바빴다.

퇴근하자마자 PC 앞에 앉았다. PC에 주식 트레이딩 프로그램을 깔려다 말고 '아니야 컴퓨터보단 핸드폰이 낫겠어. 신속하게 대응하기 위해선 언제 어디서나 볼 수 있는 스마트폰이 더 좋지.' 희팔은 증권사의 MTS 어플리케이션을 깔았다. 그리고 곧장 해당 종목을 찾아 관심 종목에 넣었다. 관심 종목이라 할 것도 없었다. '스타바이오'. 이 종목 하나면 충분했다. 다른 종목은 볼 필요도 없었다. 이만 한 '선택과 집중'이 없었다. 모든 관심과 에너지를 요 '스타바이오' 한 종목에만 쏟으면 된다.

출근하는 전철 안에서 스타바이오의 어제 단일가를 확인했다. 빨간색이다. 올랐다 4%나. 그럼 오늘도 오르겠네. 형들 말이 맞네. 가능한 한 빨리 사야 되겠어. 희팔은 사람들로 꽉 들어찬 전철 안에서 이리 밀리고 저리 밀렸다. 그러나 기분은 좋다. 몸이 이러저리 밀리는 것이 마치 몸속으로 돈이 밀려 들어오는 것만 같았다. 사무실에 앉아서도 은

행 잔고를 연신 확인했다. 빨리 입금돼야 하는데, 시간이 돈인데, 빨리
사야 하는데…. 조급한 마음 때문에 일이 손에 잡히질 않는다. 책상 위
컴퓨터 화면에 키보드 커서만 깜빡깜
빡거릴 뿐이다.

돈이 들어왔다. 희팔은 쨉사게
화장실로 뛰어갔다. 주식 거래를
사무실 책상에서 할 수는 없었다.
나름 중견 간부로서 회사에서 인정
받고 있는데, 직원들 앞에서 할 수는 없는 노릇이었다. 변기통에 앉아
트레이딩을 시작했다. 오늘 중으로 다 사 모으기로 작정했다. 역시 빨
간색이다. 지금 기회를 놓치면 더 비싼 가격으로 사야 될 거야. 무조건
사야 돼. 계속 상승하는데 정신없이 매수를 해대기 시작했다. 이를 두
고 추격 매수라 했던가? 뭔 상관이야? 10배 오를건데, 빨리 살수록 이
득이야. 희팔은 1억이라는 돈을 다 주문했다. 불과 10분도 안 돼서. 그
야말로 폭풍 매수다. 정신이 하나도 없다. 그래도 뿌듯했다. 화장실 냄
새가 향기롭기까지 했다. 이제부터 다 잊어버리고 일을 하자. 업무에
집중하자. 희팔은 일어났다. 그리고 변기 물을 내렸다, 응가도 하지 않
았으면서. 무슨 시츄에이션?

업무 시간 내내 온통 신경은 MTS에 가 있다. 책상 밑에 숨겨서 모
바일 폰을 보기도 하고 평소보다 더 자주 화장실을 들락날락한다. 점
심시간에는 부하 직원들하고 밥을 먹는 둥 마는 둥 했고, 식후 커피를

마시며 핸드폰만 들여다본다.

"과장님, 뭐 바쁘신 거 있어요? 오늘 따라 핸드폰을 엄청 보시네요."

동생처럼 아끼는 대리 최영훈이 사시 눈을 하고 질문을 던진다. 뭔가 낌새를 챈 걸까.

"어어, 오늘따라 중요한 카톡이 자꾸 들어오네."

"그래요? 제 도움이 필요하면 언제든지 말씀하세요. 쨉싸게 처리해 드릴 테니."

"무슨 도움? 내 개인적인 거야. 신경 안 써도 돼."

희팔이 약간 짜증스럽게 말했다.

"아이 과장님, 과장님의 일이 곧 내 일 아닙니까? 어찌 그런 섭한 말씀을 하시나이까?"

차 대리가 신뢰를 잔뜩 묻혀서 대꾸했다. 희팔은 어이가 없어서 순순히 그 신뢰를 받는 척했다.

"그래 내 일이 곧 니 일이지. 허허, 고맙다 차 대리."

희팔은 귀찮다는 듯 먼저 자리에서 일어났다. 커피는 남겨 둔 채로. 그것도 테이크 아웃 커피를.

오후에는 정신없이 이어지는 잇단 회의 때문에 핸드폰을 들여다 볼 시간이 없었다. 퇴근 무렵이 되어서야 MTS를 열었다.

'흑, 12,100원. 3% 더 올랐네. 1억에 3%면 300만 원. 와 이거 실화야? 오늘 하루 3백 번 거야? 와우 돈 벌기 쉽네.'

희팔은 쾌재를 불렀다. 갑자기 전화번호를 뒤적이더니 이리저리 전화를 돌리기 시작했다. 오늘 그냥 퇴근할 수 없잖아. 소고기 사 먹어야지.

불판에 한우가 지글지글 기분 좋게 익어 간다. 희팔은 한 젓가락 집어서 앞에 앉은 놈의 입에 넣어준다. 그놈은 당연하다는 듯 낼름 받아먹는다.

"와! 바로 이 맛이지. 한우 투뿔이 왜 투뿔이겠어. 입안에서 녹는다 녹아."

"그치? 아~~ 해 봐. 요건 육즙이 더 살아 있을 거야."

희팔은 연신 고기를 넣어준다.

"아~~, 쥑이네. 육즙이 톡 터진다. 과일즙 터지듯이 터지네."

대경은 한우와 일심동체가 되어 황홀경에 빠졌다. 그렇다. 희팔이 앞에 앉은 놈은 바로 점촌 촌놈 대경이었다. 오늘 3백 벌게 해준 은인, 아니 앞으로 몇 배나 더 벌게 해줄 희팔이의 재정 멘토, 주식에 관해 그 높으신 식견을 가지신 손대경이었다. 며칠 전만 해도 병원 출신과 촌 출신은 신분이 다르다며 그렇게 기세 등등하더니 어쩌다 이렇게 되었는지 희팔 자신도 좀 의아하긴 하다.

"희팔아 니는 와 안 묵노?"

"헤헤, 난 안 먹어도 배부르다. 니나 많이 먹어라."

참 신기했다. 먹지 않아도 배부른 상황이, 그것도 한우 앞에서 말이다. 희팔은 한마디 더 거든다.

"니도 알잖아? 내가 배부른 이유. 오늘 3백 먹었는데 벌써 배 터져 있지. 헤헤!"

희팔은 대경 앞에서 말 그대로 헤헤거리기만 했다.

"미친놈. 그래도 한 점 해라. 나중에 후회하지 말고."

"후회는 무슨 후회? 난 니가 먹는 것만 봐도 또 배부르다. 많이 먹으래이 대경아~~"

희팔이 있는 배알 없는 배알 다 끄집어 내어 다정하게, 아~~주 다정하게 말했다.

"대경아 혹시 다른 정보 없나? 올해 몇 월달까지 기다리면 되는지, 뭐 그런 정보 없나?"

"짜식, 내 그럴 줄 알았다. 니가 웬일로 소고기 사주며 헤헤거리는지."

"헤헤."

희팔이 또 헤헤거린다.

"좋아. 니 오늘 태도가 마음에 들어 한 가지 더 알려주지. 이건 굉장히 고급 정본데…."

대경이 짐짓 목에 힘을 주며 뜸을 들인다. 동시에 대경의 입으로 한우 한 점이 날아든다. 눈치챈 희팔이 잽싸게 고기 공수를 한 것이다.

"햐! 좋아 좋아. 희팔아 잘 들어라. 조만간 임상 3상 결과 발표가 있을 것 같다. 아마도 좋은 내용일 거야. 성공했다는 발표가 될 가능성이 높아."

"그럼 어떻게 되는데?"

"어떻게 되긴 뭐가 어떻게 돼? 날아가는 거지."

"어 그래? 얼마까지 갈 건데?"

"야 인마, 나도 모르지. 중요한 건 오른다는 거야. 내 예상엔 3만 원은 그냥 넘어가지 않을까?"

"햐 그래?"

뭔가 알아들었다는 듯이 희팔이 미소 짓는다.

"대경아 많이 먹어라. 아~~ 해 봐."

희팔은 확신에 찬 목소리로 멘토 대경을 또 극진히 모시기 시작했다.

기분 좋게 취한 희팔은 동네 아파트 단지 놀이터에 앉아 집을 올려다 봤다. 베란다를 통해 쏟아지는 불빛이 오늘따라 유난히 빛나는 것 같았다. 마누라와 아이들의 얼굴을 떠올리자 괜히 눈물이 나왔다. 앞으로 장밋빛 행복이 좌악 펼쳐질 것 같았기 때문이다. 이리면 안 되는데… 너무 일찍 김칫국을 마시는 거 아냐? 김칫국은 무슨… 과학적 데이터에 근거한 미래 비전이잖아. 3상 성공. 세계 최초의 줄기세포 치료제. 더 이상 무슨 말이 필요해? 그리고 과학적 팩트에 진심어린 우정이 더해진 그야말로 백퍼센트 확실한 미래 전망이잖아. 희팔은 한 치의 의심도 다 걷어내었다. 확신에 찬 행복의 눈물임을 의심하지 않았다. 그리고 다음날 나머지 1억을 더 빌리기로 했다.

좀 일찍 출근했다. 장이 열리기 전에 시장의 움직임을 확인하고 싶었다. 전날 단일가는 좀 올라서 12,600원을 찍고 있었다. 그럼 그렇지. 세력들이 가만히 놔둘 리 없지. 장이 시작되자 예상처럼 빨간색이 수놓아지며 13,000원대를 쉽게 넘어섰다. 희팔은 오전의 미팅을 연기하고 곧장 은행으로 달려갔다. 9천만 원을 빌렸다. 웬지 2억 전부를 대출하고 싶지는 않았다. 천만 원 정도는 남겨 두고 싶었다. 이런 상황을 두고 여백의 미라 했던가? 어쨌든 희팔은 가능한 한 빨리 입금해 달라

고 당부했다. 은행 직원도 온 얼굴에 미소 가득, 빠르면 오후에 입금될 수도 있을 거라며 대출 실적을 올려준 고객에게 최선을 다했다. 희팔이 은행 문을 나서는데 휘파람이 절로 나왔다. 나름 계획이 다 있었던 것이다.

오후 2시를 조금 넘자 대출금이 입금되었다. 그렇잖아도 14,000원대에 진입하자 내심 불안했다. 더 오르기 전에 사야겠다는 조급함이 지배했던 터였다. 입금을 확인하고 계속 매수하기 시작했다. 이번에는 신용까지 썼다. 오를 게 분명한데 더 크게 베팅하고 싶었다. 잠깐 빚내어 사서 곧 갚으면 된다. 계산에 따르면 신용으로 사면 몇 배나 더 먹을 수 있었다. 조금의 의심도 없어 마구 매수했다. 평단가가 13,700원. 이 정도면 괜찮은 가격이다. 한 달 안에 최소한 두 배는 바라볼 수 있을 것 같았다. 희팔은 무슨 큰 일을 해치웠다고 갑자기 힘이 쭈욱 빠지며 나른해졌다. 그런데 이 나른함은 참 기분 좋은 나른함이다. 몇 년만에 느껴 보는 기분인가? 고교 시절 기말고사를 앞두고 밤샘 공부를 한 후 영어 백점을 받았을 때의 그 나른함이었다. 몸은 피곤한데 웬지 기분 좋은, 뭔가 해낸 것 같은 성취감, 뭐 그런 것이었다.

다음날, 15,300원까지 올랐다. 그러더니 조금씩 빠지기 시작한다. 이때다 싶어 처음 투자한 금액을 팔았다. 일단 익절한 다음, 그 금액만큼 신용을 더해서 더 매수했다. 좀 더 크게 먹고 싶었기 때문이다. 소위 몰빵을 했다. 일을 벌리고 보니 그 규모가 엄청났다. 손이 떨렸다. 심장도 뛰었다. 한편으론 안도의 한숨을 쉬었다. 이제 기다리기만 하면 됐다. 일단 두 배까지만 가다오. 그때 가서 다시 생각하리라.

16,000원, 16,500원, 16,900원 며칠 동안 주가는 우상향했다. 대경의 말도, 그리고 형들이 왜 그렇게 많은 돈을 투자했는지 알 것 같았다. 사는 것이 행복했다. 돈 걱정 없이 산다는 것이 이런 거구나 싶었다. 희팔은 날마다 휘파람을 불었다.

그런데 일주일이 지나자 파란색이 가끔 나타나며 주가가 내려가기 시작했다. 14,800원까지 빠졌다. 그냥 조정 기간이겠거니 생각하며 대수롭지 않게 여겼다. 정보에 따르면 3상 결과 발표가 얼마 남지 않았다. 그때까지만 참고 기다리자. 그럼에도 불구하고 주가는 하향 곡선을 탔다. 좀 걱정이 되었다. MTS 창을 열기 싫었다. 그래서 희팔은 며칠 동안 핸드폰을 들여다 보지 않기로 했다. 열심히 일만 했다.

몇 날이 지났는지 모르겠다. 회사 직원들과 저녁 회식을 하고 있는데 대경으로부터 전화가 왔다.

"희팔아 지금 막 3상 결과가 발표됐다."

"아 그래? 어떻게 됐어? 당연히 성공이겠지."

희팔은 약간 취기가 오른 상태에서 기쁜 소식을 받을 만반의 준비를 다했다.

"희팔아… 실패했단다."

"뭐? 실패? 진짜야? 아니 성공 확률이 90% 이상이라고 했잖아? 근데 왜 실패야?"

희팔은 갑자기 술이 확 깼다. 하늘이 노랬다.

"미안하다. 나 때문에…."

"아니 이게 말이 되냐구. 회사에서도 지난 2상 결과가 너무 좋게 나와서 3상은 그냥 되는 것처럼 언론에 발표했잖아. 그 보도 잘못된 거야? 공부 많이 한 니는 낌새도 못챘어?"

"그러게 말이야. 그동안의 과정을 보면 3상 성공이 맞는데 나도 이해가 안 돼. 지금 카페에서도 난리가 났어. 나도 어떻게 해야 할지 모르겠다. 나야 내 돈이니까 3상 성공할 때까지 버티면 되지만, 넌 신용까지 썼는데 어떡하냐?"

대경의 말에 희팔은 갑자기 오바이트가 쏠렸다. 전화기에 그대로 토해버렸다. 화장실로 뛰어간 희팔은 모든 걸 토해냈다. 음식물과 함께 그동안 쌓아왔던 부푼 기대가 깡그리 변기로 사라졌다. 희팔은 한참 동안 변기를 붙들고 앉아 있었다. 얼마나 시간이 흘렀을까? 노크 소리가 수십 번도 더 들린 것 같았

다. 천천히 일어난 희팔은 세면대에 머리를 쳐박고 또 한참이나 있었다. 그리고 천천히 세수를 하고 코와 입에 박힌 이물질을 씻어내고 거울을 올려다 보았다. 처참했다. 탐욕

에 찌든 한 인간이 비 맞은 생쥐처럼 초라한 얼굴로 쳐다보고 있었다. 나와야 했다. 화장실에서 나와서 대경에게 전화해야 했다. 다 내 욕심 때문이라고. 다 내 탓이라고. 너는 아무 잘못 없다고. 이런 상황에서 희팔은 그나마 우정을 생각하고 있었다. 친구를 잃고 싶지는 않았다.

희팔은 1년 전의 그 일을 떠올리면 가슴이 아리다. 심각한 것은 현재도 그 아픔이 계속되고 있다는 것이다. 1억 9천에 대한 이자로 매달 50만 원 이상 갚고 있다. 가난한 월급쟁이에게는 큰 돈이다. 신용을 사용했을 때 증거금이 항상 마련되어 있어야 했는데, 이에 대해서 몰랐다. 그 당시 주식이 반토막이 났다. 7천 원대로 내려 앉았는데, 당연히 원금은 반이 남아 있을 줄 알았다. 그런데 증거금을 충당하지 않으니까 증권사에서 주식 전부를 매도해버렸다. 자신들이 빌려준 돈을 그대로 회수해버린 것이다. 남은 것은 빵 원. 몰라도 너무 몰랐다. 주식에 대해 아무런 지식도 없으면서 그 큰 돈을 투자랍시고 했으니 어리석음의 극치를 달렸다. 남의 말만 믿고 허영에 들떠 있었으니 이 또한 바보 중의 바보였다. 지금 희팔은 빚에 허덕이고 있다.

✎ 주식 소통 방정식

첫째, 주식은 누가 사라고 해서 사면 안 된다. 거의 망한다. 스스로 공부하고 찾아서 사야 한다. 이게 주식과 소통하는 첫걸음이다.

둘째, 신용을 끌어쓴다든지 남의 돈을 빌려온다든지 하면 안 된다. 망하는 지름길이다. 반드시 자신의 돈으로, 특히 여윳돈으로 주식을 사야 한다.

셋째, 가장 중요할 수도 있는데, HTS든 MTS든 주식 거래 사이트에 하루 종일 얽매이지 말자. 호가 창을 띄어놓고 오르락내리락하는 가격에 인생을 빼앗기지 말자. 하루 종일 들여다 본다고 주식을 잘하는 것이 아니다. 오전에 10분, 점심시간 때

10분, 오후에 10분처럼 원칙을 정해 놓고 절도 있게 하자. 주식 창을 자주 쳐다보는 것이 소통이 아니라 오히려 불통일 수 있다. 내 삶의 여러 순간들을 주식에 뺏기지 않아야 한다. 소중한 사람들과의 만남도 놓쳐서는 안 된다.

이렇게 과하지 않게, 넘치지 않게 주식을 하면 경제가 보이고 내 삶이 풍성해지는 것을 느낄 수 있다. 꼭 돈을 벌지 않아도 경제를 알게 되면 재미가 있다. 시대의 흐름을 읽을 수 있다. 경제는 모든 분야와 통하기 때문이다. 예를 들면 자율주행 자동차 관련 주가 전반적으로 장을 주도한다면 이와 관련된 사회 문화적인 변화를 읽을 수 있다. 운전자 등의 감소로 인한 일자리의 변화, 자동차 안에서의 여가 활동 증가에 따른 문화적인 변화, 운전에 대한 부담을 덜 수 있기 때문에 장거리 여행도 더 많이 갈 수 있다. 이에 따른 여행 문화의 변화 등 나를 둘러싼 세상의 변화를 읽을 수 있고 소통할 수 있다.

한 가지 더 드는 생각,

왜 조상님들은 돈을 금이 아니라 돌로 봐야 한다고 가르쳤던가? 왜 돈의 가치를 제대로 안 알려 줬을까? 왜 사농공상이라 해서 돈 버는 일을 천시하고 정신적인 가치만 강조했던가? 더 문제인 것은 나는 왜 그런 가르침을 한 번도 의심하지 않고 따랐을까? 모범생이었기 때문이라고 말하지 말라. 어른들의 말씀을 잘 듣는 착한 아이였다고도 말하지 말라. 전통적인 가치를 절대 고수하는 아름다운 후손이라고 말하지 말라. 단지 내 주변이, 특히 경제에 열려 있지 않고 닫혀 있었기 때문이리라. 아니 닫아버렸기 때문이리라. 반성하고 또 반성해야 한다.

이제 돈의 흐름을 들여다보고 더불어 삶의 한 축인 경제에 대해 활짝 열어 놓고 소통해야겠다. 여기서 꼭 말하고 싶은 것은 돈에 욕심이 나서가 아니라, 돈을 반드시 많이 가져야 한다는 것이 아니라, 나의 삶에서 중요한 요소 중의 하나인 경제와 소통해야겠다는 스스로의 다짐이 되겠다.

소통하기
일상에서 찾는 소통의 길

이 주식 괜찮아?

시인의 마음으로 살기
시 소통

한때 시인이 되고 싶은 적이 있었다. 세상을 시로 노래하고 시로 그림을 그리고 싶었다. 그런데 시를 써보니 잘 되질 않았다. 글재주가 영 젬병이라 시인은 불가능할 것 같았다. 그래서 시 쓰기를 관뒀다. 그랬더니 삶이 점점 재미없어지기 시작했다. 무미건조해지기 시작했다.

왜 그럴까? 곰곰이 생각에 빠졌다. 시를 쓸 때는 세상의 결을 느끼려고 노력했던 것 같다. 새소리, 바람 소리, 나무와 꽃, 하늘과 구름, 눈과 비 등 세상의 움직임에 몸과 마음을 열었다. 좋았다. 행복했다. 보이는 모든 것이, 들리는 모든 게 내 친구 같고 나의 일부 같았다. 그런데 시를 잘 쓰지 못한다고, 시인이 될 수 없다고 글을 멈추니 이 모든 좋은 것이, 이 행복이 사라지고 말았다. 그럼 어떻게 해야 하나?

시간이 흘렀다. 그러다가 어느 날 갑자기 이런 생각이 들었다. 시를 쓴다는 게 꼭 시인이 되기 위해서인가? 그저 시만 쓰면 안 될까? 그냥 시가 좋아서 시를 쓰면 되지 않을까? 이때쯤 어느 스님의 글을 마주하게 되었다.

네가 만약
시인이 되기 위해 시를 쓴다면
시가 너를 비웃을 것이요
화가가 되기 위해 그림을 그린다면
그림이 너를 배반할 것이다

네가 만약
시를 쓰고 그림을 그린다면
네 삶이 시가 되고
그림이 되게 하라*

이 글을 보는 순간 큰 울림이 왔다. 그렇다. 언제 내가 시인이 되기 위해 시를 썼던가. 그저 내가 좋아하는 것을 글로 옮겨 봤을 뿐인데, 내 주변의 감탄스러운 것들을 글로 표현한 것인데 말이다. 언제부턴가 감동을 주는 것, 내 마음을 움직이는 어떤 것들에 대해 글로 쓰기 시작했다. 왜 그랬을까? 그냥 감탄만 하고 말았으면 되지 않을까? 왜 굳이 글로 표현하려 했을까? 그건 아마도 그 순간의 끌림을 오랫동안 간직하고 싶었을 것이다. 언제든지 되새김하고 싶어서일 거다.

글이 쌓이니 욕심이 났다. 책으로 한번 내 보자고. 시인의 흉내를 내고 싶었던 것이다. 욕심이 앞서니 원래의 마음, 감탄의 마음이 덜해지

★ 허허당, 바람에게 길을 물으니 네 멋대로 가라 한다(2013)

기 시작했다. 책을 내고 싶다는 생각이 감탄의 마음을 갉아먹은 것이다. 시인이 되고 싶은 욕심이 감동의 마음을 덮어 버린 것이다. 순수했던 처음의 마음이 수증기로 증발해 버리고 없어져 버렸다.

허허당 스님의 말씀대로 시가 나를 비웃기 시작한 것이다.

"니 꼴에 무슨 시인이 된다고 그러니? 니 글을 봐라. 욕심이 가득 찼어. 순수는 보이지 않아. 니 마음이 보이지 않아. 어쭙잖은 시인의 욕망만 보여."

그렇다. 책 내겠다고 욕심을 부리니 글이 되질 않고 시가 시일 리 없게 된 것이다.

그렇다면 어떻게 할 것인가? 답은 간단하다. 욕심을 부리지 않으면 된다. 책을 내겠다는 욕심, 시인이 되겠다는 욕심을 거두면 된다. 그렇게 했다. 욕심을 내지 않기로 했다. 그런데 글이 예전처럼 나오질 않는다. 시가 시답지 않게 됐다. 분명 욕심을 멀리했는데 왜 예전처럼 감동을 담은 시, 순수가 묻어나는 시가 되질 않을까?

또 한동안 고민에 빠졌다. 그러다가 어느 날 술 한잔 걸치고 집으로 돌아오는 길에 하늘을 올려 봤다. 마침 보름달에다가 별들이 많이 보이는 밤이었다. 구름도 엷게 보름달을 띠처럼 두르고 있었다. 참 아름다웠다. 핸드폰을 꺼내 글을 쓰기 시작했다.

퇴근 길

뭐가 저리도 좋은지 달은 웃음보가 터진다

웃다가 웃다가 보름달이 되어

그 웃음을 온 세상에 내보인다

화~안하게

구름도 엷은 띠를 흔들며 덩실거리고

별들도 윙크를 하며 밝게 빛을 낸다

오늘밤 어찌 집에 돌어갈 수 있을는지

2024. 1. 28.

　글을 쓰다 보니 예전의 그 마음, 처음의 그 마음이 살짝 보였다. 그렇다. 시를 쓴다기보다 그냥 내 마음을 글로 표현하면 된다. 마음이 벅차오르면 그 순간을 표현하면 된다. 아름다운 것을 보면 이걸 글로 옮기면 된다.

　힘들고 고통스러우면 이것 또한 글로 마음을 드러내면 된다. 시를 쓴다기보다 나의 일상과 느낌을 짧은 글로 옮긴다고 생각하면 된다. 그랬더니 처음의 마음, 순수의 마음, 감동의 마음이 조금씩 보이기 시작한다.

　누구에게나 이런 마음은 다 있다. 순수의 마음, 어릴 적 골목에서 뛰놀던 어린아이의 마음, 산과 들로 뛰어다니며 메뚜기 잡고 아카시아 꽃잎 따먹던 아이의 마음, 이건 누구에게나 있는 원래의 마음이다. 이

런 마음을 내보이기 위해서는, 아니 이런 마음을 간직하기 위해서는, 이런 마음을 갈고닦기 위해서는 글을 쓰면 된다. 길 필요도 없다. 짧은 마음의 글을 쓰면 된다. 있는 그대로의 느낌을 꾸미지 말고 자연스럽게 내보이면 된다.

이렇게 살다 보면 짧은 글이 시가 되는 것이 아닐까? 그 어떤 누구도 흉내 낼 수 없는 나만의 마음이 살아 움직이게 되는 것이 아닐까? 내 마음이 숨김없이 나타난다면 이게 시다. 시가 특별한 것은 아니지 않는가?

그렇다. 시를 쓰기보다는 시인의 마음으로 살면 된다. 시인의 마음으로 산다는 것은 세상을 시인의 눈으로 보는 것이다. 시인의 눈은 별 것 아니다.

세상의 결을 온 마음과 온몸으로 느끼는 것이다. 몸과 맘을 다 열어 놓고 세상과 소통하는 것이다. 하늘의 구름이 흘러가는 것을 유심히 쳐다보며 구름 위로 날아오르는 것이다. 예쁜 꽃을 보며 그 빛깔과 향기에 감탄하는 것이다. 비오는 날 흙냄새를 가슴 깊숙이 들이마시는 것이다. 그냥 지나칠 수 있는 것들에 생명을 불어넣는 것이다. 평소에 눈여겨 보지 않았던 것들에게 감사하고 소중한 마음을 가지는 것이다.

세상의 아름다움뿐만 아니라 아픔과 고통도 함께하는 것이다. 세월호와 이태원의 희생자를 생각하며 눈물 흘리는 것도 시인의 마음으로 사는 것이다. 자연재해로 힘든 생활을 하고 있는 사람들에게 따뜻한 시선을 주는 것도 시인의 마음인 것이다. 평소 어렵고 힘든 사람들을 보듬어 주는 것이 시인의 마음으로 사는 것이다.

내 마음의 움직임을, 내 속에서 일어나고 있는 감정의 흐름을 찬찬히 살펴보는 것이 시인의 마음으로 사는 것이다. 내 마음이 감탄하는 것을 있는 그대로 내놓는 것이다. 내 마음이 아파하는 것을 어루만져 주는 것이기도 하다.

시인의 마음으로 산다는 것은 세상과 눈을 맞추며 윙크하는 것이다. 내가 세상에 윙크하면 세상도 나에게 윙크한다. 윙크란 호감의 표시 아닌가. 좋아서 미소를 날리는 것과 같지 않은가. 그대에게 관심이 있다는 신호가 아닌가. 시인의 마음은 이렇게 세상에 내 마음을 내놓는 것이다. 아무런 조건 없이 나를 내려놓는 것이다. 나를 가두는 울타리를 차고 나오는 것이다. 세상 속으로 나를 내던지는 것이다. 세상과 내가 따로일 수 없다는 것을 아는 것이다. 세상과 내가 하나로 연결되어 있음을 느끼는 것이다.

시인의 마음으로 살려고 노력하니 온 세상이 다 안기는 기분이다. 세상의 숨결이 한 올 한 올 다 느껴진다. 더불어 가슴이 따뜻해진다. 세상 모든 것이 다 내 친구가 된다. 언제 어디서든 나를 반겨주는 친구 말이다. 무슨 말을 해도 무슨 행동을 해도 다 이해해 주는 친구 말이다. 그래서 늘 즐겁다. 행복하다. 언제든 기댈 수 있으니까. 언제든 찾아갈 수 있으니까. 늘 위로 받고 항상 사랑받고 있다는 마음이 드니까. 누군가에게 사랑 받고 있다는 생각만으로도 가슴이 벅차오른다.

시인의 마음으로 살고자 하니 세상 모든 것이 나를 사랑해주는 것 같다. 바람이 불어도, 비가 와도, 눈이 내려도, 이 모든 게 나를 사랑하는 세상의 마음 같다. 그래서 비가 오면 괜히 비를 맞고 싶다. 눈이 내리면 흰 눈 속에서 뛰어다니고 싶다. 바람 부는 날이면 돛단배가 되어 바람을 안고 머리카락 휘날리며 천지를 돌아다니고 싶다. 세상이 주는 사랑을 한껏 느끼고 싶다.

그 사랑으로 나의 몸과 마음을 물들이고 싶다. 그래서 세상의 사랑을 가득 품은 사람이 되어 그 사랑을 다시 모든 사람들에게, 또 세상에게 돌려주고 싶다.

시인의 마음을 놓치지 않아야겠다. 시를 쓰기보다 시인의 마음으로 살아야겠다. 내 삶을 시가 될 수 있도록 수놓아야겠다. 한 땀 한 땀 시인의 마음으로.

시인의 마음은

아이의 눈을 갖는 것
철없이 경계 없이
세상 모든 걸 사랑하는 마음이 된다는 것

2021. 7. 19.

시인의 마음으로 살려는 노력, 세상과 소통하고 하나가 되려는 노력을 살짝 소개한다.

창밖 마당의 나무에 연한 햇살이 와닿는다. 참 곱다. 맑기도 하다. 어떻게 햇빛이 저렇게 연하고 맑을 수 있을까? 구름이 한꺼풀 빛을 걸러내서일까? 고운 나무에 햇빛이 내려앉기가 수줍어서일까? 서재에 앉아 연한 빛을 받은 고운 나무를 한없이 쳐다본다.

은근하게

해를 은근하게 받은 나무는
목욕탕에서 이제 갓 나온
어린아이마냥 순수하다
이 순수에 오늘 하루
기대 볼 참이다

2024. 1. 16.

집에 작은 마당이 하나 있다. 마당을 보며 멍때리기를 즐긴다. 멍하니 마당만 쳐다본다. 그렇게 있노라면 새들이 날아들고 바람이 살랑인다. 봄에는 철쭉이 빨강 분홍 하얀색으로 치장하고 내 마음을 뺏어간다. 벌이며 나비들이 철쭉 사이를 넘나들며 춤을 춘다. 여름에는 한바탕 퍼붓는 비를 보느라 시간 가는 줄 모른다. 창문을 열고 비에 젖은 흙냄새를 깊숙이 들이마신다. 가을에는 붉게 익은 감이 떨어질까 말까 긴장하며 쳐다보기도 한다. 새들이 날아와 쪼아 먹기를 기다리기도 한

다. 함박눈이 펑펑 내리는 겨울이 되면 마당은 온통 솜이불이 된다. 뛰쳐나가 발자국도 새기고 눈을 뭉쳐 담 너머로 던져보기도 한다. 이렇듯 마당은 사시사철 무한대로 변신하며 즐거움을 선물한다.

아름다운 다툼

언제부턴가
집 마당에
진달래가 날아와
피기 시작했다

소나무 아래서
조용히
젤 먼저
봄소식을 전한다

자목련과 앵두꽃도
질세라
피어난다
철쭉도
막 터질듯이
꽃몽우리를 내민다

세상에나
이렇게 아름다운 다툼도
또 있을까

나도 함께 다투어 본다
봄 기운 가득 먹은
마당 안에서

2019. 4. 13.

떨어지다

비가 쏟아진다
마당의 감이 위태롭다
그동안 얼마나 많은 감이 떨어졌는데

그래도 메달려 있는 감이 말한다
내가 이리 실한 것은
얘네들이 떨어져준 덕분이라고
나도
누군가를 위해
떨어져 볼 수 있다면

2017. 8. 23.

가을 장미

장미가 왜 이 가을에 피었지?
묻지 마라 토 달지 마라
가을 구경 나왔나 보지
너무 감동해 붉은 눈물을 뚝뚝 흘린다
그래서 뒷태가 봄보다 더 붉다

가을과 봄이 뒤섞여
시간을 희롱하는 이 숨막히는 아름다움
우리 인간들만 시간에 갇혀 있는 건 아닌지
시간을 뛰어넘어 시간을 갖고 놀아보자

2020. 11. 7.

눈

신혼부부의 추억이 수줍게 숨어 있는
이불 속 새하얀 솜
그 순백의 역사
끝 간 데 없이 폭신한
심연의 부드러움이여
난 지금 그 속을
황홀하게 걷고 있다

2023. 1. 26.

　아침이면 햇살이 마당을 조금씩 비춘다. 그러다가 차츰 물감 번지듯 햇빛이 마당을 물들인다. 새들도 어디선가 날아와 이 햇살을 즐긴다. 나무와 잔디에 내려앉아 열심히 햇살 목욕을 한다. 좀 더 자세히 보려고 조심스럽게 창문을 연다. 그리고 새소리와 함께 아침 공기를 폐 깊숙이 들이마신다. 청아한 아침 공기가 온몸을 감싼다. 여기에 모닝커피 한 모금을 더하면 세상에나 이런 천국이 또 있을까.

잔　치

잔치가 벌어졌다
비 그친 뒤 온갖 새들의 노랫소리로 가득하다

울 집 마당에 참새들이 데굴데굴 굴러 다닌다
덩달아 흰 나비 한 마리도 노란 꽃 위에서 춤춘다
비 먹은 공기도 흥겨워 향긋한 냄새로
내 코를 매만진다
모닝커피 향내 가득한 코는
이게 웬 떡이냐며 벌렁인다
젠장 오늘 할 일 접어야겠다
온종일 쟤네들 잔치에 함께하리

2021. 6. 26.

점심때다. 신기한 것은 새들도 점심을 먹으러 우리 집 마당을 찾는다는 것이다. 아침에 온 새가 점심 때가 되어서야 나타난다. 이 친구들도 밥때를 아는 것 같다. 새소리가 얼마나 맑고 아름다운지 그 소리를 멍하니 듣다 보면 스르르 잠이 온다. 기분 좋은 낮잠을 깊게 자게 된다.

저녁 때가 다가온다. 이때쯤이면 서재의 전등을 끈다. 어슴푸레한 빛이 사라져 가는 모습을 멍하니 본다. 낮이 밤이 되는 순간을 놓치지 않기 위해 내 방의 모든 불은 끈다.

회색빛 가득한 마당은 참 아름답다. 마음의 평화를 준다. 고요한 마당의 소리를 듣는다. 고요한데 소리가 있다. 아름다운 침묵의 소리, 온 세상을 다 안겨 주는 평화의 소리. 마당이 가져다주는 회색빛 평화, 가슴이 벅차오른다. 멍하니 보고 있노라면 어느새 밤이다. 낮이 밤이 된다. 경계가 없다. 스르륵 낮이 밤으로 갔다. 또다시 밤이 스르륵 낮이 될 것이다.

저 녁

옅은 저녁이다
그 평온함에 푸욱 빠지고 있다
덜컹 마당에 불이 켜진다
가로등도 들어왔다
저녁이 저녁다워지려 하는데
가만두질 않는구나
불빛들이여
이럴 땐 좀 참아주지

2020. 2. 13.

우리는 낮과 밤이 분명히 나눠지는 것으로 일반적으로 생각한다. 환한 낮과 까만 밤.

물론 저녁도 있다. 그러나 밝고 어두운 것으로 둘을 나눴다. 경계를 만든 것이다. 명확한 선을 긋고 있었는지도 모른다. 그러나 실제로는 경계가 없다. 슬며시 낮이 밤이 된다. 아주 자연스럽게. 언제 어두워졌는지 모른다.

경 계

해변 가에 차를 댔다
지는 해를 어두워질 때까지 온전히 지켜보려고
트렁크 문을 열고 앉았다
밝음과 어둠의 마디를 분명 볼 수 있으리라 생각했는데
어느 순간 어두워졌다
마디 없이 경계 없이
무릇 삶도 그러할진데
경계 없이 살지어다

2020. 9. 11.

어쩌면 우리는 경계 지우면서, 나눠지면서 살아왔는지 모른다. 남자
와 여자를 구분하고 서울과 지방을 경계 짓고 부자와 빈자를 나누면
서. 사실 우리의 인식 속에는 항상 동일한 것들끼리 묶어내려는 관성
이 지배하고 있는지도 모르겠다. 유사한 것을 묶어내고 비슷한 사람끼
리 뭉치고. 유사하거나 비슷하지 않으면 이상한 것, 정상이 아닌 사람
으로 쉽게 치부한다. 우리와 다른 사람들을 주변으로 밀어낸다.

마당을 마주 하고 멍때리다 보면 자연의 이치를 어렴풋이 알게 된
다. 세상은 명확하게 경계지워지는 것이 아니라는, 나누고 구분되지
않는다는 것을, 만물은 하나라는 것을, 차이지고 다르지만 경계 없이

일체라는 것을, 그래서 너나 나나 다 똑같은 사람이라는 것을 알게 된다. 그 사람이 어떤 환경 속에 있든지 나와 같은 인간이라는 것을 알게 된다. 그래서 편견 없이 활짝 열어 놓고 소통해야 한다. 저녁 마당을 보면서 드는 생각이다.

　밤엔 산책하는 것을 좋아한다. 특히 한잔 걸치고 난 다음 음악을 들으며 동네 공원 한 바퀴 도는 것을 즐긴다. 어떨 땐 한 바퀴가 아니라 열 바퀴도 넘게 도는 것 같다. 밤공기에 취하고 달과 별에도 취한다. 여기에 술 한잔까지 걸쳤으니 온 세상이 다 내 것이다. 부자가 된 기분으로 하늘을 본다. 달빛이 은은히 빛나고 있다. 엷은 구름 사이로 숨어 있는 별들도 보인다. 한참을 보고 있노라면 별들이 밝게 반짝이기 시작한다.

사　모

저를 좀 쳐다 봐 주세요
까아만 하늘
소나무 숲 너머로
별 하나가 반짝이지만
쳐다볼수록 무수한 별들이 보일 테니까요
전 그렇게 어둠속에 숨어 있어요
그치만

그대를 위해서
숨어 있지만은 않을 게요
늘 그대를 위해 빛나고 있다는 걸
잊지 마세요

2020. 10. 10.

아지트가 많다. 나만의 비밀 본부를 꽤 많이 만들어 놨다. 사실 만들었다기보다 정해놨다고 하는 것이 맞다. 동네 도서관이나 뒷산, 인근 계곡 등 누구나 다 갈 수 있는 곳이다. 하지만 그곳 어디엔가 나 혼자만의 공간을 스스로 정해 놨다. 그곳에 언제든지 찾아가면 나를 닦고 광낼 수 있다. 세상 시름 다 내려놓고 오로지 나만을 직시할 수 있다. 내가 잘 살

고 있는지, 내가 어디로 가고 있는지, 나의 꿈은 뭔지 등등. 조금 있으면 육십 줄에 접어들지만 아지트에서 내 꿈에 대해 생각할 수 있다. 잃어버릴 수 있는 꿈을 자꾸 꺼내어 되새김한다. 그리고 또 다른 꿈을 꿈꾸기도 한다.

아지트에서 나는 어린아이가 된다. 물장구도 치고 발가벗고 미역도 감는다. 물소리 들으며 낮잠도 자고 지는 해를 보며 괜히 외로워하기

도 한다. 나만의 숲 목욕을 하기도 하고 도서관 구석진 아지트에서 수 많은 책들을 나의 것인 양 하나하나 꺼내 보기도 한다. 뛰어다니며 천 변의 물 냄새를 맡고 오리며 잉어며 같이 놀기도 한다. 혼자서 청국장 을 완전 음미하면서 먹기도 하고, 나 홀로 찻잔을 앞에 놓고 고독을 씹 기도 한다. 포도주 한 병 들고 뒷산 동산에 앉아 하염없이 청승을 떨기 도 한다. 전철 타고 교외로 나가 맥주 한 캔에 감동하기도 한다.

술

참
술이
좋은 것은

온 세상의 속살을 다
느낄 수 있어서다

맥주 한 캔이
이렇듯
행복의 도가니에 빠지게 하다니

온 우주를 품에 안을 듯 싶다

2023. 10. 27. 청평 자전거 길 옆 아지트

아지트에선 오로지 나뿐이다. 나와 내가 대화한다. 내가 행복할 수 있는 방법을 찾는다. 나를 사랑할 수 있는 방법을 찾는다. 그래서 나의 행복이, 나의 사랑이, 다른 사람에게, 세상에 퍼질 수 있도록 노력한다.

왠지 비밀 본부에서는 어릴 적에 놀던 것처럼 친구들이 생각난다. 우리들만의 비밀이 있는 것처럼. 그래서 나이 들어도 동심에 빠진다. 아지트에서는 철이 들지 않는다.

아지트

친구들아 너희들은
나의 아지트

고마우이

친구는 늘
나의 본부
뭔 말을 하든
뭔 행동을 하든

킥킥 낄낄
다 보듬어 준다

2023. 11. 2. 양재 도서관 숲

점심 후에

친구야 왜 간다 했더뇨
이렇게 좋은 계곡을 마다하고
내가 그랬잖아 멋진 아지트가 나올 거라고
36도 더위에 불쌍하다
난 신선 놀음을 하고 있는데
오늘 점심 낙지볶음이면 충분하더냐
여기에서 나와 함께
이 계곡물을
후식으로 했으면 더 좋았을 걸

2021. 7. 22. 관악산 계곡

내 삶이 시가 되면 얼마나 좋을까? 다시 한 번 다짐해 본다. 시처럼 살아야겠다. 시인이 되기 위해 살지 말고 시인의 마음으로 살아야겠다. 그래서 온 세상을 내 친구로 삼아야겠다. 언제나 반갑고 좋은 친구를 늘 곁에 두는 것처럼 세상을 꼭 껴안고 사랑하며 살아야겠다.

소통하기
일상에서 찾는 소통의 길

책을 찾아라

책 소통

한 남자가 식탁 주위를 샅샅이 뒤진다.

뭔가를 찾고 있는 것이 분명하다. 상황을 보아하니 다급하다. 굉장히 절실하다.

남자는 지금 책을 찾고 있다.

남자가 찾고 있는 책에 돈이 숨겨졌나? 아니면 중요한 뭔가가 있는 걸까?

남자의 다급한 모습이 단순히 책을 읽고 싶어서 찾는 것 같지 않다. 과연 이 예상은 맞을까?

카메라 롱 샷에서 천천히 다가간다. 점점 남자의 표정이 드러난다. 역시 절실하고 다급한 표정이다.

영호 : 아니 책이 어디로 갔지? 미치겠네. 또 마누라가 치운 거 아냐?

남자는 식탁 주변을 뒤지다가 이제는 주방 수납장을 뒤지기 시작한다. 혹시 그릇 넣는 곳에 있을까? 혹시 접시 사이에 있을까? 허겁지겁 모든 수납장 문을 열어젖히고 머리를 처박고 찾아본다. 높은 곳은 까치발을 하며 찾아보지만 작은 키에 허둥대기만 한다. 급기야 식탁 의

자를 가져와 그 위에 올라서서 또 머리를 처박는다. 아무리 찾아봐도 책은 보이지 않는다. 이제 주방의 모든 수납장 문이 열렸다. 수납장 속에는 책이 없다는 뜻이다. 활짝 열린 하얀색의 수납장 문이 흡사 날개를 펼친 학 같다. 하얀 날갯짓을 하며 막 날아 오르려는 듯이. 그런데 아름다워야 할 학의 날개가 왠지 지저분해 보인다. 흰색 날개가 못나 보이는 것은 무엇 때문일까?

영호 : (계속 수납장 안을 뒤지며) 이 마누라가 대체 어디로 치운 거야? 분명히 마누라 짓인데….

남자는 군시렁군시렁거리며 이제는 식기 세척기까지 열어본다. 으엑! 세척이 되지 않은 식기들이 남자를 자극한다. 덕지덕지 음식 찌꺼기가 붙어 있는 식기들이 자신의 몰골 같다. 남자의 기분처럼 지저분하다. 역시 책은 보이지 않는다. 이번엔 씽크대 밑도 찾아본다. 지난번에 음식 분쇄기가 고장 나서 씽크대 밑을 들여다 본 적이 있다. 온갖 주방 소품들로 가득 채워져 있었다. 남자는 혹시 널브러진 소품들 사이에 책이 있을지도 모른다는 기대감으로 지금 씽크대 밑을 뒤지고 있다. 그러나 책은 없다.

영호 : (화가 머리 끝까지 차올라 소리치며) 야아. 이 마누라야 책 내놔!

그러나 돌아오는 대답은 없다. 어지럽게 하얀 날개를 활짝 편 학들만 있을 뿐 그 어떤 소리도 없다. 남자의 고함 소리만 주방에 가득하

다. 그 고함 소리가 주방의 그릇이며 접시에 부딪혀 메아리로 돌아오는 것처럼 공허함만 남았다. 메아리로 돌아올 리가 만무하겠지만 어쨌던 그 어떤 소리도 없을 정도로 적막하다.

카메라 천천히 빠지면 낙담한 남자의 실망스러운 모습과 이리저리 어지럽혀진 주방이 묘한 조화를 이룬다. 카메라는 거실까지 빠지면서 온 집안의 모습을 보여준다. 늦은 아침 햇살이 물을 달라며 재촉하는 작은 화분에 와닿는다. 마치 남자가 책을 달라며 보채는 것처럼 화분 속의 이름 모를 식물도 물을 갈구한다.

Flash Back
5일 전.

같은 주방이다. 마찬가지로 늦은 아침이다. 남자는 커피를 든 아내와 같이 앉아 있다. 남자 앞에는 책이 펼쳐져 있다. 그 옆에 있는 접시에는 이제 막 해치운 계란프라이의 잔해가 남아 있다.

아내 : (톤이 높은 날카로운 목소리로) 책 좀 딴 데서 보면 안 돼? 꼭 주방에서 봐야 돼?
영호 : (귀찮다는 듯이 계속 책보며) 왜? 여기서 보면 안 돼?
아내 : 아니 몇 번이나 말했잖아. 내가 왔다갔다 반찬도 해야 하고 설거지도 해야 하고 주방에서 일을 해야 하는데 당신이 그러고 있으니까 거치적거리잖아.

영호 : (똑같이 귀찮다는 듯이 성의 없이) 가만히 앉아 있는데 왜 거치적거려? 그냥 당신 일 하면 되지.

아내 : (톤이 더 높아지며) 내가 싫어! 책은 아래층 서재에서 얼마든지 볼 수 있잖아. 왜 밥 먹는 식탁에서 봐야 돼? 난 당신이 여기서 책 보는 게 싫어. 무조건 싫어. 한두 번도 아니고 내가 몇 번이나 말했어? 내 말 무시하는 거잖아.

영호 : (아내가 그러거나 말거나 심드렁하게) 여기서 보는 책이 있고 서재에서 보는 책이 따로 있어. 나도 여러 번 말했다. 그만해라.

아내 : (꼭지가 돌아 이젠 소리치며) 왜? 왜? 왜? 왜 여기냔 말이야. 내가 그렇게 싫다는데. 왜 내 말을 무시해? 엉?

영호 : (이런 상황을 여러 번 겪어 봐서 알기 때문에 또 심드렁하게) 식사 중간중간에 1분 2분씩 책을 본다고 했잖아. 물 마실 때, 사과 먹을 때, 프라이 하는 중간에, 커피 내리며 기다릴 때 이렇게 보는 것이 내 습관이….

아내 : (영호의 말을 딱 끊으며) 그 습관 좀 고치라고 몇 번이나 말했어? 꼭 그렇게 봐야 할 이유가 없잖아. 굳이 여기서!

영호 : (자세히 설명하려다 말고 대충) 짬짬이 보는 게 좋아. 따로 시간 내서 책 볼 필요 없이. 특히 소설은….

아내 : (또 말을 딱 끊으며) 나도 필요 없어! 특히 여기서 책 보는 것은. 알겠어? (하며 안방, 아니 지금은 자기 방으로 쏙 들어가 버린다.)

영호는 그러거나 말거나 계속 책에서 눈을 떼지 않는다. 눈치챘겠지만 두 사람은 각 방을 쓰고 있다. 둘 사이가 별로 좋지 않다, 언제부터인지 모르겠지만. 이제 영호가 자리에서 일어난다.

Back to Now
현재.

이제 우리는 알게 되었다. 남자가 책을 찾는 이유는 거창한 것이 아니었다. 책의 순수한 기능, 바로 '읽을거리'였던 것이다. 읽고 싶은 책을 찾느라 그 난리를 친 것이다. 그런데 정말 그럴까? 단순히 읽고 싶은 책을 찾느라 온 주방을 헤집었던 걸까?

남자가 거실에 앉아 있다. 지쳐 보인다. 아마 책을 찾느라 그랬을 것이다. 뭔가 골똘히 생각하고 있다. 남자는 아내에게 책에 대해 자세히 설명해줄 걸 후회하고 있다. 사실 남자는 한꺼번에 다양한 책을 읽는다. 무슨 말이냐 하면 장소와 시간에 따라 읽는 책의 종류가 다르다. 한 권을 다 읽고 나서 다른 책을 보는 것이 아니라 여러 권의 책을 나누어서 번갈아가며 읽는다. 자, 그럼 자세히 설명해 보겠다.

방금 일어난 상황처럼 아침 식사 때는 주로 소설을 읽는다. 소설은 부담 없이 쉽게 읽을 수 있는 장점이 있다. 많은 생각을 하며 집중해서 읽지 않아도 된다. 분석하거나 증명할 필요가 없다. 그야말로 심심풀이 땅콩으로 가볍게 읽을 수 있다. 그리고 재미있다. 그래서 남자는 아침을 먹을 때 가볍게 소설을 읽는다. 10분 20분씩 긴 시간을 할애하며 보지 않는다. 짬짬이 틈나는 대로 읽는다.

남자는 우엉차를 즐겨 마신다. 빈속에 따뜻한 우엉차를 세 잔 정도 마신다. 차를 마실 때 소설을 읽는다. 차의 향내와 따뜻한 온기를 느끼면서 한 소절 한 소절 읽는다. 그런 다음 사과 한 개를 껍질째 먹는다. 이때는 책을 보지 않는다. 오롯이 사과 맛을 음미한다. 그다음은 계란 프라이를 한다. 불을 붙이고 프라이팬에 기름을 붓고 계란 두 개를 올린다. 다 익기를 기다리면서 소설을 본다. 아마 40~50초쯤 될 것이다. 그래도 한두 페이지 정도는 볼 수 있다. 프라이를 먹는다. 다 먹은 다음 커피를 내린다. 이때 책을 볼 틈이 많이 생긴다. 커피 머신이 가동 준비를 할 때 30초 정도, 원두가 분쇄되면서 커피가 내려질 때 15초 정도, 그리고 커피 향이 처음 퍼질 때 약 30초 정도, 이 틈을 이용해 책을 본다. 물론 시간은 정확하지 않다. 남자가 대충 짐작하는 시간이다. 어쨌든 이렇게 자투리 시간을 이용해 소설을 본다.

남자는 현재 '돈키호테'를 읽고 있다. 당연히 청소년기에 읽어 본 것이지만 다시 읽는다. 언제부턴가 원전 전체를 읽고 싶었다. 주요 부분만 발췌해서 간편식으로 편집한 소설은 왠지 부족하다는 생각이 들었다. 그래서 요즈음 고전 소설을 찬찬히 읽으려 한다. 800페이지가 넘는 돈키호테 번역본을 읽고 있다. 살바도르 달리의 삽화가 그려져 있는 특별본을 읽는다. 달리의 그림도 감상하면서 천천히 부담스럽지 않게 읽고 있다. 남자는 생각한다. 만약에 이걸 한 번에 다 읽으려고 하

면 얼마나 부담스러울까? 그런데 틈틈이 본 것이 이제 거의 다 읽어 간다.

　시간이 얼마나 걸렸는지 궁금해서 책 구매한 날짜를 본다. 작년 7월에 샀으니 거의 10개월이나 걸린 셈이다. 남자도 놀란다. 이렇게 시간이 많이 걸린 줄은 몰랐다. 또 한편으로는 뿌듯하다. 짬짬이 부담 없이 읽었는데 이 두꺼운 책을 다 읽었다니. 성취감도 느껴진다.

　아침 시간 이외에는 책을 어떻게 읽느냐? 이건 이렇다.

　먼저 책을 종류별로 구입한다. 이론 책, 교양 서적, 자기 개발 서적, 시집 등으로 나눈다. 이론 서적에는 철학 관련, 경제 관련 등 학문적 색채가 강한 것을 구입한다. 좀 어렵고 읽기 힘들지만 평소 관심 있고 알고 싶은 내용을 중심으로 준비한다. 예를 들면 포스트모더니즘이나 카오스 이론 등과 같은 책들이 있다. 교양 서적은 부담 없이 재미로 읽으면서 삶을 풍성하게 해주는 책들이 여기에 해당한다. 클래식 관련 책이나 미술 책, 영화 관련 책들을 읽으면 일상에서 접하는 것들을 더 잘 알 수 있어서 살아가는 데 재미를 준다. 자기 개발 서적은 자신을 되돌아보고 자신의 정신을 살찌우는 책이다. 스님들이 쓴 잠언집이나 명상록 등이 여기에 해당한다. 남자는 잠들기 전에 이런 책들을 본다. 자신을 가다듬고 삶을 대하는 자세를 배운다. 잠 들기 전에 침대에 누워서 좋은 글들을 되새겨 보기도 한다. 시집도 꼭 준비한다. 인생과 자연을 노래한 시집을 읽으면서 놓치기 쉬운 세상의 아름다움을 알고자 노력한다.

　남자는 이런 책을 한 권 한 권 따로 보지 않는다. 책 한 권을 다 읽은 다음에 다른 책을 읽는 일반적인 독서 방법을 따르지 않는다. 이렇게 읽어 보니 읽는 재미가 없다. 책 한 권을 끝내는 데 시간이 너무 걸려서 따분하기도 하다. 특히 이론서의 경우는 한 권을 독파하기가 참 힘들다. 책 읽기가 싫어진다. 그래서 책을 멀리하게 되고 다른 짓을 자꾸 하게 된다. 게임을 하거나 유튜브를 보거나 하면서 시간을 죽이기 일쑤였다.

　그래서 남자는 이런 책들을 섞어가면서 동시에 읽는다. 하루 일과 중 주요 업무를 하기 전에 약 30분 정도 책을 먼저 본다. 이론 서적 10분, 교양 서적 10분, 자기 개발 서적 10분 하는 식으로 말이다. 이렇게 읽어 보니 어려운 이론서도 잘 읽힌다. 왜냐하면 10분만 보면 되기 때문이다. 짧게 본다는 생각이 책 읽는 부담감을 덜어 준다. 교양 서적도 더 집중해서 볼 수 있다. 책 내용이 더 잘 와닿는다. 자기 개발 책도 천천히 음미하면서 읽을 수 있다.

　마음을 다스리는 법과 깨달음을 찬찬히 곱씹으면서 내 것으로 체화할 수 있어서 좋다. 많이 읽을 필요도 없다. 하나의 단어, 한 구절, 그리고 행간의 의미를 충분히 생각하면서 읽는다. 자신을 가다듬을 수 있다. 시집도 꺼내 보면서 삶의 아름다움을 느낀다. 여러 편의 시를 읽을 필요가 없다. 한 편이면 충분하다. 가슴에 와닿는 한 편의 시가 나

타나면 넉넉히 느끼기만 하면 된다. 남자는 이렇게 여러 권의 책을 입체적으로 읽으려 노력한다.

하루 일과 중간중간에 30분 정도 시간을 내서 책을 이런 방식으로 읽는 것은 충분히 할 수 있는 일이다. 점심 먹기 전 30분, 저녁 먹기 전 30분, 잠들기 전 30분처럼 자투리 시간을 이용하여 편하게 독서를 할 수 있다. 꼭 30분이 아니어도 좋다. 10분이든 5분이든 틈나는 대로 책을 섞어가며 읽을 수 있다. 또 남자는 진도 빼기에 급급해하지 않는다. 빨리 읽으려 하면 할수록 독서가 부담스럽다. 천천히 즐기면서 읽는다. 책을 빨리 읽고 싶다는 것은 더 많은 책을 보고 싶은 욕심 때문이기도 하다. 책에 욕심을 부리기 때문이다. 남자는 그 욕심을 멀리하려 노력한다. 책을 열심히 읽되 욕심내지 않는다.

남자는 이런 독서 습관을 지금껏 유지하고 있다. 자신의 삶이 풍성해지는 걸 느낀다. 하루하루가 똑같지 않아서 좋다. 다람쥐 쳇바퀴 돌듯 반복되는 일상에 변화를 줄 수 있다. 책을 읽으니 정신이 풍성해지고 정신이 풍성해지니 하루가 다채로워진다. 그래서 항상 새롭고 늘 그다음 날이 기대된다.

남자는 자신의 책 읽기 방법을 '자투리 시간에 입체적으로 읽기'라고 요약할 수 있다고 생각한다. 이걸 아내에게 진작 설명했으면 어땠을까 생각한다. 만약에 설명했다면 식탁에서 책 읽기를 허용했을까? 아니면 그래도 서재에서만 읽으라고 했을까? 알 수 없는 일이다.

철커덕. 현관문이 열린다. 아내가 나타난다. 운동복 차림이다. 아마도 집 앞 공원을 산책하고 온 것일 거다.

영호 : (화가 나지만 참고) 책 어디다 뒀어?

아내 : (무관심하게) 몰라. 잘 찾아봐.

영호 : (그래도 참으며) 당신이 알 거 아냐? 당신이 숨겼잖아.

아내 : 숨기지 않았어, 갖다 놨을 뿐이야.

영호 : 그러니까 어디다 뒀냐니까?

아내 : 그 책 있는 장소가 당신이 읽을 장소야. 이제 식탁에서 보지 마.

영호 : 알았어 알았다고. 말해, 그 장소.

아내 : 그건 안 돼. 당신이 직접 찾아야 해.

영호 : 왜?

아내 : 찾으면서 생각 좀 해봐. 내가 그동안 얼마나 불편했는지.

영호 : (화가 폭발한다.) 뭐? 생각하라고? 그래 생각한다 생각해. 꼴랑 몇 분 책 보는 게 그렇게 싫었어? 그게 당신 주방일 하는 데 그렇게 방해가 됐어? 말 같은 소리를 해야지. 이건 그냥 내가 싫은 거야. 책이 싫은 것이 아니라. 언제부터 내가 그렇게 보기 싫었어? 아님 남자가 생긴 거야? 도무지 이해가 안 돼. 이렇게 살 거면 당장 이혼해. 헤어지자고.

이렇게 소리치고 난리를 부리고 싶지만 남자는 참기로 한다. 상상만 해도 이러면 안 될 것 같다. 그동안 함께 살아온 세월이 파국만은 막자고 한다. 켜켜이 쌓인 추억과 정이 남자로 하여금 참도록 만든다. 아이들도 눈에 밟힌다. 무엇보다 남자는 아내를 사랑하고 있다. 약간의 갈

등이 있지만 아내의 목소리만 들어도 좋다. 지금처럼 앙칼진 목소리도 있지만 늘 쾌활하고 경쾌한 아내가 좋다. 그리고 어린아이 같은 눈이 참 좋다. 순수하고 맑은 눈빛이 너무 좋다. 이게 사랑이 아니고 무엇인가? 남자는 순순히 아내의 뜻에 따르기로 한다.

영호 : (백기를 드는 심정으로) 알았어. 내가 찾아볼게. 찾으면서 당신 마음 짚어볼게.
아내 : (눈이 땡그래지며) 웬일이야? 이렇게 쉽게 백기를 들고.
영호 : 난 항상 백기야. 당신한테. 이제부턴 식탁에서 책 안 볼게. 서재에서만 볼게.

이렇게 말한 남자는 가슴이 좀 쓰리다. 아무데서나 틈틈이 책을 보고 싶은 나름대로의 방식이 깨져 버리는 것 같아서. 아침에 식사 중간에 짬짬이 보는 재미를 놓아야 한다고 생각하니 답답하기도 하다. 그러나 어쩌랴. 아내가 이토록 싫어하니 따를 수밖에 없다. 시쳇말로 가정의 평화를 위해서. 아니다. 사랑하는 아내를 위해서.

남자는 아래층 서재로 내려간다. 카메라는 남자의 뒷모습을 따라간다. 웬지 남자의 뒷모습은 외롭고 쓸쓸하다. 50대 중반 남성들 대부분이 그렇듯 힘없고 나약해 보인다. 집안에서 와이프에게 모든 주도권을 내준 일반적인 가정처럼.

이제 남자는 서재를 뒤지기 시작한다. 서재에서 잃어버린 책을 찾기란 더 어렵다. 주방에서는 식기들과 뚜렷이 구분되지만 서재에서는 다 같은 책이 아닌가. 남자는 머리가 아프다. 어디서부터 손을 대야 할지 난감하다.

아래층 서재는 마당으로 난 큰 창문을 배경으로 책상과 책장이 놓여 있다. 남자는 주로 마당을 보면서 글을 쓰고 책을 읽고 명상도 한다. 창문 넘어 보이는 마당이 남자의 상상력과 창의력의 원천이라고 말할 수 있다. 바람에 흔들리는 나무들, 때가 되면 찾아오는 새들, 계절마다 옷을 갈아입는 화초들, 비와 눈을 맞으며 변신하는 마당은 남자에게 큰 위안과 기쁨을 준다. 그래서 남자의 책상은 마당을 마주하고 있다. 언제든지 마당을 보며 멍 때릴 수 있고 머리에 가득 찬 생각을 정리할 수 있어 좋다.

책상 위에는 작은 노트북 한 대와 큰 모니터가 단정하게 놓여 있다. 그리고 오른쪽으로는 난초 2개가 멋진 자태를 뽐낸다. 좀 더 오른쪽으로 가면 침대 하나가 주인을 기다리는 듯 덩그러니 자리를 차지하고 있다. 책상 왼쪽으로는 딸이 그린 그림과 아들과 함께 찍은 사진이 가지런히 자리를 차지하고 있다. 그리고 책상 뒤로 책장 다섯 개가 창문을 바로 보며 서 있다. 책장에는 많은 책들이 꽂혀 있는데 정리가 잘되어 있질 않다. 책 종류와 관계없이 두서없이 꽂혀 있다. 남자가 여러 종류의 책을 한꺼번에 읽는 것처럼 책장의 책들도 한꺼번에 섞여서 꽂혀 있다.

이제 남자는 레이저 눈을 하고 책장 속의 책들을 스캔한다. 그러나 아무리 찾아봐도 찾는 책은 보이지 않는다. 아내가 어디에다 꽁꽁 숨겨놨는지 도무지 찾을 수가 없다. 얼마나 꼼꼼히 찾아 봤는지 눈이 아플 지경이다. 눈에서 레이저가 나올 정도이니 얼마나 아프겠는가? 서랍을 열어본다. 역시 없다. 서랍 속에는 온갖 잡동사니들이 가득하다. 1년이 지나도 한번도 사용하지 않는 것들이 대부분이다. 없어도 되는 물건들이다. 그런데 쉽게 버리지 못한다. 남자는 자신의 삶도 비슷하다고 생각한다. 미련으로 가득 찬 삶, 깨끗하게 정리하면 될 일들을 꾸역꾸역 가지고 산다. 버리자니 아깝고 안 버리자니 누더기처럼 쌓여 있는 삶. 만나는 사람도 그렇고, 하는 일도 그렇고, 가지고 있는 물건들도 그렇다. 서랍 속 물건들이 새삼 자신의 삶 같다고 생각한다.

남자는 한참을 이렇게 뒤지고 또 뒤진다. 그래도 좀처럼 책은 나타나지 않는다. 포기하는 심정으로 벌러덩 침대에 누웠다. 누워서 천정을 보는데 천천히 책장 위의 상자에 눈이 간다. 그 상자는 일명 보물상자다. 남자의 아들과 딸의 어릴 적 추억들이 고스란히 모여 있다. 아이들이 그린 첫 번째 그림, 첫 번째 글자, 그리고 첫 번째로 한 선물 등등. 기념될 만한 것들은 다 모아 놓았다. 얘들이 결혼할 때 선물로 주려고 간직하고 있는 것들이다. 상자를 잘 열어보지도 않았다. 소중한 물건일수록 아껴야 한다는 생각 때문이다. 소중한 추억일수록 고이 간직해야 한다는 생각에서다. 좋아하는 음악을 자주 듣다 보면 좋아하는 마음이 달아나는 것처럼 보물 상자의 물건과 추억들도 그럴 것 같아서다. 맛있는 음식을 매일 먹으면 질리는 것처럼 소중한 것들이 덜 소중하게 될 것 같아서다.

남자는 보물 상자를 열어봐야겠다고 생각한다. 혹시 책이 상자 속에 있지 않을까 싶어서다. 아내가 상자 속에 넣어 놨을 수도 있기 때문이다. 남자는 벌떡 일어난다. 까치발을 하고 상자를 내린다. 그리고 조심스럽게 열어본다. 순간 바로 그 책, 소설 돈키호테가 반짝반짝 빛을 내고 있다. 그렇다. 빛을 내뿜고 있는 바로 그 책. 그렇게 찾던 책이다. 책이 갑자기 빛을 내는 이유는 알 수 없지만 남자는 만세를 외친다. 너무나 절실했기 때문에, 그 마음이 투영되어서 책이 빛을 낸다고 생각한 것이다. 어쨌든 책을 찾았다. 남자는 곧장 책을 집어 들었다.

영호 : (자신도 모르게 아내에게 소리친다) 여보 책 찾았어. 보물 상자에 넣어 두고 날 감쪽같이 속였네.
아내 : (별일 아니라는 듯이 나지막이) 축하해.
영호 : 잘 안 들려. 크게 말해 봐.
아내 : (아래층에서 들리게 큰 소리로) 축하한다고!
영호 : 아 그래. 이게 축하할 일인가. 어 고마워.

영호는 자신도 모르게 고맙다고 말해버렸다.

아내 : 고마우면 됐어. 앞으로 그 책이 있는 서재에서만 책을 읽도록 해.
영호 : 어, 알았어.

　남자는 히죽거리며 아내 말에 넙죽넙죽 고개를 숙인다. 말 잘 듣는 반려견처럼. 그러나 눈은 책에서 뗄 줄 모른다. 뭐가 그리도 좋은지 연신 히죽거린다. 이런 상황은 책이 단순히 읽을 거리가 아닌 듯한 인상을 준다. 뭔가 비밀이 숨어 있는 것 같다. 왜냐하면 지금까지 책을 대하는 남자의 행동을 보면 소설 '돈키호테'가 단순히 읽을거리만은 아닌 것 같다. 책을 그리도 절실히 찾아 헤맨 것만 봐도 남자가 책에 대해 딴 생각을 하고 있다는 것을 우리는 짐작할 수 있다. 그럼 과연 무엇 때문인가? 남자는 왜 이토록 좋아하는가?

　남자는 하드 카버의 책을 어린아이 세수시키듯 한 손으로 쓰다듬는다. 그리고 주위를 한번 둘러본다. 누군가 보지 않을까 하는 표정이다. 주변 경계를 충분히 한 다음 천천히 책장을 넘긴다. 그러다가 제일 뒷장을 열어본다.

영호 : (가슴을 쓸어내리며) 휴우, 다행이다.

　남자는 안도의 한숨을 깊고 길게 내쉰다. 뭐가 다행이란 말인가? 책을 찾았으니까 다행이겠지. 그게 아니다. 카메라가 남자의 미소 띤 표정을 잡았다가 천천히 책 쪽으로 내려간다. 그렇게 아래로 내려가다가 남자가 주시하고 있는 책 제일 뒷장에서 카메라가 정지한다.
　책 속에 뭔가 붙어 있다. 카메라가 천천히 줌인(Zoom-In)하면서 포커스 아웃(Focus-Out)에서 포커스 인(Focus-In)하면 그 정체가 서서히 드러난다.

수표다. 뒤에서 동그라미를 세어 보니 6개다. 제일 앞의 숫자는 1. 백만 원짜리 수표다. 테이프로 아래위를 견고하게 붙여 놨다.

남자는 비상금을 책 속에 숨겨놨던 것이다. 단순히 돈을 아내 몰래 숨기기 위해 책을 이용한 것만은 아니다. 비상금이 있나 없나 매일 확인하면서 책을 읽었던 것이다. 아침마다 긴장감을 스스로 조성했다. 책을 읽기 위한 일종의 강제 장치를 만들어 놓은 것이다. 남자의 독서 습관은 자신이 특별히 고안한 특별한 장치를 통해 얻어진 것이다. 남자는 나름대로 많은 고심 끝에 이런 방법을 설정해 놓았다. 아내는 주방, 그것도 식탁 위에 항상 놓여 있는 책 속에 남자의 비상금이 숨겨져 있으리라곤 생각도 못했을 것이다. 등장 밑이 어둡다는 속담을 남자는 잘 이용했다. 남자는 비상금도 안전하게 숨기고 책 읽는 습관도 들이고 일거양득한 셈이다.

고등학생 딸이 학교에서 돌아왔다.

딸 : 아빠 뭐해?
영호 : (놀라며) 어? 어… 어… 책 보잖아… 책.

소통하기

일상에서 찾는 소통의 길

산행에 관한 세 통의 편지

자연 소통

회장 형님에게

　형님 그간 안녕하셨습니까? 이제 봄을 지나 곧 있으면 여름입니다. 올해 여름은 푹푹 찔 정도로 덥다고 합니다. 형님께서도 올 여름 시원하게 또 건강하게 나시길 기원드립니다.

　다름이 아니오라 저희들 지난번 새봄 맞이 산행에 대해 드릴 말씀이 있어 이렇게 펜을 잡았습니다. 저희 동문회에서 매번 봄이면 등산을 가는데 이걸 다른 방향으로 변경해 보심이 어떨까 합니다. 서울 근교에서 하는 주말 산행은 항상 사람들이 많아서 등산인지 성지 순례지 모르겠습니다. 등산이란 모름지기 자연을 느끼러 가는 게 아니겠습니까? 봄이면 연분홍 진달래를 시작으로 철쭉 등 온갖 꽃들이 만발하고 나무들도 새순으로 봄을 맞이합니다. 그리고 작은 계곡에서는 겨울 내내 얼었던 얼음이 녹으며 졸졸졸 기분 좋은 물길을 내어줍니다. 또 산새들도 따뜻한 봄 햇살을 즐기며 지저귀지요. 이런 자연의 숨소리를 듣고 기지개를 펴는 온갖 생물들을 벗 삼으며 운동도 할 겸 등산을 하는 것이 아니겠습니까?

　그런데 지난 등반 대회 때의 산행은 어땠습니까? 사람들이 너무 많아 발걸음 떼기가 힘들었습니다. 자연을 즐기기는커녕 앞사람 엉덩이만 보게 되는 형국이었습니다. 그래서 성지 순례라는 것이지요. 호젓하게 자연을 느끼며 약간의 땀도 흘리면서 상쾌한 기분으로 산행이 이루어져야 하는데 사람에 치여 이런 것들을 모두 놓쳤습니다. 혹여 앞사람이 방귀라도 뀌면 오 마이 갓, 이런 매연도 없습니다.

산행을 성지 순례처럼 사람에 치여 한 것이 비단 이번뿐이겠습니까? 매년 동문회에서 등반 대회를 할 때마다 일어난 일입니다. 사실 우리 동문회에 나오는 형님과 아우님들의 나이를 보면 만만치 않습니다. 회장 형님만 해도 올해 68세가 아니십니까? 그리고 저는 또 어떻습니까? 저만 해도 57세입니다. 사실 총무 할 나이는 이미 지난 셈이지요. 그래도 지금까지 총무 일을 하는 이유는 회장님 이하 형님들께서 저를 너무 예뻐해 주시기 때문입니다. 저야 형님들과 같이 있으면 어리광도 피우고 늘 사랑을 받으니 나이를 잊어버립니다. 무엇보다 형님들과 같이 있으면 항상 엔돌핀이 돌고 재미있고 즐겁습니다. 그래서 동문회에 오면 항상 고등학교 다니는 기분이 들어 좋습니다.

제 밑 후배들도 보면 대충 50세가 넘습니다. 나이들을 상당히 먹은 거지요. 그래도 동문회에 오면 다들 즐거워합니다. 아마 저와 같은 심정일 겁니다. 선배들에게 사랑 받는 느낌, 그리고 어린애 취급 받는 느낌, 그래서 고등학교 다니는 느낌. 이런 것 때문에 동문회에서 열심히 활동한다고 생각합니다. 나이 오십 줄이 넘어서 어디에 가서 이런 느낌을 받겠습니까? 형님들께서 저희에게 내려준 음덕이 제 후배들에게

도 고스란히 전달됐기 때문입니다. 감사드립니다.

　다시 등반 대회 이야기로 돌아가겠습니다. 저희들 동문회 주관 등반 대회를 다른 방향으로 틀면 어떤는지요? 사람들에 치여서 산행의 묘미를 못 느낀다면 등산할 필요가 없지 않겠습니까? 앞사람의 엉덩이만 보게 되고 가끔씩 뿡뿡거리는 방귀 냄새를 맡으며 올라가는 산행, 최악입니다. 땀 냄새는 또 어떻습니까? 환장할 노릇입니다. 그리고 시끄럽기는 왜 그리 시끄러운지요? 산에 왔으면 조용히 산과 대화를 해야 하지 않습니까? 계곡 물소리를 듣고, 새순들이 내뿜는 봄의 기운을 느끼고, 꽃들의 향기를 폐부 깊숙이 들이마시며 올라야 하는 게 맞지요. 그리고 기분 좋은 긴장감으로 쿵쿵거리는 심장 소리를 들으며 살짝씩 배어 나오는 시원한 땀의 배출을 즐기면서 상쾌한 기분으로 산행을 하는 게 정상적인 등산 아니겠습니까?

하하 호호 깔깔 낄낄, 뭐가 그리도 좋은지 산행 내내 사람들의 소음으로 미칠 지경입니다. 산에 와서 자연이 너무 좋아 웃는 웃음이라면 이렇게 시끄럽게 웃지 않을 겁니다. 같이 온 사람들끼리 쓰잘머리 없는 말로 서로 웃고 난리를 치는 것이죠. 또 뭔 할 이야기가 그리도 많은지 완전 시장판입니다. 할 이야기가 있으면 산에서 내려가서 식당에서 하든지 아니면 카페에서 하든지 산이 무슨 죄가 있어 사람들의 소음을 다 떠안아야 한단 말입니까?

그리고 몇몇 무리를 자세히 보면 남녀가 뒤엉켜 올라가는데 정체가 의심스럽기도 합니다. 부부 같지는 않고, 그렇다고 친구도 아닌 것 같고, 그럼 뭐겠습니까? 형님이 짐작하시는 대로입니다. 그래서 서로 오버를 하는 거지요. 쓸데없는 말도 많이 하고 목소리도 크고 행동도 큽니다. 서로 잘 보이려고 말이지요. 여느 동물들의 짝짓기와 다르지 않습니다. 한마디로 눈꼴 사납습니다.

또 등산복은 어떻습니까? 알록달록, 형형색색. 잘 보이려고 생난리들입니다. 집에서 가장 화려한 것, 가장 예쁜 것을 가져와서 등산복으로 코디한 것 같습니다. 마치 우리 고등학교 때 옆에 있는 여고생들에게 잘 보이려고 막 꾸미고 다녔던 모습과 비슷한 것 같습니다. 왜 형님도 기억나시죠? 우리 학교 옆에 롤러장이 있었잖아요. 그곳에 가면 옆 여고생들도 많이 왔잖아요. 걔네들한테 잘 보이려고 나이키 가방에 프로스펙스 옷에 신발도 메이커 있는 것으로 신고 그랬잖아요. 아 근데 형님은 저보다 10년 정도 선배시니 이런 메이커들은 그땐 몰랐겠네

요. 그래도 형님도 아마 저와 비슷한 경험을 하셨을 겁니다.

서로 엮어 보려는 이 사람들 때문에 귀도 시끄럽고 눈도 어지럽습니다. 산이 주는 자연의 아름다움을 느낄 수가 없습니다. 자연의 소리를 못 듣는다는 말씀은 좀 전에 이야기했고요, 이 사람들의 현란한 옷 때문에 초록초록한 멋진 자연의 모습을 볼 수 없을 정도입니다. 화려한 옷도 옷이지만, 이들이 하는 행동이 너무 지나쳐서 아름다운 자연의 자태를 볼 수 없게 만듭니다.

또 어떤 사람은 산에 오르기 전에 벌써 한잔했는지 걸음걸이가 휘청휘청합니다. 목소리도 얼마나 큰지요. 술을 드시려면 술집에서 드셔야지 왜 산에 와서 술 냄새 풍기며 보는 사람들을 불안불안하게 만드는지 모르겠습니다.

그래도 그나마 다행인 것은 요즈음 젊은 친구들이 부쩍 많이 늘었다는 겁니다. 20대 젊은이들이 삼삼오오 모여 산행하는 것을 보면 참 보기 좋습니다. 여가 시간을 이렇게 건전하게, 건강하게 보내는 모습을 보면 기특하기도 하고요. 너무 보기 좋아 산 정상에서 사진을 찍을 때 제가 나서서 찍새가 되기도 합니다. 예뻐 보이니까 제가 뭐라도 해주고 싶어서 나도 모르게 나서게 되지요. 혹시 저를 꼰대로 보고 싫어하지는 않을까, 부담스러워하지 않을까, 뭐 그런 생각을 해보기도 했지만, 저의 진심어린 행동이니까 젊은이들도 잘 이해했으리라 생각합니다.

　　회장 형님, 저희들 등반 대회를 둘레길 트레킹으로 바꾸면 어떨까요? 말씀드린 대로 주말에 하는 산행은 득보다 실이 많은 것 같습니다. 평일에 산행을 하면 지금까지 말씀드린 나쁜 모습은 덜할 겁니다. 사람도 별로 없어서 조용히 산행의 참맛을 느낄 수 있지요. 그런데 저의 동문회 선후배님들이 평일에 시간이 나야 말이죠. 직장도 가야 하고 개인적으로 할 일들이 참 많잖아요. 그래서 평일 산행은 불가능할 것 같습니다.

　　그래서 주말에 가까운 곳으로 가볍게 트레킹을 가면 좋을 것 같습니다. 좋은 트레킹 코스는 얼마든지 있습니다. 서울만 해도 총 156km에 21개 코스의 둘레길이 있습니다. 굳이 트레킹이 아니더라도 경치좋은 곳으로 산책이나 나들이를 가도 괜찮을 것 같습니다. 사실 건강에도 이게 더 좋지요.

　　말이 나와서 말씀인데, 형님 연세를 생각하면 산행보다는 트레킹이 더 좋습니다. 퇴행성 관절염 등 나이 들면 생기는 자연스러운 병을 누구나 다 한 가지 이상씩은 가지고 있지 않습니까? 이런 걸 생각하면 높은 데 올라가는 것보다는 평지를 걷는 게 더 나을 것 같습니다. 이와 관련하여 아마 형님께서도 이런저런 말을 많이 들으셨을 겁니다.

　　현재 우리가 하는 등반 대회는 나이를 고려하지 않고 하는 것 같습니다. 왜냐하면 형님들께서도 저희들을 만나면 스스로를 고등학생처럼 생각하시잖아요. 자연스럽게 그 시절로 돌아가지 않습니까? 형님

과 저희들이 처한 객관적인 상황, 즉 물리적 나이는 생각하지 않고 젊었을 때만 생각하니 십수년 해오던 등반 대회를 지금까지 하는 게 아니겠습니까? 관성으로 습관적으로 말이죠.

　회장님, 한번 심각하게 생각해봐 주십시오. 이 어린 총무가 형님께 충심을 담아 부탁드립니다. 우리 동문회 형님, 동기, 아우님들과 지금처럼 죽을 때까지 만나고 싶습니다. 산행을 하다가 다치거나 하면 만날 수 없지 않습니까? 자연을 벗 삼아 우리 동문 선후배님들과 함께 건강하게 오래오래 뵙고 싶습니다. 두서없이 쓴 긴 글을 읽어 주셔서 감사합니다. 이만 줄이겠습니다. 충성!

영구야 보아라

야, 이영구! 너 인마 어떻게 그럴 수 있어? 왜 나만 타깃이야? 왜 나만 공격하느냐 말이야. 내가 눈 내린 산 경치를 카메라에 담고 있는데 그렇게 공격을 해대면 어쩌라는 거야? 왜 나의 예술 활동을 방해하느냐고? 그리고 마지막에 던진 그것. 눈 속에 돌멩이 넣었지? 왜 그렇게 딱딱해? 그날의 너의 만행을 똑똑히 기억할 거야.

크크크. 우리 그날 진짜 재미있었지? 우리 가끔 규홍이랑 너랑 산에 가잖아. 근데 그날은 눈이 펑펑 왔지. 그야말로 눈이 하늘에서 쏟아졌다고 해도 될 만큼 엄청난 양의 눈이 왔잖아. 점심을 먹으며 눈이 좀 그쳤으면 했지. 산에 가야 하니까. 그래도 마음 한쪽 구석에서는 눈아 눈아 더 내려라 그랬지. 눈 덮인 산속에 파묻히고 싶은 마음도 있었던 거야.

점심으로 동태찌개를 먹었는데 정말 맛있었어. 산에 오르기 전에 규홍이랑 셋이서 점심을 먹는 게 우리의 전통 아닌 전통이잖아. 배불리 먹어야 산행도 잘할 수 있으니까. 뜨뜻한 국물로 속을 채우고 우린 길을 나섰어. 그렇게 눈이 많이 내리는데도 하나도 안 추웠지. 따뜻한 점심을 먹어서이기도 하고 눈이 내려서 괜히 들떠서이기도 했어. 난

우산을 받쳤지만 니네 두 놈은 눈이 좋다며 그냥 눈을 맞았지. 그때 내가 왜 우산을 썼는지 잘 모르겠어. 지금 생각해도 바보 같은 짓이었던 것 같애. 평상시에 비가 와도 일부러 비를 맞으려고 우산도 안 쓰던 내가 왜 우산을 썼는지. 나 참, 아마도 그때 눈 오는 풍경을 카메라에 담으려고 생각했던 것 같아. 흔하지 않은 아름다운 광경을 잘 찍기 위해 우산을 받쳤던 거야. 핸드폰 카메라가 눈을 맞으면 안 되니까.

　너희들도 잘 알잖아. 내게 어린애 같은 구석이 있다는 걸. 비 오면 어릴 적 동네 골목에서 비 맞으며 축구하던 기억을 떠올리며 너희들한테 "축구 한판 할래?"라고 묻기도 했잖아. 빗물이 고여 있으면 일부러 발로 물을 튀기며 장난도 치고. 심지어 흙이 보이면 어릴 때 댐 놀이 하는 것처럼 그 흙으로 빗물을 가둬 놓기도 하고. 나이에 걸맞지 않게 참 푼수 같았어. 그치?

　사실 그날도 온몸을 눈으로 가득 채우고 싶었어. 그런데 그놈의 예술 활동, 아니지 촬영 활동을 하려다 보니 눈을 실컷 맞지 못했네. 미안해. 예술 활동이라고 그래서. 니들이 그렇게 불러주면 좋겠지만 내 입으로 말하니까 좀 말이 안 되는 것 같애. 너도 알잖아? 좋은 것, 아름다운 것을 보면 자동적으로 핸드폰 카메라를 여는 걸. 사진을 촬영해서 어쭙잖게 쓴 시에도 갖다 붙이고 수필이며 소설의 모티브로도 활용한다는 걸.

　영구야 우리 그날 진짜 신나게 놀았어 그치? 어쩌면 그렇게 온 세상이 설탕 천국이었을까? 우린 내리는 눈을 막 받아먹었지. 내 기억에는 참 달고 맛있었어. 눈이 단맛이 날 리는 없겠지만 우리 마음이 이미 눈을 설탕으로 생각했으니 단맛이 난다고 느꼈던 것 같애. 그리고 나 혼자였으면 그렇게 생각 못 했을 텐데 너랑 규홍이가 있어서 더 설탕처럼 생각했던 것 같다. 너희들도 막 받아먹고 그랬잖아. 덩달아서 나도 혀를 내밀고 달달한 눈을 막 먹었지. 그래서 친구가 좋은가 봐. 혼자서는 갈 수 없는 동심의 세계를 너희들과 함께 갈 수 있기 때문이야.

산을 본격적으로 오르기 시작했어. 중간에 약수터가 있었지. 참 아름다운 곳이었어. 졸졸졸거리는 상쾌한 약숫물 소리에 주변은 온통 하얀 눈 천지. 말 그대로 청정한 기운이 가득했어. 너희들은 그냥 지나쳤지만, 난 혼자서 약숫물을 엄청 마셨던 것 같애. 맛도 맛이지만 온 천지의 맑은 기운을 내가 다 마신 것처럼 느껴졌어. 산에서 나오는 물은 나무와 풀들이 내놓는 거잖아. 정말 맑고 깨끗하지. 하물며 약숫물은 더 좋지. 그 물이 힘들고 지친 내 몸과 마음을 싸악 정화시켜 주는 것 같았어. 그래서 난 약수터에서 발길을 떼지 못하고 한참을 머물렀던 거야. 태어나서 그렇게 많은 약숫물을 먹어본 적은 처음이야. 히히.

얼마나 시간이 흘렀을까? 다시 천천히 산을 올랐어. 웬걸? 너희들이 기다리고 있더군. 참 고마웠어. 먼저 올라가지 않고 나를 기다려줘서. 한평생 살면서 나를 위해 누군가가 기다려주는 사람이 있다는 게 얼마나 큰 위안이 되는지 그 순간 알게 됐어. 그때는 너희들에게 티를 내지 않았지만 참 뿌듯하고 든든했어.

우리 셋이서 산을 오르면서 장난도 많이 쳤지. 평소에는 수다를 떠느라 정신없었는데 그날따라 장난을 엄청 친 거 같아. 아마 눈 오는 날 산행을 해서일 거야. 등산길 옆 소나무에 내린 눈을 발로 차서 눈 폭탄을 맞게 하고, 내리막길에서는 신나게 엉덩이 썰매도 탔잖아. 나무에 얹힌 눈을 손으로 흔들고 발로 차서 온몸을 눈으로 젖게 하는 거 정말 재미있었어. 완전 눈사람이 되기도 했지. 목덜미로 눈이 쏟아져 들어올 때는 정신이 번쩍 들더라고. 눈이 몸속으로 들어올 때의 쾌감을 차갑다는 말로는 다 표현 못 할 거야. 그동안 꼭꼭 닫혔던 마음의 빗장이 열린다고 할까. 아무튼 내가 가진 모든 타이틀, 그러니까 남편, 아버지, 직장인 등과 같은 무거운 짐에서 무장해제되는 기분이었어. 그건 바로 '자유'였던 것 같애.

눈썰매는 또 어땠을까? 놀이공원의 롤러코스터보다 더 재미있었지. 엉덩이 시린 줄 모르고 막 탔어. 내려가다가 엉뚱한 방향으로 가서 나무에 처박히기도 했지. 그래도 깔깔깔. 우리 어릴 적에 산에서 비닐 포대 타고 내려오던 그런 기분이었어. 물론 그때보다 속도도 느리고 나이도 육십을 바라보고 있지만, 우린 우리 나름대로의 세상에서 실컷 놀았지. 몸은 나이를 먹었지만 아이의 마음으로 낄낄대는 우리의 세상, 그 누가 알겠어? 우리들만의 브랜드고 우리들만의 비밀 아니겠어? 넉넉한 산속에 안겨 온 천지가 솜사탕 같은 하얀 눈 속에서 나무와 새들과 하늘이 우리와 함께 만든 세상. 캬! 이 얼마나 아름답고 좋으냐 말이야. 이게 바로 우리가 산에 오는 이유잖아.

근데 말이야, 사실 그날 너한테 복수를 했어야 하는데 못했어. 그래서 언젠가 다시 눈이 오면 너를 산으로 끌고 올라가 복수할 거야. 무슨 말인지 모르겠어? 니가 인마 그날 나에게 던진 눈덩이가 몇 개인지 알아? 아마 백 개는 넘을 거야. 내가 그 눈덩이 피하느라 얼마나 고생했는데, 너 딱 기다리고 있어.

기억은 나냐? 산 경치를 촬영하다 보면 매번 내가 제일 늦게 올라갔잖아. 그럼 너희들은 날 기다려줬는데 지금 생각하면 영구 니가 날 공격하기 위해 기다린 거야. 나보다 높은 곳에서 기다렸다가 낑낑대며 올라가는 나에게 눈싸움을 걸었지. 니가 위에서 눈덩이를 막 던졌잖아. 물론 나도 밑에서 응수했지만, 이게 싸움이 되겠니? 당연히 위에 있는 니가 더 유리하지. 난 몇 번을 던졌지만 별로 명중시키지 못했어. 그런데 넌 위에서 던지니까 내가 피할 수가 없는 거야. 그리고 너는 내가 올라올 때까지 기다리면서 많은 눈 총알을 준비할 수 있었잖아. 완전히 내가 불리한 전투였어. 내가 많이 당했지. 두고 봐라. 담에 산에 갈 때는 내가 위에서 널 공격할 거야. 다음에는 촬영 활동이고 예술 활동이고 없어. 오로지 네 놈을 공격하는 것에 집중할 거야. 각오해라.

사실 내가 많이 맞긴 했지만 눈싸움이 제일 재미있었어. 피하는 재미도 좋고 맞는 재미도 좋았지. 그리고 약간의 긴장감도 있어서 좋았어. 맞아서 아프지는 않았지만 괜히 맞으면 안 되겠다는 생각 때문에 숨기도 하고 공격도 하다 보니 아드레날린이 뿜뿜 나오는 거야. 널 맞춰야 한다고 생각하는 것도 기분 좋은 긴장감을 주는 거야. 이래저래

눈싸움이 참 기억에 남아.

　이렇게 두 시간 정도를 놀며 올라갔잖아. 그리고 산 정상에 섰을 때 풍광이 어찌나 아름답던지. 너 생각나니? 높은 산은 아니었지만 발아래로 구름이 걸쳐 있고 온 천지는 하얗고. 그냥 구름 속으로 뛰어내리고 싶더라니까. 푹신한 구름이 내 몸을 잘 받쳐줄 것 같더라고. 더불어 하얀 눈도 구름처럼 푹신해서 구름과 눈 사이를 왔다 갔다 하면서 뛰어놀고 싶었다니까. 구름이 낮게 깔린 것은 아마도 눈 오는 날씨여서 그랬던 것 같애. 해발 300미터 조금 넘는 낮은 산인데 이런 경치를 볼 수 있다는 게 얼마나 행운이었는지 몰라. 우린 사진도 많이 찍었잖아. 그리고 올라오는 사람들에게도 사진을 찍어주고. 산이 주는 멋진 경치를 조금이라도 더 담으려고 그야말로 발버둥을 쳤지. 동서남북 사방을 다 배경 삼아 막 찍어댔잖아. 덕분에 정상의 아름다움을 언제나 꺼내볼 수 있게 됐어. 지금 봐도 참 멋진 것 같애.

　또 산 정상에서 먹었던 사과 맛을 잊을 수 없어. 네가 가져왔잖아. 목이 마른 데다가 땀 흘린 후에 먹는 사과 맛은 일품이었어. 내가 물어봤지. 사과 어디서 샀느냐고. 집에 와서 바로 주문해서 먹어봤는데 그 맛이 안 나더라. 역시 산에서 먹는 사과는 남다른 것 같애. 그리고 내가 가져왔던 비스킷. 집에서는 잘 먹지 않던 건데 그때 먹으니 왜 그렇게 맛있니? 허 참 이것도 산에서 먹었기 때문일까? 아무튼 우리가 산 정상에서 함께 먹었던 초콜릿, 달걀, 귤, 전부 다 참 맛있었어 그치? 아무래도 산이 음식에 맛있는 간을 했나 봐. 세상에도 없는 조미료를 우리 몰래 산이 뿌린 것 같애.

산을 내려오면서 또 감탄을 연발했지. 바람이 없는 산기슭에는 눈이 그대로 나무 둥지와 가지에 내려앉아 있었어. 두툼한 눈이 딴 곳으로 하나도 도망가지 않고 쌓여 있어서 마치 태고적 신비를 간직하고 있는 것처럼 느껴졌어. 그 매혹적인 아름다움에 우린 발길을 멈추었지. 도저히 움직일 수 없을 정도로 아름다웠어. 우리의 작은 움직임조차 눈들에게 미안할 정도였지. 우리들 움직임 때문에 일어나는 미세한 진동이 혹여나 쌓인 눈을 흩어지게 할까 봐 그랬던 거야. 하얀 눈을 품고 있는 자연은 말로 표현할 수 없을 만큼 황홀했어. 고요함과 적막함이 주는 평화가 이렇게 황홀감을 줄지는 몰랐어. 한참 동안 멍하니 바라보다가 또 사진을 찍었지. 새들의 날갯짓에, 작은 바람에, 우리들의 몸짓에 바로 사라져버릴세라 찍고 또 찍었어. 사진을 지금 봐도 그때의 황홀함이 되살아나.

그날 우리는 정말 평생 볼 수 있을 법한 눈을 그 산에서 다 본 것 같아. 한없이 놀았고 후회 없이 즐겼어. 새하얀 눈을 온몸과 마음으로 다 안았어. 그리고 그 눈을 아름답게 장식한 자연에 감사했어. 나무가 그저 아무렇지도 않게 서 있는 것으로만 생각했는데, 그날 나무는 훌륭한 화가였어. 가지를 뻗어 함박눈을 받아서 멋진 그림을 그린 거지. 누가 이런 그림을 그릴 수 있겠어? 나무뿐만이 아니야. 하늘의 구름과 새들의 날갯짓도 아름다운 그림을 더 풍성하게 만들었어. 공기는 또 어땠어? 숲속의 맑은 기운과 아사한 눈의 청량함이 합쳐져서 그 어디

에도 없는 순도 100%의 신선함을 우리에게 선사했지. 우린 그 신선함을 폐부 깊숙이 들이마시며 순수의 낙원으로 들어갈 수 있었어. 산을 내려오자마자 고기 굽는 냄새와 자동차 매연이 우리가 때 묻지 않는 천국에 다녀왔음을 알게 해줬어.

그날 산은 우리에게 참 많은 것을 주었던 것 같애. 참 고맙고 감사한 일이야. 영구야 우리 또 언제 산에 갈까? 지금 기분 같아서는 매일매일 가고 싶다. 아, 맞다. 빨리 가자. 네 놈에게 복수해야지. 근데 또 언제 눈이 올까?

야, 직진 성향 성수

넌 말이야, 산에만 가면 무조건 앞으로 앞으로야. 옆도 돌아보지 않고 올라가지. 그리고 또 최대한 빨리 올라가야 직성이 풀리지. 땀도 팍팍 나야 한다며. 땀이 살살 나면 안 되고 꽈악 꽈악 나야 된다며. 넌 '꽈악 꽈악'을 강조했어. 무슨 전투 산행하냐? 군대 갔다온 지가 30년도 훨씬 넘는데 아직도 그 버릇 못 고쳤니? 넌 말로만 군인 정신, 군인 정신 그러는데 내가 볼 땐 넌 군기가 하나도 없어. 실실 웃기나 하고 술만 좋아하고. 그런데 왜 산에만 오면 그렇게 군인처럼 씩씩거리며 반드시 정상에 올라야 하는 거야?

내가 너랑 산에 가면 미칠 지경이다. 좀 쉬었다 가자고 해도 바로 올라가야 한다고 우기질 않나 그만 올라가고 내려가자 해도 산꼭대기는 무조건 가야 한다고 날 끌고 올라가잖아. 지난번에 내가 약간 어리지워서 비틀대는 데도 넌 끝까지 날 끌고 갔어. 성수야 이게 무슨 등산이냐? 완전 전지 훈련이지. 뭐 우리가 에베레스트라도 가냐?

그리고 너 복장을 보면 정말 히말라야 가는 줄 알겠어? 무슨 기능성이니 무슨 메이커니 하면서 자랑을 주저리주저리 늘어놓질 않나. 가격

은 또 왜 그렇게 비싸? 네 말에 의하면 가격이 비쌀수록 기능이 뛰어나서 산에 갈 맛이 난다고 했지. 야 인마 그런 옷은 진짜 등반을 전문적으로 하는 사람들이나 입는 거야. 우리처럼 근교 산에 가끔 가는 사람들이 입을 옷이 아니라고. 그리고 너만 입으면 됐지 왜 그걸 자랑하고 난리야? 난 그런 옷을 사고 싶지도 않고 입고 싶지도 않아. 그런데 왜 자꾸 구매하라고 강요하는데? 너 그 옷 회사 홍보 대사냐?

등산화도 마찬가지야. 그냥 집에 있는 것 중에서 편한 것 신고 오면 되잖아. 꼭 등산화를 신어야 한다고 왜 그렇게 쫑크를 주냐? 네 말도 일리는 있어. 신발 바닥은 잘 미끄러지지 않아야 하고 발목이 잘 꺾이지 않게 목이 긴 신발을 신어야 한다는 말. 나도 동의해. 그렇지만 어쩌다 한번씩 가는 산행에서 꼭 전문적인 등산화를 신어야 하니? 집에 있는 운동화도 신을 수 있고 아니면 조깅화도 괜찮잖아. 운동화 신고 산에 가서 한번도 미끄러진 적 없고, 발목은 절대 꺾인 적이 없어. 아무 문제도 없는데 왜 그렇게 등산화 등산화 하면서 며느리 나무라는 시어머니처럼 잔소리를 해대니? 정 걱정되면 네가 하나 사 주든지.

또 가져 오는 음식도 보면 산에 갈 때는 배낭이 무거우면 안 된다고 최소한의 먹을거리만 가져오잖아. 야 인마, 그것도 좀 문제가 있어. 우린 뭐 무거운 배낭 좋아서 메고 오는 줄 알아? 산에 가서 친구들이랑 사이 좋게 나누어 먹으려고 이것저것 챙겨오다 보니까 무거운 거야. 매번 산에 갈 때마다 우리는 집에서 맛있는 것 다 챙겨오는데, 너는 너 먹을 것만 달랑 가져오더라. 이것도 한두 번이지 매번 그러니까 얄미워 죽겠어.

종합해 보면 너는 너 혼자 산에 가야 돼. 왜 우리랑 같이 가니? 앞으로 혼자 편하게 산에 가란 말이야. 혼자서 한 번도 쉬지 말고 무조건 직진해서, 땀 뻘뻘 흘리면서 정상에 올라가서 너 혼자 정상에 태극기를 꽂아. 그리고 비싸고 멋지게 차려 입은 등산복 입고 혼자서 사진도 찍어. 아참! 등산화가 꼭 나오도록 찍어라. 그 잘난 등산화가 짤리지 않도록 조심하란 말이야. 그리고 가벼운 배낭 속에 있는 그 잘난 음식 혼자서 많이 드세요~~~오오.

성수야 그래도 우린 친구잖아. 이렇게 구구절절이 편지를 쓰는 이유도 너랑 앞으로도 같이 산에 가야 하니까 쓰는 거야. 평생 만날 친군데 네 스타일이 나와 맞지 않는다고 해서 친구를 차 버릴 수는 없잖아. 인마, 그래도 내 마음 속에 네가 늘 있다는 말씀이야. 알겠어? 그런 차원에서 너의 등산 스타일에 대해 내 생각을 한번 이야기해 볼게.

먼저 너의 그 '직진 성향'에 대해 한 말씀 하자면 이런 거야. 이해는 돼. 운동이 돼야 산에 온 것 같다는 네 말. 그래서 땀 뻘뻘 흘리며 빨리 정상에 올라가고 싶은 네 심정 알아. 다 좋아. 다 좋은데, 나는 천천히 경치를 구경하면서 올라가고 싶어. 도시 삶에 찌든 우리가 산을 찾는 이유가 뭘까? 그건 아마도 자연의 맛을 느끼고 싶어서일 거야. 초록초록한 나무들과 눈 맞추고 예쁘게 피어 있는 꽃들과도 인사하고 흙냄새, 산 냄새 맡으면서 일상에서 쌓인 피로를 씻으러 가는 거지. 계곡물소리 들으며 발도 담가보고 눈을 감고 산새 소리에 귀를 기울이며 자연이 주는 청량함을 느끼려 산에 가는 거야. 난 이런 게 좋아. 그런

데 너처럼 '앞으로 앞으로', '빨리빨리'만 올라가면 이런 자연의 맛을 놓치게 된다고 생각해. 물론 땀 흘리며 올라가는 느낌을 모르지는 않아. 이해해. 그래도 내 스타일은 '옆으로 옆으로' 보면서 '천천히 천천히' 올라가는 거야. 성수야 내 스타일을 한번쯤 생각해줬으면 한다.

그리고 그 '정상병'에 대해 말하자면 굳이 정상에 올라가지 않아도 된다는 것이 내 생각이다. 산에 간다고, 등산한다고 반드시 산 꼭대기에 가야 하는 것은 아닌 것 같아. 산이 주는 아름다운 것들을 느낄 수 있다면 그것으로 충분하다고 생각해. 계곡에 앉아 물소리, 바람 소리, 새소리를 느긋하게 감상하고 등산로 옆에 핀 이름 모를 들꽃들의 아름다운 자태를 눈 시리도록 보는 것, 이런 게 내가 산에 가는 이유야. 그래서 산 정상에 꼭 가야만 하는 것은 아닌 것 같다. 물론 정상에 올랐을 때의 그 쾌감을 모르는 건 아니야. 나도 정상에 많이 올라가봤어. 발아래로 펼쳐지는 세상은 말로 표현 못할 정도로 아름답지. 그러나 그렇다고 해서 매번 산에 갈 때마다 정상을 고집할 필요가 없다는 거지. 난 '천천히 천천히', 그리고 '옆으로 옆으로'가 좋아.

그 잘난 너의 등산복, 멋있었어. 그리고 안전한 등산화, 동의해. 너처럼 모든 걸 완벽하게 갖추고 산에 오는 사람도 있지만, 나처럼 대충 편하게 산에 가는 사람들도 있어. 산에 가는 것, 그 자체가 중요하지, 산에 가기 위해 차려 입는 것은 그 다음의 문제라고 봐. 산을 느끼러 가는 게 1번, 복장은 2번이라는 거야. 마음이 중요하다는 거지. 산에 자주 가다 보면 네가 말한 것들을 필요할 때 하나씩 천천히 장만하면 되는 거야. 나도 그렇게 할게. 기능성 있는 옷과 목이 긴 안전한 등산화는 소중한 내 몸을 보호해주는 거잖아. 당연히 나를 아껴야지. 천천히 구매할 거야. 그래도 너처럼 비싼 것만을 고집하지는 않을 거다.

야, 음식 문제는 네가 좀 고쳐봐라. 달랑 네놈 먹을 것만 가져오는 것은 얌체 같다. 너 원래 얌체는 아니잖아. 그런데 왜 산에 가면 얌체 같은 짓을 하니? 그리고 배낭이 무거워 봤자 얼마나 무겁겠어? 좀 무거우면 어떠냐? 친구들이랑 나누어 먹을 건데. 집에 있는 것, 이것저것 막 넣어와. 같이 먹으면 더 맛있어. 정이잖아, 나눠 먹는 정 그리고 그 속에서 피어나는 우리의 우정, 알겠지?

성수야 내 말 곰곰이 생각해봐. 다음 산행 때 만나자~~.

소통하기

일상에서 찾는 소통의 길

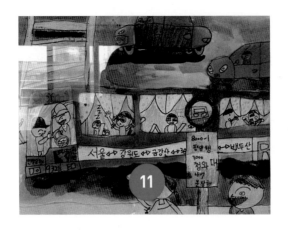

홀로 떠난 여행기

여행 소통

여행에 대하여

홀로 길 떠나면
말과 글만이 언어가 아님을 알고
오감이 언어임을 알게 된다

홀로 나그네가 되면
사람만이 친구가 아님을 알고
보이는 모든 게 친구임을 알게 된다

하여
바람과 나무와 새들과 대화하고
식탁에 올라온 밥과 반찬들과 말을 한다
고맙고 감사하다고

그리하여
내 모든 세포가 춤을 추며
행복에 겨워한다

홀로 길 떠나면
멍때리기의 달인이 된다
멍하게 있으면
나를 둘러싼
세상의 틀들이 허물어진다

해체된 틀들의 잔해 위에서
난 우주가 된다
그 어떤 규정도 없는
자연 그대로의 모습으로

그리하여
난 우주를 날아다닌다
세상을 주머니에 넣고*

2018년 12월, 하루가 아닌 여러 날

2019년 연구년을 맞이하여 여행을 계획했다. 2월에 따뜻한 나라로
행선지를 잡았다. 언제부턴가 가보고 싶었던 나라 호주와 뉴질랜드로.

★ 허허당(2013), 바람에게 길을 물으니 네 멋대로 가라 한다, 예담, p. 148 참조

먼저 비행기표부터 알아봤다. 워매? 뭐가 이리도 비싸? 직항 편은 꽤 비쌌다. 그래서 경유 편을 알아봤다. 그렇지. 많이 저렴하다. 그런데 말레이시아 쿠알라룸푸르 공항에서 대기하는 시간이 너무 길다. 그리고 새벽 비행기여서 많이 불편할 것 같다. 출발 시간과 경유 공항에서의 대기 시간을 따진다. 아이고 머리야. 쉽지 않다. 돈은 아껴야겠고 편하게 가고는 싶고. 이를 어쩌지?

고작 비행기만 알아봤는데 시간이 벌써 새벽이다. 3시간이 훌쩍 지나가 버렸다. 에라 모르겠다. 일단 자야겠다.

다음 날, 하루 종일 일이 손에 잡히질 않는다. 어떻게 호주로 갈지 해답을 찾지 못해 신경이 쓰였다. 다시 컴퓨터 앞에 앉았다. 가격 비교 사이트에도 가보고 비행기 저렴하게 타는 법 등 온갖 정보를 검색한다. 또 한두 시간이 흘렀다. 머리가 아프다.

그렇지. 문득 생각이 떠올랐다. 경유해서 호주로 간다고 생각하지 말고 아예 말레이시아를 여행하자. 그리고 말레이시아에서 호주 시드니로 가는 비행기 값이 훨씬 저렴하지 않은가? 오케이. 그러면 되겠네.

한국에서 먼저 말레이시아 쿠알라룸푸르로 가서 며칠 여행하고, 쿠알라룸푸르에서 시드니로 가자. 명쾌하게 정리되었다. 자, 그럼 말레이시아 여행은 어떻게 할까? 또 잔머리를 굴리기 시작했다. 일단 싼 비행기표를 끊고 숙소도 저렴한 곳으로 잡아야겠다. 다시 스카이스캐

너를 검색한다. 제일 싼 비행기표를 찾는다. 역시 출발 시간이 좋지 않다. 새벽에 일어나서 인천 공항으로 가야 한다. 비용을 아낄 수 있으면 몸이 좀 피곤해도 괜찮다. 그런데 아직 예약을 하지 못했다. 결정 장애가 있나?

그러다가 많은 시간이 흘렀다.

📫 2019년 1월 19일(토)

앗! 208,000원(말레이시아에서 시드니 편도 직항)

며칠 전 화요일인가 수요일에 173,000원 정도 하던 게 갑자기 올랐다. 지금 시각 토요일 오전 9시 15분. 항공권 가격도 주말을 타는가? 휴일이어서 좀 올려 받는가? 아이고 쌀 때 표 끊을걸. 세상을 주유하려는 방랑객에게 1~2만 원은 큰돈이다. 좀 더 기다리다가 이번 주 월요일부터 검색 열공해야지.

· 생각해 보니까 항공권 가격은 화요일이나 수요일 밤 11시 이후가 제일 싼 것 같다. 또 추측컨대 출발 전 6주에서 4주가 싸다.

· 호주 여행갈 때는 한국에서 가는 것보다 동남아, 특히 말레이시아에서 출발하는 편이 훨씬 싸다. 한국 → 말레이시아 편도가 17만 원에서 20만 원 사이이고, 말레이시아 → 시드니 편도가 20만 원

안쪽이니까 합쳐서 40만 원이면 된다. 한국 → 시드니는 약 90만 원은 하니까 가격 비교 불가다.

🧳 2019년 1월 20일(일)

에라 모르겠다. 질렀다. 쿠알라룸푸르에서 시드니까지 166,170원. 원래 말레이시아에서 3일 정도 머물다 시드니로 가려고 했는데, 항공권도 자꾸 비싸지고, 특히 말레이시아에서 유심을 사면 최소 1주일은 머무는 것이 득일 것 같아 말레이시아에서 1주일 정도 머물기로 했다. 해서 오늘 항공권을 알아보니 16만 원대에 나왔기에 그냥 질러버렸다.

값싸게 나왔을 때 바로 질러라!

이게 경험에서 나온 진리다. 후회되지 않게.

현재 항공권을 검색해 보니 말레이시아 → 시드니 → 뉴질랜드 → 시드니 → 말레이시아 또는 한국 일정이 항공권 가격으로 봐서 제일 합리적. 각각의 항공권은 1주일 전에 예약하는 것을 가정으로 함.

일단 지금까지의 일정은 이러하다.

2019년 2월 16일(토) 오후 3시 55분 인천 출발 → 오후 9시 40분 쿠알라룸푸르 도착 (에어아시아 178,900원)

2019년 2월 24일(일) 오후 11시 20분 쿠알라룸푸르 출발 → 오전 10시 45분 시드니 도착 (에어아시아 166,170원)

🧳 2월 7일(목)

항공권 구입은 무조건 금, 토, 일은 피해야. 이때가 제일 비싸다. 당연한 게 아닌가? 주말에 사람들이 많이 놀러가니까 사람들이 몰리고, 따라서 경쟁이 심하니까 비싸게 받는 거지. 어쨌든 항공권 구입의 최적기는 화, 수, 목이다. 월요일은? 글쎄 반반이다. 내 경험상!

오늘은 뉴질랜드 오크랜드에서 인천 가는 비행기를 1주 전, 2주 전, 3주 전, 1달 전, 7주 전으로 나누어 검색해봤다. 결론은 3주 전부터 그 이후로 가격이 비슷하다는 것. 그 이전의 표는 비싸게 나왔다. 이런 검색을 한 이유는 뉴질랜드에서의 여행 일정이 정확하지 않아서이다. 이렇게 시험 삼아 검색해 본 후에 현지에서 항공권을 알아보려 하는 것이다.

다 해치웠다.
말레이시아에서의 일정을.
항공권을.

쿠알라룸푸르 → 랑카위 → 말라카
국내선 2개 합쳐서 25,500원 + 32,966원 ㅋㅋㅋㅋㅋ
이제 자야겠다. 12시 다 돼가네. 시간이 너무 빨리 간다.

📷 2월 9일(토)

대략의 일정을 모두 짰다. 호주에서는 많은 시간을 머무르지 않기로
했다. 너무 도회적이고 너무 미국 같을 것 같고 그래서 시드니에서만
짧게 머무르기로 했다. 시내 3일, 당일 투어 1일, 울런공 등 근교 기차
여행, 시간이 남는다면 해변에서 어슬렁거리기 또는 오페라 하우스
근처에서 ㅋ

대신에 뉴질랜드에 더 있기로 했다. 처음의 계획과는 다르게 남섬부
터 시작해서 북섬으로 14일 동안 투어하는 것으로 정했다. 일정이 좀
빡빡하긴 한데 천천히 둘러보다가 시간이 모자라면 비행기로 곧장 오
클랜드로 가면 된다. 렌트카 일정을 꼼꼼히 짜볼 생각이다.

📷 2월 10일(일)

쿠알라룸푸르의 숙소를 정하다.
숙소를 정할 때 가장 중요한 원칙 중의 하나는 그 도시의 가장 핫한

장소 근처에 잡는 것이다. 여행자가 가장 많이 찾은 장소 근처 말이다. 여기서 많이 찾는 장소란 쇼핑센터, 박물관 등이 아니다. 그 나라의 길거리 음식을 마음대로 먹을 수 있고 맥주도 한잔할 수 있는 열린 장소를 말한다. 하루의 피로를 씻을 수 있는 경쾌한 곳.

괜히 숙소를 멀리 잡으면 이동 시간과 비용이 더 들고 힘들다. 그래서 쿠알라룸푸르에서는 부낏 빈땅이다.

가장 많이 돌아다닐 부낏 빈땅 잘로 알란 거리에 저렴한 숙소를 잡았다. 돈스 덴 호텔. 하룻밤에 18,000원 정도. 1층에 펍이 있어서 좀 시끄럽겠다. 방에 창문도 없고. 어쨌든 잠만 잘거니까. 그리고 잘로 알란 거리 전체를 나의 집처럼 생각하면 된다. 야외 테이블에서 맥주도 마시고 마사지도 받고 어슬렁거려야지. 여기서 3박을 한다.

그다음에는

5성급 호텔로 가서 1박 한다. 버자야 타임스 스퀘어 호텔. 약 67,000원 정도. 그야말로 럭셔리 호텔이다. 하루 종일 호캉스할까? ㅋㅋㅋ

🧳 2월 15일(금)

내일 출발이다.

1개월 일정이어서 그런지 뭐가 이렇게 복잡한지. 예약의 무덤에 빠진 것 같다. 자유 여행자에겐 누구나 천 원의 덫에 걸린다. 모든 예약에서 천 원, 이천 원을 아끼려고 무진 애를 쓴다. 여기도 뒤지고 저기도 검색하고 하면서 경비 절약에 안간힘을 쓴다. 그래서 그런지 예약을 확정하기가 쉽지 않다. 스카이 스캐너에서 시시각각 변하는 항공권 가격에 일희일비하고 예약 사이트마다 다른 호텔 가격을 비교하느라 정신이 없다. 차라리 패키지 여행을 가는 편이 낫겠다는 생각도 든다. 여행의 피로가 미리 몰려들기도 한다.

쉽게 가자. 일이천 원에 머리를 싸매지 말자. 어떤 형태로든 즐겁고 행복한 마음을 앗아가면 멈추자. 간단하게 쉽게. 돈을 좀 쓰더라도.

말레이시아 여행을 마치고 호주 시드니 공항에 도착했다.

🧳 2월 25일(월)

드디어 호주 시드니 도착. 공항 열차를 바로 타려다가 돈을 아껴보자고 400번 탔어. 근데 어디에서 내려서 기차를 타고 시내로 갈지 막막한 거야. 어 저기 보니 한국 학생들이 있네. 그래서 물어 봤지. 그랬더니 자기들도 그렇게 가고 있다고 따라오시라고. 세 정거장 가서 MAS-COT에서 내렸지. 고마워서 말레이시아에서 산 피스타치오 아몬드를 줬지. 되게 고마워하더군. 헤어지면서 하는 말.

"시드니에 4일만 있다 한국 갈 거예요."

와, 이 학생들 용기 보소. 이 먼 곳을, 이 비싼 곳을 4일만 보고 간다는군. 그냥 오고 싶어서 짧게라도 오는 거라고.

반성하자 반성하자. 여기 오기 위해 얼마나 쟀던가.
날짜, 호텔, 투어 코스, 그리고 경비 등.
난 저 아이들 반도 못 따라가.
분명
알바해서 모은 돈일 게야.
목숨 같은 돈을
단 4일에 쏟아부었어.

좋아하는 것을 위해
이리저리 재는 것은 바보

단순하게
알지?

1. 잔머리에 대하여

여행을 갈 때 누구나 빠질 수 있는 위험 '잔머리'

돈 좀 아껴 보자고 천 원이든 이천 원이든 조금 싸게 나온 것을 찾아 시간을 허비하는 경우가 많다. 물론 알뜰하게 여행하는 것도 좋다. 그러나 알뜰이 지나쳐 짠돌이 여행을 하기 위해 머리를 쓰다 보면 여행의 참맛을 다 놓치는 경우가 허다하다.

싼 비행기 타려고 예매 사이트에 수시로 들어가서 가격 비교하다 보면 여행에 대한 기대가 감소하는 경우가 많다. 또한 숙소도 싼 곳을 찾으려고 지나치게 인터넷을 검색하면서 헤메다 보면 여행도 가기 전에 피로감이 쌓이게 된다.

이왕 세상과 소통하기 위해 나선 길이라면 너무 잔머리를 굴리지 말자. 정해진 예산 범위 내에서 여행에 대한 설렘을 유지하면서 계획을 짜보자. 가보지 못한 곳을 여행한다는 기대감과 설렘은 늘 즐겁고 행복하다. 이런 기분을 놓치지 않는 한도 내에서 계획을 짜자. 조금이라도 여행 준비가 이런 기대감을 해치게 한다면 그 순간 계획을 중단하는 것이 좋다.

여행을 한다는 것은 새로운 세상을 만나러 가는 것이다. 아름답고 멋진 풍경, 평소에는 보기 힘든 진기한 것들, 그리고 나와는 다른 문화와 풍습을 가진 사람들을 만나고 보면서 삶에 충전을 얻기 위함이 아닌가. 이런 걸 느끼고 얻기 위해

돈도 모으고 시간도 내서 이미 많은 준비를 한 것이 아닌가. 이렇게 준비한 걸 갖고 그냥 훌쩍 떠나자. 과도한 계획 잡기로 미리부터 진을 다 빼지 말고.

구체적인 여행 계획을 짤 때는 통 크게 준비한 돈과 시간을 충분히 다 쓴다는 생각으로 쉽고 편하게, 무엇보다 즐거운 마음으로 계획해보자. 그러면 훨씬 더 세상과의 소통이 잘될 것이다. 같은 것을 보더라도 더 속속들이 느낌이 와닿을 것이다. 잔머리 굴리면서 소진해버린 에너지로 인해 여행의 재미를 잘 느끼지 못하는 우둔함에서 벗어날 수 있다. 세상의 날것 그대로를 온통 다 느낄 수 있다. 너무 디테일하게 계획하려고 머리를 지나치게 굴리지 말고 때로는 무계획도 계획이라는 생각으로 통 크게 여행의 즐거움만 생각하자. 세상의 결을 있는 그대로 느끼려는 기대감으로 여행을 계획하고, 그리고 여행을 떠나 보자. 세상과 소통해 보자.

2019년 3월 2일부터 뉴질랜드를 여행하고 3월 18일 한국으로 돌아왔다. 당연히 잔머리 굴리지 않고 통 크게 세상과 소통했다. 뉴질랜드의 속살을 가슴 벅차게 느끼고 왔다.

2019년 6월 21일부터 8월 22까지 두 달 동안 유럽 여행을 다녀왔다. 혼자서 유럽을 느끼고 싶었다. 모두들 힘들 거라며 반대했다. 외롭고 힘들어서 아마 중도에 포기하고 돌아올 것이라 했다. 그랬다. 많이 힘들었다. 외로웠다. 그러나 포기하진 않았다. 끝까지 완주했다. 소매

치기와 싸우고 외로움과 싸웠다. 힘들고 지칠 때도 많았다. 하지만 이게 다 유럽의 속살을 한 올 한 올 느끼게 해주었다. 또 다른 세상과 있는 그대로 소통하고 왔다. 특히 기억에 남는 것은 '소매치기'와 '외로움'이었다.

📦 2019년 6월 25일 이탈리아 바티칸

긴 줄을 섰다. 바티칸 미술관을 들어가기 위해서다. 아마 2~3시간 정도 걸렸던 것 같다. 너무 오래 기다려서 결국 전시물을 보는 둥 마는 둥 하고 말았다. 문 닫을 시간이 거의 다 돼서 입장했기 때문이다. 그래도 미술관에 와 봤다는 데 위안을 삼고 지친 몸을 시내버스에 실었다.

로마도 퇴근 시간이 되니 버스 안은 발 디딜 틈이 없다. 두 대의 버스가 전철처럼 길게 연결되어 있다. 겨우 제일 뒤 칸에 몸을 구겨서 집어넣었다. 그 와중에도 내 뒤에서 타는 사람이 있다. 마구잡이로 밀고 들어온다. 그 힘에 내 몸은 더 구겨졌다. 압사 당하지 않아서 다행일 정도였다.

몇 정거장을 갔을까? 이상한 느낌이 들었다. 누군가 내 바지 주머니를 만지는 것 같았다. 그래서 내려다보니 아까 내 뒤에서 탔던 로마 사람의 손이 바지 주머니를 노리고 있었다. 순간 그 사람의 눈과 마주쳤다. 그런데 그 사람은 나에게 씨익 미소를 날린다. 들켜서 당황하는 기

색이 전혀 없다. 소매치기가 저렇게 태연할 수 있을까? 내가 더 당황
스러웠다.

그 소매치기는 머리가 반쯤 벗겨진 대머리였다. 얼굴 군데군데에
갈색 구레나룻이 무질서하게 퍼져 있었다. 흉
악하거나 험한 인상은 아니었다. 미소
를 지어서 그런지 착한 이웃집 아
저씨 같았다. 소매치기 시도를 발
견한 나는 이 상황을 어떻게 해야
할지 난감했다. 그래서 주위 사람
들을 둘러봤다.

그 순간 깜짝 놀랐다. 내 옆에 있는 선
한 인상의 소매치기와 똑같이 생긴 사람이 몇 사람 건너 서 있었다.
놀란 나는 다시 그 소매치기를 돌아봤다. 역시 똑같았다. 몇 번을 번갈
아 봐도 똑같은 얼굴이었다. 쌍둥이였던 것이다.

이제야 상황을 제대로 알 수 있었다. 쌍둥이 소매치기는 한 사람이
목표물을 정해 작업을 진행하면 또 다른 사람은 망을 보는 식으로 일
을 하는 것 같았다. 작업하는 사람과 주위를 경계하는 사람으로 나눠
소위 영업을 진행한 것이었다. 그런데 이 두 사람이 쌍둥이이라니 어
안이 벙벙했다.

이러는 사이 버스는 다음 정류장에 정차했다. 그러자 두 사람은 약
속이라도 한 듯이 같이 내렸다. 그리고는 버스 앞 칸으로 이동했다. 나

에게 다시 한 번 미소를 날리고 별일 없었다는 듯이 소매치기 2차 작업을 위해 이동하는 듯했다. 이 상황을 어찌해야 할지 난감했다. 한국 같았으면 바로 소리쳐 알리면 기사는 버스를 경찰서로 몰고 갔을 것이다. 그리고 범인을 잡을 것이다. 그런데 여기는 이탈리아 로마 아닌가? 내가 당한 상황을 나와 가까이에 서 있는 사람들도 알고 있는 듯했다. 그런데 도와준다거나 소매치기를 응징한다거나 전혀 간섭하지 않았다. 알면서도 모르는 척했다. 나도 아무런 일 없었다는 듯이 체념해야 했다. 힘없는 외국인이 이 사태를 어떻게 감당할 것인가? 마음은 찜찜했지만 참기로 했다. 그런데 그 쌍둥이는 버스 앞 칸에서 또 작업을 시도할 것이 아닌가? 이번엔 성공했을까? 괜히 궁금해졌다.

🧳 2019년 7월 23일 영국 런던

참 기분 좋은 할머니였다. 런던에 산 지 30년이 넘었단다. 두 딸이 노팅힐 근방에서 한국 퓨전 음식점을 한단다. 그야말로 대박을 쳤단다. 장사가 너무 잘 돼서 분점을 두 군데에 더 낼까 생각 중이란다. 할머니가 지금 딸 가게로 나를 데려가고 있는 중이다. 맛있는 식사를 대접하고 싶단다.

전철을 탔다. 런던 전철은 소문 그대로 작고 비좁았다. 퇴근 시간이 임박하니 전철 안은 그야말로 인산인해다. 조심해야 한다. 할머니가 말씀하셨다. 가방을 단단히 보관하라고 당부했다. 가방이래야 앞에 메는 쌕 가방 정도다. 소매치기를 미리 방지하기 위해 뒤로 메는 배낭 대신에 준비한 것이다. 언제나 전방을 주시할 수 있으니까 소매치기는 걱정하지 않아도 될 듯 싶었다.

로마에서처럼 밀려서 전철을 탔다. 당연히 주위를 경계했다. 다행히도 남자는 없었다. 대부분이 여성이었다. 그래서 한시름 놓았다. 지금 생각해도 왜 그랬는지 모르겠다. 남자는 경계의 대상, 여자는 안심의 대상으로 생각했으니 말이다. 곧 이런 생각이 오판임이 증명되었다.

사람들 틈에 꽉 끼여서 가고 있었다. 얼마나 갔을까? 또 가방에 손길이 닿는 느낌을 받았다. 앞에 메고 있는 작은 쌕 가방임에도 불구하고 여지없이 소매치기의 목표물이 된 것이다. 그래서 주변을 둘러봤다. 순간 어떤 소녀와 눈이 마주쳤다. 그 소녀는 당황하는 눈치였다. 내 눈을 보자 황급히 눈길을 딴 데로 돌렸다. 동시에 쌕 가방에 닿았던 손도 도망갔다. 자신의 몸은 어쩔 수 없어 빼지 못하고 있었다. 나는 한참을 쳐다봤다. 그 소녀는 눈길을 주지 않았다. 그러다가 우연히 다시 눈이 마주쳤다. 소녀는 또 당황하며 눈길을 거두었다. 오히려 내가 태연했다. 로마에서 한번 경험해봐서 그런지 별 일 아닌 것처럼 느껴졌다.

17~18세쯤 보이는 소녀도 그렇게 나쁜 인상은 아니었다. 단지 뭔가 다급한 인상이었다. 아마도 생계를 위해 소매치기라도 해야 할 상황이었던 같다. 로마의 쌍둥이와는 달리 자신이 하는 행동이 범죄라는 것

을 잘 알고 있는 것 같았다. 당황하는 표정이 그걸 말해준다. 그런데 나는 이런 상황이 일상처럼 느껴졌다. 이상하지 않은가? 한번 경험한 것이 이렇게 사람의 마음을 변하게 만든다. 두렵다거나 신고 해야겠다거나 잡아야겠다는 등의 생각이 나질 않았다. 그냥 덤덤했다. 참 희한한 일이다. 전철이 정거장에 서자 그 소녀는 황급히 내렸다. 사라지는 그 소녀를 보면서 마치 내가 런던 시민이 된 것 같은 착각이 들었다. 소매치기에 익숙한 런던 사람들처럼.

🚂 2019년 7월 27일 프랑스 파리 루브르 박물관 인근

루브르 박물관에 가는 중이다. 거의 다 왔다 싶었다. 갑자기 젊은 청년이 다가온다. 하얀 티를 말쑥하게 차려입은 프랑스 청년이다. 자신은 유니세프 난민 어린이를 돕고 있다고 한다. 약간의 기부금과 함께 서명을 요구한다. 좋은 뜻이라 생각해서 서명하려다 멈추었다. 루브르 박물관 인근에서 서명을 빙자한 소매치기를 조심하라는 말이 생각났기 때문이다. 그랬더니 집요하게 따라오면서 서명을 요구한다. 나는 발걸음을 재촉하며 더 빨리 걸었다. 위험 지역을 벗어난 것 같다.

어, 이건 뭐지? 갑자기 두 사람이 동시에 나타났다. 입은 걸로 보아하니 아까 그 청년들과 한 패거리 같다. 하얀 티를 입은 것도 그렇고 멀쩡하게 생긴 것도 그 청년과 닮았다. 또 다시 서명을 요구한다. 이번에는 두 명이 동시에 나에게 붙는다. 난 거부하며 또 빨리 걷는다. 계속 따라오면서 좋은 일인데 왜 그러냐고 다그친다. 아무런 대꾸도 하지 않고 뛰듯이 걸었다. 두 사람이 얼마간 따라오다가 포기하는 것 같았다. 그러는 사이에 루브르 박물관에 도착했다. 주변을 둘러보니 하얀 티의 그 놈들은 보이지 않았다. 안도의 한숨을 내쉬고 앞에 멘 쌕가방을 검사했다. 헉! 가방이 열려 있다. 쌕 가방 안을 살폈다. 휴우! 다행히도 없어진 물건은 없다. 놈들의 손이 얼마나 빨랐는지 그렇게 경계했음에도 쌕 가방을 여는 데까지는 성공한 모양이다. 그래도 선방했다. 잃어버린 물건이 없으니까. 어, 근데 또 줄은 왜 이렇게 길어? 루브르 박물관 줄은 바티칸 미술관 줄보다 더 길다. 오 마이 갓! 오늘 중에 들어갈 수 있으려나?

🚂 2019년 7월 29일 프랑스 파리 전철 개찰구

오늘도 길을 나선다. 파리 구석구석을 탐미하려 한다. 전철표를 끊고 개찰구를 통과하려는 순간, 누군가가 스마트폰이 들어 있는 바지 주머니에 급히 손을 넣는다. 재빠르게 그 손을 낚아챘다. 지금 생각해도 참 놀라운 일이다. 얼마나 날렵했는지 내가 소매치기의 손을 붙잡은 것이다. 그런데 상황이 좀 묘하게 됐다. 내 몸이 개찰구 바에 끼이게 되었다. 소매치기의 손을 붙잡은 채 앞으로 가지도 뒤로 가지도 못하는 상황이 되었다.

그 상황에서도 소매치기에게 태연히 묻는다. "너 지금 무슨 짓 하는 거니?" 물론 영어다. 당연히 그놈은 못 알아 듣는다. 프랑스 사람이니까. 그저 웃고만 있다. 어이가 없어 나도 따라 웃었다. 그러면서 주위를 둘러본다. 많은 사람이 개찰구를 빠져 나가고 또 들어오고 있다. 저쪽 표 끊는 곳에서는 역무원이 이쪽을 쳐다보고 있다. 그런데도 아무런 조치를 취하지 않는다. 분명히 내가 당한 상황을 알 텐데 말이다. 오며 가는 시민들도 관여하지 않는다.

그럼 나는 어떻게 되는 걸까? 순간 두려운 생각이 들었다. 내게 붙잡힌 이놈이 나에게 해코지는 하지 않을까 해서다. 칼이나 흉기를 꺼내서 무슨 짓을 할 수도 있기 때문이다. 그런데 이놈은 꿈쩍도 하지 않는다. 도망갈 생각도 하지 않고 그저 멍하니 나와 그렇게 서 있기만 할 뿐이다.

얼마나 시간이 흘렀을까? 어떤 시민이 다가와서 자신의 표로 개찰구에 갇혀 있는 나를 꺼내준다. 다행히 빠져 나왔다. 그럼 그 도둑놈은? 내가 전철역 안으로 들어와야 했기 때문에 당연히 손을 놓아 주었다. 그놈은 역시 아무런 일도 없었다는 듯이 역을 빠져 나갔다. 뛰지도 않고, 그러니까 도망가려는 느낌은 하나도 없이 일반 시민들처럼 유유히 사라졌다.

어떻게 저렇게 태연할 수 있을까? 그놈은 전혀 죄책감도 없고 또 경찰에게 잡힐 두려움도 없는 것 같았다. 그리고 파리 시민들도 어쩌면 저렇게 아무렇지 않을까? 분명히 소매치기 현장을 목격했음에도 불구하고 아무런 조치를 하지 않았다. 소매치기를 잡지도 않고 신고도 하지 않는다. 그냥 자신의 갈 길을 갈 뿐이다. 자신의 일을 할 뿐이다. 그 참 알 수 없는 일이다.

🚂 2019년 8월 9일 스페인 마드리드

스페인 마드리드에서 급하게 전철을 타야 했다. 소매치기 때문에 유럽에서는 배낭을 앞으로 메야 한다는 사실을 순간적으로 깜빡 잊어버렸다. 한손에는 캐리어를 들고 또 한손에는 쇼핑백을 들었다. 배낭을 뒤에 메고 급히 전철역으로 내려가는데, 복도에 젊은 친구들 서너 명이 모여 기타를 치며 놀고 있었다.

저놈들도 믿을 수 없다. 소매치기일 수 있다. 지금 한탕할 목표물을 찾으면서 놀고 있을 수도 있다. 빨리 지나가야지. 내 생각엔 쌩하고 1초도 머뭇거리지 않고 놈들을 지나왔다고 생각했다. 개찰구를 통과하고 전철을 기다리면서 혹시 하는 마음에 배낭을 살폈다.

오 마이 갓! 배낭이 열려 있다. 급히 없어진 게 없는지 살펴본다. 휴 다행이도 잃어버린 게 없는 것 같다. 놈들에게 털리지 않은 것이다. 안도하는 마음에 모자를 쓰려고 찾았다. 어? 근데 모자가 보이질 않는다. 놈들이 내 모자를 훔쳐간 것이다. 배낭이 열린 곳, 최상단에 넣어 둔 모자였다. 여권이나 지갑이 아니어서 다행이라고 생각하다가도 너무 아

까워 속이 쓰리다. 돈은 몇 푼 안해도 애지중지하던 모자였다. 거의 10
년 이상을 쓰고 다녔다. 등산 갈 때, 트래킹 갈 때, 여행갈 때 항상 쓰고
다니던 모자였다. 아끼는 것 중의 하나였는데. 결국 놈들에게 당했다.

전철이 들어오고 있다. 어쩌지? 놈들에게 돌아가서 한바탕할까? 한
바탕해서 모자를 찾아올까? 한바탕하면 이길 수는 있니? 에이, 그냥
가자. 전철도 들어오는데. 잊어버리자. 모자 새로 하나 사지 뭐.

🚢 2019년 8월 18일 스페인 바르셀로나

마지막 여행지인 스페인 바르셀로나에 도착했다. 이제 1주일 후면
한국으로 돌아간다. 이곳에서는 가우디를 마음껏 느끼고 가고 싶다.
짐을 풀자마자 사그라다 파밀리아 성당으로 향했다. 전철을 탔다. 이
곳의 전철은 다소 여유가 있다.
물론 출퇴근 시간이 아니라서 그
런 것 같다. 그래도 앉을 자리는
없다.

한참을 서서 가는데 전철 안의
모든 사람들이 소매치기로 보인
다. 모든 사람이 나를 노리고 있
는 것 같다. 좋다. 한번 털려면 털

어봐. 아직까지 한 번도 털리지 않았다. 있다면 기껏해야 모자 정도 잃어버린 게 전부다. 많은 위기를 넘긴 나다. 드루와 드루와.

배짱 좋게 서 있었다. 약 일곱 걸음 앞에 서 있는 사람이 점점 나에게 다가온다. 배낭을 앞으로 메고 있다. 인상을 보아하니 여행객은 아니다. 스페인 사람 같다. 그런데 왜 내게 다가올까? 그것도 아주 천천히, 조금씩 조금씩. 딴 데 보는 척하다가 수시로 그 사람의 동태를 살폈다. 그러면 그렇지 소매치기다. 앞으로 멘 배낭에서 작은 담요를 꺼낸다. 그리고 자신의 손을 가린다. 그러면서 나에게 접근한다. 숨겨진 손으로 나의 쌕 가방을 노리는 것이 분명했다.

웃기지마 인마, 너의 정체를 다 알고 있어. 나는 그놈을 쓱쩍 째려본 후에 다음 칸으로 이동했다. 자세히 째려보지 못한 이유는 조금 겁이 났기 때문이다. 혹시 해코지를 할까 봐. 그래서 조용히 그놈 곁에서 멀어졌다.

유럽은 어딜 가나 소매치기들이 득실거린다. 이 상황을 어떻게 벗어나야 할까? 두 달간의 유럽 여행 막바지에 이런 생각이 들었다. 아하 현지인처럼 해서 다니자. 그러면 소매치기의 타깃이 되지 않겠네. 여행자처럼 모자 쓰지 말고, 배낭이나 쌕 가방을 가지고 다니지 말고, 등산복 등 여행자 복장을 하지 말 것. 이렇게 결론내고 나서 그다음 날부터 빈손으로 다녔다. 아무것도 들지 않고. 그리고 옷차림도 최대한 현지에서 사는 것처럼 입었다. 여행자 티를 내지 않았다. 샌들에 반바지,

반팔티를 입고 다녔다. 그랬더니 정말 편했다. 아무도 나를 주목하지 않는 것 같아서다. 자연히 소매치기들의 타깃에서 벗어날 수 있겠다는 생각이 들었다.

2. 소매치기에 대하여

로마에서 쌍둥이 소매치기는 회사 출근하듯이 버스에 올라타서 자신들의 영업을 시작했다. 나에게 들켰는데도 그냥 한 번 씨익 웃고 다음 타깃으로 이동했다. 자신들의 행동을 범죄로 생각하지 않는 것 같았다. 먹고살아야 하니까 직업으로서 소매치기를 선택한 것 같았다. 그래서 별 죄의식 없이 목표물이었던 내게 미소를 날리는 것이 아닐까? 그 미소는 범죄자의 미소가 아니었다. 이웃집 아저씨의 미소, 선한 미소였다. 어떻게 이런 상황이 벌어질 수 있을까?

런던의 전철 소녀, 파리의 말쑥한 청년들, 개찰구 앞의 과감한 놈, 스페인 마드리드의 패거리들, 그리고 미수에 그친 바르셀로나 전철 안 그놈. 모두 소매치기들이다. 특히 마드리드의 십대 소년들은 소매치기를 일종의 놀이로 생각하는 것 같았다. 기타치고 놀고 있다가 나 같은 여행객 등 타깃이 나타나면 차례대로 한 번씩 털어보는 것 같았다. 이번에는 네 차례, 다음번에는 나, 하면서 경쟁하듯 소매치기를 하는 것 같았다. 누가누가 돌을 멀리 던지나 내기하듯이.

이런 의문이 들었다. 왜 유럽에서는 소매치기가 활개를 칠까? 시민들은 왜 본체만체할까? 내 일이 아니기 때문에 모른 척하는 걸까? 아니면 일상적으로 허다하게 일어나는 일이기 때문에 무관심한 것일까? 이걸 일종의 '문화'로 생각할 수 있는 걸까? 소매치기가 우리 한국 사람들에게는 심각한 범죄지만, 이들 유럽 사람들은 일상의 한 단면쯤으로 생각하는 것은 아닐까? 술 취한 사람을 어디에서든 만나는 것처럼 소매치기도 그 정도로 생각하는 것이 아닐까? 술 취한 사람과 부딪치기 싫어 피하는 것처럼 소매치기도 피하면 그뿐이라고 생각하는지도 모르겠다. 어쩌면 소매치기가 유럽 문화의 한 부분일 수 있겠다는 생각도 하게 된다.

소매치기에 문화라는 말을 붙이는 게 좀 억지스럽다는 생각도 든다. 나쁘다고 생각하는 것에 문화라는 말을 쓸 수 있을까? 그렇다면 생각해 보자. 어떤 특정한 문화를 나쁘다, 좋다라고 평가하는 기준은 무엇인가? 그건 아마도 내가 속한 문화에서 봤을 때 나빠 보이는 것이 아닐까? 그 사람들의 입장에서 보면 과연 그게 나쁘다고만 할 수 있을까? 그저 그 나라의 고유한 문화일 뿐이지 않는가? 나쁘다, 좋다는 평가를 할 수 없지 않은가? 실오라기 하나 걸치지 않는 아프리카의 어느 부족처럼, 귀와 입술에 알 수 없는 커다란 장식물을 넣어 다니는 동남아의 어느 부족처럼, 이런 게 모두 그 나라의 고유한 문화가 아닐까? 이런 것들을 인정하고 존중하는 것이 바람직한 태도가 아닐는지. 여행지에서 만나는 그 어떤 이색적인 문화도 이해하고 수용하려는 자세를 가져야 하지 않을까?

소매치기를 이렇게 해석하는 것이 무리일 수 있지만, 여행이 색다른 뭔가를 보고 느끼는 것이라면 그리고 세상과 소통하는 것이라면 소매치기도 일종의 문화로 생각해도 되지 않을까? 이왕 간 여행을 나의 삶에 도움이 되게 승화시키려면 소매치기를 긍정적으로 바라볼 수는 없을까?

하나의 문화로서 소매치기, 이렇게 생각하는 것이 쉽지 않은 일이지만, 지금 와서 생각해 보니 참 재미있는 경험이었다고 여겨진다. 당연히 긴장도 했지만, 처음부터 이렇게 가볍게 긍정적으로 하나의 문화로 생각했다면 유럽 여행이 훨씬 더 재미있고 의미 있지 않았을까?

여행을 하다 보면 외로움이 형상화되어 나타나기도 한다. 놀랍고 신기하다. 얼마나 외로웠으면 이게 실체로 나타나다니. 그건 스페인 바르셀로나에서 일어난 일이었다.

🚂 2019년 8월 20일 스페인 바르셀로나

두 달 동안의 여행 마지막 종착지. 바르셀로나. 가우디를 마음껏 만나고 탱고 공연도 관람했다. 그리고 스페인 대표 음식 파에야도 실컷 먹고 유유자적 놀고 있다. 오늘은 람블라스 거리를 거닐며 길거리 퍼포먼스도 보고 주변을 유유자적 산책하고 있다. 그런데 뒤에서 한국말이 들린다. 어찌나 반가운지 바로 돌아본다. 어? 그런데 한국 사람은 없다. 아예 동양인이 없다. 전부 다 노랑머리 외국인이다. 그런데 왜 한국말이 들린 거지?

이상하다 생각하면서 또 한참을 걷는다. 또 한국말이 들린다. 이번에는 앞에서 한국말 소리가 난다. 황급히 이리저리 둘러본다. 아무리 찾아봐도 한국 사람은 코빼기도 보이지 않는다. 왜 이럴까? 환청일까? 아니면 너무 오랫동안 해외에 나와 있어서 현지 말이 한국말처럼 친숙하게 들리는 걸까? 그렇다. 분명히 스페인 사람이 말하는데 그 말을 다 알아 듣는 것처럼 느껴진다. 스페인어가 맞는데 이게 들리다니. 이게 이해된다니. 이게 우리말 같다니. 어떻게 이럴 수 있을까?

벤치에 앉았다. 잠시 생각해 본다. 스페인어가 우리말처럼 느껴지는 이유는 아마 고향에 대한 그리움 때문일 거다. 스페인어 공부를 한 번도 해본 적 없는데 스페인말이 이해될 수는 없다. 단지 스페인어가 내 고향 말처럼 느껴질 뿐이다. 내가 알아 듣고 이해하는 것처럼 착각할 뿐이다. 한국이 그리워, 한국 사람이 그리워, 주변에서 들리는 말들이 모두 한국말처럼 느껴지는 것이다.

이런 경험은 처음이다. 집 떠난 지 이제 두 달 다 되어 가는데 그만큼 외로운 것이다. Home Sick, 향수병에 걸린 것이다. 조금만 참자. 곧 한국으로 돌아간다. 대신에 바르셀로나를 더 음미하자.

곧장 가우디의 사그라다 파밀리아 성당으로 다시 갔다. 인간이 만든 건축물이 어찌 이렇게 자연을 닮았을까? 사람의 손으로 만든 것이 아니라 조물주의 손으로 빚은 자연의 형상 같다. 성당 안에는 울창한 나무가 자라고 있는 것 같다. 그 나무 사이로 신의 계시인 양 밝은 햇살이 쏟아져 내린다. 그 햇살을 온몸으로 받으며 외로움을 달래본다. 그리고 가우디의 상상력 한 자락을 타고 그 속에 깊숙이 빠져 든다.

3. 외로움에 대하여

여행을 다니다 보면 어느 순간 외로움이 물밀듯이 밀려올 때가 있다. 장기간 여행일수록 더 그렇다. 카페에 앉아 낯선 이방인들을 보며 사색에 잠기기도 하고 눈 덮인 멋진 설산을 보며 멍때리기도 한다. 도시의 골목골목을 누비며 우리와 다르게 살아가는 사람들을 보며 일상의 소중함을 느끼기도 한다. 세상을 주유하며 세상의 속살을 느끼면서 삶의 행복을 가슴 가득 안기도 한다. 그런데 이 와중에도 외로움이 틈새를 비집고 스멀스멀 올라오기 시작한다.

문득 이런 생각이 든다.
'이 멋진 풍경을, 이 아름다운 사람들을, 이렇게 맛있는 곳을 왜 나 혼자만 왔을까? 아내랑 아들이랑 딸과 같이 왔으면 얼마나 좋았을까?'
그러면서 외로움에 몸을 떨기도 한다. 여행 중에 많은 사람들을 만나기도 한다. 호텔에서, 관광지에서 만나면 많은 대화를 나누기도 한다. 그러나 이것이 가슴 밑바닥에 내재되어 있는 가족에 대한 그리움을 채울 수는 없다. 그리고 이 그리움은 외로움이 된다.

이럴 땐 어떻게 해야 할까? 여행을 접고 돌아와야 할까? 아닐 것이다. 오히려 철저히 더 외로워 보면 어떨까? 외로움을 즐기는 것이다. 여행을 떠난다 함은 세상과 소통하기 위해서가 아닌가? 세상과의 소통은 혼자일 때 더 잘될 수가 있다. 홀로 여행하면 세상의 속살을 더 잘 느낄 수 있다. 혼자가 되면 일상의 소음들을 멀리할 수 있다. 사람들과의 쓸데없는 대화, 관성에 의해 만나는 사람들, 습관적으로 보는 것들과 듣는 것들, 또 출근과 퇴근이라는 화석화된 행동 패턴 등으로부터 멀어질 수 있다. 그래서 홀로 세상을 마주할 수 있다. 그러면 세상이 나에게 말을 걸다. 그리고 나도 화답할 수 있다.

이렇게 혼자 여행하다 보면 앞서 말한 것처럼 외로움이 느껴질 때도 있다. 이건 아마도 평소에 익숙했던 일상들에서 벗어나 있기 때문에 느끼는 두려움 때문이 아닐까? '낯선 것에 대한 두려움' 인간의 원초적인 감정이 아닐는지. 그런데 또 한편으로는 '낯선 것에 대한 동경', 이 또한 인간의 본능이 아닌지. 그래서 여행을 떠나는 게 아닌가?

그렇다면 외로움은 자연스러운 것이다. 외로움 때문에 여행의 참맛을 포기할 수는 없지 않은가? 오히려 외로움을 철저히 느낄 필요가 있을 것이다. 외로움을 고독으로 승화시키면 어떨까? 언뜻 보기에 외로움과 고독은 비슷한 것 같다. 국어사전을 찾아봐도 비슷한 뜻으로 나와 있다. 그런데 고독을 외로움과 구분하고 싶다. 외로움은 '쓸쓸한 느낌과 마음'을 뜻한다면 고독은 그 '쓸쓸한 느낌과 마음'을 '들여다보고 즐기는 것'으로 정의하고 싶다. 쓸쓸해지는 내 마음을 덤덤히 바라보면서 나 스스로와 대화하는 것이다. 나와의 소통을 시작하는 것이다. '나'라는 존재와 소통의 문을 열고 나 자신을 바라보는 것이다. 그리고 이런 과정을 즐기는 것이다.

나와 소통하기 시작하고 이걸 즐기다 보면 내가 누구인지, 내가 뭘 원하는지, 앞으로 어떻게 살 것인지, 내 꿈이 뭔지 등에 대해 성찰할 수 있다. 그러면서

내가 행복해질 수 있는 방법을 고민하고 찾게 된다. 결국 나의 현재 모습을 갈고닦아서 더 빛나게 할 수 있는 길을 모색하게 된다.

또한 고독을 즐기다 보면 내가 얼마나 소중한 존재인지를 알게 된다. 또 나를 둘러싼 모든 것들이 얼마나 소중하고 감사한지도 알게 된다. 나의 가족, 나의 친구, 나의 동료들이 얼마나 소중하고 감사한지를 느끼게 된다.

그래서 여행은 외로움을 느끼러 가는 것, 고독을 즐기러 떠나는 것일 수 있다. '외로움'과 '고독'을 철저히 즐기면서 세상과 소통해 보자. 세상과의 소통 중심에는 내가 있다는 사실을 알게 될 것이다. 내가 곧 세상이고 내가 곧 우주임을 알게 된다. 나와 똑같은 존재는 없다. 나는 스스로 유일무이한 존재이다. 그 누구와도 바꿀 수 없다. 그래서 세상 속에서 우주에서 유일하게 반짝이는 존재인 것이다. 그래서 나를 사랑으로 더 반짝이게 해야 한다. 더 갈고닦아야 한다. 나를 사랑하고 또 사랑해야 한다. 나에 대한 사랑은 다시 내 주변과 세상에 대한 사랑으로 이어질 것이다. 더 깊고 아름답게.

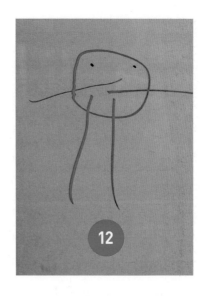

하루와의 대화
자아 소통

희뿌연 것이 눈을 자극한다.
온 사방이 까아만 이 고요, 이 평화를 살짝 건드린다.
감은 눈 주위로 기분 좋은 하아얀 물감이 서서히 번진다.
눈을 뜰까 말까.

오늘도 어김없이 찬란한 아침이 오셨다.

내 몸이 깨어나듯 온 천지를 일어나게 하는 이 흰 물감
몸속 근육과 장기가 꿈틀거리고 혈관을 펌프질하게 하는 이 빛
짹짹 새들이 기지개 펴고
나뭇잎과 꽃들이 가슴을 활짝 여는 이 아침
그래서 찬란하고 그래서 위대하다. 그래서 오신 것이다.

천천히 실눈을 뜬다.
이 소중한 아침 빛을 한 올 한 올 감사히 안기 위해
아주 얇은 빛 선이 들어온다.
조금씩 눈을 연다. 빛이 서서히 차오른다.
나는 아직 실눈이다. 도저히 아까워 눈을 다 뜰 수가 없다.
만물에 생기를 불어넣는 새벽의 하얀 기운을 더 붙들고 싶다.

삐삐삐 삐삐삐

갑작스러운 자명종 소리에 놀라 나도 모르게 확 눈을 떴다.

탁!

자명종 소리를 지웠다.

그러나 아직도 이불 속
이다. 창문 틈으로 들어
오는 아침 햇살에 말을
건다.

빛, 니가 실어오는 모든
것에 감사해할 수 있는
하루가 되게 해다오.

그래서 너의 숨결 마디마디를 느낄 수 있게 해다오.

그 숨결 위에 올라타서 신나게 놀 수 있게 해다오.

오늘 하루 잘 놀기 위해

일어난다.

💬 똥

제일 먼저 찾은 곳은

변기

그 위에 앉아 집중한다. 똥을 잘 때리기 위해

욕실 창밖에선 아침 새들의 노랫소리가 가득하다.
째재잭 째재잭 리듬이 장을 춤추게 한다.
조금 있으면 똥이 빛을 보리라. 똥이여 어서 나오라.
주문을 걸자 한 줄기 굵은 똥이 삐쯱 얼굴을 내민다.
동시에 이 구수한 냄새. 정말이다.
내 똥이어서 그런지 냄새가 괜찮다.
차츰 욕실에 나의 냄새가 가득해진다. 똥도 변기에 가득하다.
똥에게 말을 걸고 똥의 냄새를 맡는 지금 참 좋다.
행복하기까지 하다. 진짜다. 똥과 대화를 해보면 기분이 좋아진다.
하루의 시작을 멋지게 할 수 있다.

변기 물을 내리기 전에 똥을 유심히 본다.
어제 뭘 먹었는지 누굴 만났는지 기분이 어땠는지 다 쓰여 있다.
똥은 일기장이다. 그래서 보게 된다. 보면서 반성하고 감사한다.
똥 속에 내가 있다. 내가 똥이요 똥이 나다. 하나다. 일체다.
그래서 늘 말을 걸어 본다. 잘 될 때도 있고 안 될 때도 있다.
안 될 때는 무심해지려 노력한다. 그냥 똥만 쳐다본다.

똥으로 멍때리기!

그리고 물을 내린다. 똥이 변기 속으로 빨려 들어갈 때
상념들도 빨려 들어간다. 아니 무수한 생각을 버리려 노력한다.
그러고 나면 참 시원하다. 배 속도 머릿속도 다 시원하다.

💬 입, 코, 눈 그리고 오장육부

이젠 입안을 물로 헹군다.

잇몸과 이의 건강을 위해 입속 샤워를 한다.

뭐든 잘 먹어야 하기 때문이다.

음식과 찐한 대화를 나누기 위해서다.

그 대화의 첫 단추는 먹고 마시는 것이기 때문이다.

그리고 콧구멍 샤워도 단행한다. 오른쪽 코 두 번 왼쪽 코 두 번.

언제부턴가 이는 하루 세 번 닦으면서

코는 왜 씻지 않을까 하는 의문이 들었다.

마침 알레르기성 비염도 있고 해서 코 세척을 시도해봤다.

새로운 세계다. 일주일이 지나고 한 달이 지나고 그렇게 시간이 흐르면서 코가 건강해졌다.

비염이 많이 좋아졌다. 덩달아 눈도 좋아진 것 같다. 패~앵하고 코를 풀 때 눈곱 등 이물질이 함께 밖으로 배출되어 눈을 맑게 해주는 것 같다. 하루 종일 눈이 하나도 안 피로하다.

이젠 냄새도 더 잘 맡고, 눈으로 보는 게 훨씬 더 편해졌다.

작은 것들의 미세한 부분과 더 잘 소통할 수 있게 됐다.

맛의 깊이를 더 잘 음미하고, 옅은 냄새에도 코를 벌렁이게 되고,

노안의 불편함을 많이 덜었다.

이제 이 닦기, 세수, 머리감기 등의 순서일거라 다들 생각할 것이다. 아니다. 이 과정은 건너뛴다. 지금 할 단계가 아니다.

우엉차를 우려낸다.
보온병에 볶은 우엉 대여섯 개를 넣고 뜨거운 물을 붓는다.

차가 우러나오기를 기다리며 스트레칭을 한다. 근육과 뼈가 늘어났다 줄었다 하며 말을 걸어온다. 목을 돌리자 뻐덕뻐덕 소리를 내며 척추 근육과 뼈에 뭔가를 전달한다. 오늘 하루 잘 살아보자고, 뼈와 근육들이 '우린 준비됐어'.

배에서 꼬로록거린다. 뭔가를 달라는 신호다. 우엉차를 한잔 먹는다. 고소하고 따뜻한 차가 온 내장을 훑고 내려간다. 배 속 기관들이 즐거움에 움찔거린다. '우리 역시 준비됐어. 자 시작해보자구'.

좋지, 렛츠 고!

💬 사 과

사과를 꺼낸다. 언제부턴가 매일 아침 사과 한 개를 먹는다. 크든 작든 무조건 한 개다. 것도 껍질째 먹는다. 아마 어떤 연예인이 그렇게 먹는다고 해서 따라 한 것 같다. 피부에도 좋고 소화 기관에도 좋고 어쩌고저쩌고… 여하튼 다 좋단다. 시작한 지 5년이 넘어가는데 참 좋은 것 같다. 일단 아침에 응가를 잘 한다. 속이 편하고 좋다. 얼굴 빛깔도 좋아지는 것 같기도 하고. 어쨌든 일일 일 사과 할 일이다.

근데 이놈 이거 어찌 이렇게 빛깔이 고울까? 붉다 못해 타버릴 지경이다. 이건 또 어떤가? 수줍게 얼굴을 살짝 내민 노랗고 초록한 것이 붉음을 더 아름답게 만든다. 세상의 온갖 기운을 머금고 있다. 보고 있기만 해도 좋다. 먹긴 먹어야 할 텐데 고민이다. 어느 예술작품보다 더한 이것을 어떻게 먹는단 말인가? 그렇다고 보고만 있자니 시들 것 같다. '가장 화려할 때 떠나라'고. 이대호와 푸홀스가 이번에 은퇴했잖아, 엄청난 기록을 남기고. '아끼면 똥 된다'라는 말도 있지 않은가? 그래 가장 아름다울 때 먹어 치우자.

반을 자른다. 오! 이 상큼한 냄새. 코를 바짝 댄다. 온 폐부에 사과 향이 퍼지면서 그 아름다운 빛깔이 온몸을 휩싼다. 난 지금 사과다. 사람의 탈을 쓴 사과. 온 세상 기운을 다 머금은 사과. 먹기도 전에 벌써 취한다. 경쾌한 아침이 빛깔 고운 상큼한 사과를 만나 온 천지의 맑음으로 내 주변을 도배한다. 그 속에서 난 비틀거린다.

베란다로 간다, 네 쪽으로 자른 사과를 쟁반에 담아서. 창문을 연다. 새들의 지저귐과 나무들의 살랑이는 춤 사위가 한꺼번에 쏟아져 들어온다. 한 입 베어 문다. 오! 예! 바로 이거지. 달콤 새콤한 즙이 탁 터지며 눈이 오토메틱으로 감긴다. 순간 온 세상을 다 가진다. 재잘거리는

새가 되어 하늘을 날다가 나무들과 살사 댄스를 추기도 하고 솔솔 부는 바람이 되어 뒷산에 오르기도 한다.

지금 사과와 함께한 시간이 5분도 채 되지 않았지만, 순간이 영원이 되는 신비한 체험을 하고 있다. 24라는 세속의 시간은 말 그대로 세속적인 것이다. 나만의 시간은 이 경계를 넘는다. 지금 이 5분이 영원으로 가고 있으니까. 초침 분침 시침으로 말할 수 없으니까. 영원으로 간다고 할 수밖에. 사과 한 입 베어 문 이 순간은 새가 되고 나무가 되고 바람이 되는 영원의 세계다.

💬 마 늘

이제 마늘 차례다. 요놈도 일일 오쭉 한다. 하루에 마늘 다섯 알을 먹는다. 먹는 방법은 전자렌지에 1분 찜 하면 끝. 생마늘을 꿀에다 재워서 먹어도 보고 굽기도 해보고 아예 생으로 먹어 봤지만, 모두 꽝. 좀 비싸긴 하지만 깐 마늘을 사서 찜해서 먹으면 얼마나 맛있게요. 아차 마늘 태생도 중요하다. 전국에 좋다는 마늘 다 먹어 봤지만, 난 해남 마늘이 제일 좋더라. 땅의 기운을 고스란히 다 받아서 그런지 재배지마다 맛이 다 다르더라. 예를 들면 제주 마늘은 화산 지대여서인지 왠지 좀 쓴맛이 난다. 해남 마늘은 남쪽 바다의 기운을 담아서 참 달고 맛있다. 전적으로 개취, 즉 개인적인 취향이다. 여태껏 살아오면서 마늘이 맛있어서 먹는 건 처음이다. 건강에 좋다 해서 먹던 마늘을 말이다.

먹고 보니 참 좋더라. 코로나로 난리지만 걱정이 없다. 한 번도 걸리지 않았다. 전적으로 마늘 때문이라고 믿고 싶다. 마늘의 면역력 증가 효능 때문. 난 매년 환절기, 그러니까 가을에서 겨울로 옮겨가는 시기에 꼭 1주일씩 앓아 누웠다. 몸살감기가 늘 찾아 왔다. 근데 마늘을 먹고 난 다음부터는 그런 게 싹 없어졌다. 그래서 마늘 메니아가 되었다.

스킨도 마늘 로션을 쓴다. 이건 울 장모님의 비법이 담긴 것이다. 마늘에다가 식초도 넣는 것 같고 다른 약재도 섞여 있는 것 같다. 비법을 여쭤 봐도 장모님도 그 조합을 정확히 모르신다. 근데 이게 신기한 것은 얼굴의 잡티를 싹 없애준다. 뾰루지도 사라지게 만든다. 게다가 얼굴도 하얗게 만드는 것 같고, 아니 미백 효과에 그치지 않고 얼굴에 화색이 돌게 한다. 보는 사람마다 얼굴 좋다고 한다. 이 또한 마늘 스킨 때문이라고 생각한다. 그래서 또 마늘 예찬론자가 된다. 물론 좋은 생각, 좋은 사람 만나기, 잠 잘자기 등 다른 요인도 있겠지만, 그래도 난 마늘 때문이라고 믿는다.

이렇게 나의 아침 식사는 우엉 차, 사과 한 개, 마늘 다섯 알이다. 처음엔 꼬로록 소리가 났지만 지금은 몸이 가볍고 좋다. 무엇보다 천지의 기운을 더 잘 느낄 수 있어서 좋다.

💬 면도, 세수, 머리감기

이제 세면대로 향한다. 면도기부터 찾는다. 이놈의 수염은 어찌나 빨리 자라는지. 머리카락처럼 대머리가 된다든지 고위평탄면이 된다든지 이런 행운은 수염에는 해당되지 않는다. 머리털의 입장에서 머리카락이 한 올이라도 없어지는 게 불행이지만.

수염을 하루만 안 깎아도 지저분해 보인다. 남자들은 평생 수염의 굴레에서 헤어나올 수 없나 보다. 오늘도 면도기를 돌리고 돌린다. 윙윙 거리는 소리는 남자의 존재를 알리는 자명한 신호일 거다. 아빠가 출근하는지 옆집에 어떤 아저씨가 사는지 가장 쉽게 알 수 있는 방법이니까. 또는 남자의 권위가 땅에 떨어졌다지만, '나 여기 살아 있소'를 외치는 무언의 항거일지도 모른다. 여성들을 향한.

세수를 한다. 먼저 차가운 물로 턱과 입 주위, 구레나룻을 적셔준다. 면도날이 지나간 길을 차가운 물이 따라가면서 마사지한다. 성난 피부를 물이 어루만져 준다. 입안에 민트가 터지듯 샤아한 느낌이 들면서 피부가 웃는다.

이번엔 코와 눈, 광대뼈와 이마에 물길을 낸다. 얼굴 전체를 찬물이 마사지한다. 얼굴에 꽃이 피기 시작한다. 오늘은 무슨 꽃일까? 아마 국화일게다. 찬란한 가을 아침이니까.

목덜미도 빠질 수 없다. 물의 손길이 닿는 순간, 우와~~~ 온몸이 위로를 받는다. 목덜미를 타고 찬물의 싱그러운 기운이 척추를 타고 온몸에 퍼진다. 경쾌하게 몸이 살짝 떨린다.

머리를 감는다. 이 지점에서는 신경을 더 써야 한다. 하루가 다르게 머리털이 도망간다. 이놈들을 붙잡아야 한다. 근데 왜 머리카락에 집착할까? 그냥 빠지는 대로 살면 되지 않나? 그게 또 그런 게 아니다. 이마를 덮는 머리카락 개수가 몇 개냐에 따라 사람 이미지가 확확 바뀐다. 근데 여기서 말하는 이미지란 무엇인가? '젊음'의 이미지가 아닌가? 그럼 젊은 것은 다 좋은 것인가? 또 늙은 것은 나쁜 것인가? 나도 어쩔 수 없는 이분법적 사고의 노예인가 보다. 말로는, 이론적으로는 늘 이분법의 파괴, 추상적 총체성에 반대 등을 외치면서 정작 내 생활은 그 늪에 빠져 있는 것이다. 벗어나야 한다. '젊음'과 '늙음'을 가르는 그 선을. 머리카락 숫자 놀음에서. 그렇다 하더라도 머리 건강을 위해 손가락에 힘을 주어 머리카락을 마사지하듯 부드럽게 헤집는다. 동시에 샴푸의 성분과 향내를 맡으며 이것들이 머리 구석구석을 스며들도록 애쓴다. '머리야 머리야 항상 고맙다. 너 때문에 내가 오늘 하루를 멋지게 살 수 있을 것 같다.' 대화를 나눠본다. 그럼 머리카락이 한 올 한 올 되살아나는 것 같다. 말로, 샴푸 향으로, 손가락으로 머리와 소통하다 보면 머리에서 엔돌핀이 도는 것 같다. 아니지 머리에는 엔돌핀이 없지. 혈액 순환이라고 하자. 혈액이 더 경쾌하게 신나게 머릿속을 돌아다니는 것 같다. 그 순환이 머리를 맑게 하고 기분 좋은 기운을 불어넣어 준다. 이렇게 하다 보면 몇 분이 지나간다. 절로 샴푸의

성분이 머리카락을 윤기 있게 만들고 더불어 머리도 전체적으로 반짝이게 한다. 이제 물로 헹군다.

이번에는 이 닦기다. 하지만 점심시간 이후로 미룬다. 먹은 것도 없는데 닦을 필요가 없다. 어떤 사람은 자는 동안 입속에서 수많은 세균이 증식하기 때문에 아침에 반드시 이를 닦아야 한다고 말한다. 물론 그렇다. 대신에 나는 물로 헹군다. 어느 정도 세균이 없어진다. 이를 자주 닦으면 이가 상할 것 같아서다. 치아뿐만 아니라 잇몸도 생채기가 날 것 같아서다. 실제로 이를 너무 자주 닦아서 잇몸병이 생기는 걸 많이 봤다. 이는 오복 중에 하나라고 했다. 이가 건강해야 맛있는 것도 많이 먹을 수 있고 맛있는 걸 많이 먹어야 내 몸 전체가 웃을 수 있기 때문이다. 이로 뭘 씹을 때 이에 감사한다. 뭐든 먹을 수 있게 해준 이 하나하나에 접선을 시도하며 소통하려 한다. 소중함을 느끼며 감사의 마음을 전달한다. 그래서 이 닦기를 하루에 두 번 하면서 치아 건강을 지키려 한다.

💬 거울 보기

거울 앞에 섰다.
낯익은 얼굴이 보인다.

몸도 보인다. 얼굴과 몸, 이중에서 뭘 볼 것인가?
못나 보이는 것이 먼저 눈에 들어온다.

짝짝이 눈, 안으로 굽은 안짱다리.
왜 그럴까? 알 수 없다.

그렇다면 보지 않으면 되잖아. 잘난 부분만 보면 되지.

어색한 쌍꺼풀과 크기가 다른 눈이야 선천적인 것이고
안짱다리는 어릴 적에 울 할매가 매일 업고 다녀서 굽은 것이고
짝짝이 눈은 그 누구에게도 없는 나만의 개성
안짱다리는 내 할머니의 사랑의 징표

보이면 어때? 보면 어때? 둘 다 소중한 것인데

그래서 거울 속의 나는 늘 행복한 존재
못나 보이는 것도 좋아라 하고
잘나 보이는 것은 더 빛나게 갈고닦는다.

거울 앞에 선 나는
오로지 나와 나만의 세계를 만든다.
온통 나와의 대화로 색칠한다.
어떤 누구도 낄 틈을 주지 않는다.

왜냐?
그동안 너무 남의 시선으로

나를 보았기 때문이다.

남의 시선으로 헤어를 하고 얼굴을 만졌으며 옷을 입었다.
그 속에 나는 없었다. 행복하지 않았다.

이젠 내가 나를 위해 머리를 빗고 로션을 바르고 옷을 매만진다.
그 속에 빛나는 내가 있다.

💬 커 피

이놈은 늘 고민이다. 모닝커피 한 잔을 때려야 한다는 유혹에 늘 사로잡힌다. 왜 유혹이냐 하면 빈속에 커피를 먹는 것이 안 좋기 때문이다. 앞서 말한대로 우엉 차, 사과, 마늘이 나의 아침 식사인데, 이건 거의 빈속이나 다름없기 때문이다. 빈속에 커피, 이건 피해야 한다는 게 정설이 아니던가? 근데 난 마셔야 한다는 강한 유혹 때문에 커피를 마시고야 만다. 왜냐? 그 이유는 다음과 같다.

바로 '아침 공기 브랜딩 커피(morning air blending coffee)' 때문이다.

무슨 말이냐 하면 서재에 내려와 창문을 열면 청량한 아침 공기가 훅 들어온다. 그야말로 훅하고 갑자기 쳐들어온다. 이 공기에 실려 커피 향과 맛은 더 짙어진다. 그 냄새와 맛은 매일매일이 다르다. 어쩔 땐 마당의 흙냄새와 섞이고 때론 감나무와 때론 소나무, 철쭉꽃, 장미, 매화 냄새와 브랜딩된다. 심지어 새들 소리와 섞여서 묘한 커피 맛이 난다. 커피의 무한 변신, 이 맛에 모닝커피를 참을 수 없다. 창틀 앞에 앉아서 시간 가는 줄 모른다. 커피 한 잔 들고 온갖 맛과 냄새를 탐닉한다. 호사가 아닐 수 없다.

💬 출 근

웬만해선 차를 가지고 다니지 않는다. 늘 대중교통을 이용한다. 마을버스를 타고 전철을 탄다. 뚜벅이다. 걸어 다닌다. 전철 계단을 오르내리고 천변을 걷는다. 운전하면서 보는 풍경과 걸으면서 보는 전경은 많이 다르다. 운전할 때 몰랐던 디테일한 것들이 눈에 들어온다. 나뭇가지들의 흔들림, 꽃들의 향기, 새들의 날갯짓, 심지어 공기 냄새, 흙냄새까지 맡을 수 있다. 그래서 걷는 게 좋다.

직장이 많이 멀어서 기차도 탄다. 행운이라고 생각하는 건 대성리 - 청평 - 가평 - 강촌으로 이어지는 북한강의 아름다움을 늘 볼 수 있기 때문이다. 청량리에서 춘천까지 50분 남짓 걸리는 시간이 나에겐 힐링 타임이다. 창밖으로 펼쳐지는 맑은 강물과 산들, 솜털 같은 구름을 보느라 정신이 없다. 가끔 수업 준비도 하고 간밤에 못 본 뉴스도 보고 싶지만 자꾸 창밖의 풍경에 눈길을 뺏긴다. 매일 보는 것이지만 항상 새롭다. 남들은 일부러 시간을 내서 여행이라도 가야 볼 수 있는 것들

을 난 일상 속에서 늘 볼 수 있으니 이 얼마나 큰 행운인가? 농담으로 지인들에게 말한다. 만약 춘천 가는 기차를 타면 창밖으로 보이는 풍경, 모든 것이 내가 다듬고 가꾸어 놓은 것이다. 그래서 김혁조의 정원이라 생각해라. 그도 그럴 것이 거의 매일 내 마음의 손길이 창밖 풍경을 예쁘고 아름답게 가꾸기 때문이다. 시쳇말로 '혼이 깃든 터치'를 했기 때문이다.

'마음의 손길', '혼이 깃든 터치'를 좀 더 풀어보자면 아마 이런 걸 거다. '아름답게 보기', '소중하게 보기', '감사하게 보기'. 우리가 살다 보면 관성에 의해 습관적으로 살게 된다. 공기처럼 항상 곁에 있어서 고마움과 소중함을 모르며 살아간다. 무언가에 쫓기며 살아서이기도 하다. 돈에 쫓기고 명예에 눈이 멀고 권력을 탐하느라 주변의 아름다움을 놓치게 된다. 일상의 작은 다툼들 때문에도 주위의 소중함을 잃게 되기도 한다.

만약에 매일같이 보는 북한강의 풍경을 아무 생각 없이 본다면 그저 그런 흔히 보는 일반적인 풍경이 될 수도 있다. 항상 보는 것이니까. 늘 똑같으니까. 습관적으로 무의미하게 생각할 수도 있다. 그러나 난 노력한다. 관성과 습관에 빠지지 않으려고.

먼저 '아름답게 보기' 위해 노력한다. 어제의 강물과 다른 오늘의 강물의 아름다움을 찾으려 애쓴다. 그러다 보면 강물의 빛깔이 달라 보이고 바람에 일렁이는 물살의 예쁜 춤들도 보게 된다. 또 강물에 비친

산천의 고운 자태도 눈에 들어온다. '아름다움'을 보기 시작하면 그것이 '소중하게' 된다. 늘 보던 강물이 똑같지 않고 항상 아름다운 변신을 하기 때문에 소중한 것이다. 나에게 기쁨과 행복감을 주기 때문에 소중한 것이다. 그래서 또 '감사하게' 된다. 아름답고 소중한 것을 느끼게 해주기 때문에 감사하게 된다. 감사한 마음이 생기면 또 다시 소중하게 되고 또 더 아름답게 보이기 시작한다. 그야말로 선한 순환이 생긴다. 그리고 가슴 속 한편에서 행복감이 차오른다.

비단 북한강의 풍경만 이런 것일까? 우리 주변의 모든 것들이 해당될 것이다. 일상생활 속에서 '아름답게 보고 소중하게 생각하면서 감사함을 느끼는 것'은 지천에 널려 있다. 길가의 가로수, 꽃들, 새들, 하늘의 구름, 심지어 도로의 자동차, 건물들까지도 이런 마음으로 보고 느낄 수 있다. 가로수의 그늘, 꽃의 향기, 새들의 지저귐도 아름답고 감사하고 소중하지만, 자동차는 빠른 발이 되어 주고 건물은 아늑한 공간을 선사하기 때문에 감사하고 소중하고 그래서 아름답다.

그래서 난 목표를 세웠다. '1일 1 감탄하기!'. 하루에 한 번 감탄하려 노력한다. 눈에 보이는 것이든 들리는 것이든 냄새나는 것이든 그 어떤 형태의 사물과 현상과 사람에게서 감탄하려 노력한다. 그랬더니 의외로 감탄할 것이 너무 많더라. 1일 1감탄이 아니라 하루에 셀 수 없을 만큼 감탄할 때도 있다. 감탄하면 할수록 행복감도 더 많이 차올랐다. 내 주변의 것들을 아름답게 보고 소중하게 보면서 감사함을 느끼려고 노력하니 절로 감탄이 나왔다.

교문을 들어선다. 이제 곧 꽃망울을 터트릴 벚꽃들이 꿈틀거리고 캠퍼스를 분주히 오가는 학생들의 경쾌한 발걸음에서 난 또 본다. '아름다움과 소중함과 감사함'을.★

💬 강 의

눈들이 반짝인다. 왠지 기분이 좋다. 이런 눈빛들이라면 이번 학기 신나게 강의할 수 있을 것 같다. 어떤 수업이든 첫날 분위기가 한 학기 수업에 많은 영향을 미친다. 수업 시간에 되도록 사소한 일상을 서로 이야기하려 한다. 점심 뭐 먹었냐부터 어젯밤에 누구랑 술 한잔했니, 누구랑 인생 네 컷 찍었니, 누구랑 코인 노래방 갔니 등등. 물론 나의 일상도 이야기한다. 요즈음 '뉴진스' 음악이 좋더라, 어제 술자리에서 이런 건배사를 했다, 드라마 '더 글로리' 괜찮더라 등등. 한마디로 다 '까놓고' 이야기한다. 서로 열어 놓고 작은 일상을 이야기하니 수업이 재밌다. 나도 그렇고 학생들도 그렇다.

소통이란 이런 것이 아닐까? 뭔가 거창한 것보다는 소소한 일상을 이야기하는 것. 그러다 보면 닫힌 마음이 열리고 더 깊숙한 이야기들이 오가게 된다. 마음을 연다는 것은 말과 말 사이의 맥락을 이해하려는 것이다. 말이 지칭하는, 단어와 일대일 대응하는 대상을 단순히 떠

★ 김혁조의 만사소통, '1일 1감탄하기', 농민신문 2023년 5월 29일자 참조.

올리는 것이 아니다. 말과 말의 행간, 그러니까 그 말의 속살을 느낄 수 있고, 그럼으로써 상대방의 저간의 사정을 이해할 수 있다는 것이다. 여기서 '저간의 사정'은 그 사람의 과거, 현재, 미래를 아우르는 한 개인의 역사를 말한다. 그리고 상대방을 '아는 것'에 그치지 않고 '이해'하게 된다. 소통은 '말'로만 하는 것이 아니라 '온 맘과 온몸'으로 하는 것이다.

학생들과 제대로 소통하고 있는지 강의 내용을 늘 녹음한다. 강의 후에 녹음을 들어보면 깜짝 놀랄 때가 있다. 원래 계획하지 않았던 말들이 막 나온다. 좋은 아이디어들이 쏟아진다. 이게 소통의 힘이다. 즐겁고 재미있는 이야기를 하다 보니 강의 계획에 없던 생각들이 자라나는 것이다. 멋진 생각과 좋은 아이디어들은 글감의 원천이 된다. 수업이 신나서 좋고 나중에 글을 쓸 때 좋은 재료가 되니 더 좋다.

근데 학생들도 좋아하는 게 맞을까? 나만 좋아하는 게 아닐까? 착각하고 있는 건 아닐까? 아니야. 3시간이 눈 깜짝할 사이에 지나가버렸으니까 분명 맞을 거야. 확실한 것은 아이들의  눈빛이 반짝인다는 것. 이거면 족하지 않은가? 그래 믿자. 무작정 믿자. 니들도 좋아하는 것 맞지?

"오늘 건배사는 나라도 힘들고 하니 이순신 버전으로 하겠습니다."

"이순신이라고?"

사람들이 쑥덕인다.

"제가 이순신, 여러분은 수졸. 나라를 구하는 심정으로 '전군 진격하라' 하면 여러분들은 아주 큰 소리로 '와~~~' 하면 됩니다."

"오 재밌겠는데."

"자 합니다. '전군 전격하라~~'"

"와~~~"

난리가 났다. 정말 나라를 구할 것 같다. 손뼉 치고 웃고 야단법석이다.

가끔 인간문화재로 통한다. 건배사 제조기, 폭탄주의 달인으로. 건배사도 건배사지만, 폭탄주 이게 또 압권이다. 내가 만들면 술맛도 좋지만 향기가 진동한다. 무슨 향긴고 하면 바로 '문화재의 향기'. 이럴 때 쓰는 말, 시쳇말로 'ㅋㅋㅋ'다. 물론 자타 공인이 아니라 나 스스로만 인정하는 '인간문화재'다. 그래도 '인간문화재'라는 말에 다들 즐거워한다.

좋은 사람들과 저녁을 함께 한다는 것, 삶의 오아시스가 분명하다. 깔깔거리며 술 한잔 기울이고 나면 모든 걱정이 싸악 달아난다. 별 시답잖은 이야기를 늘어놔도 마냥 재밌다. 그래서 거의 매일 저녁 약속이다. 당연히 매일 술을 마신다. 어떨 땐 내가 술 상무인지 교수인지 헷갈리기도 한다. 관계없다. 술 상무라도 좋다. 매일 저녁이 유쾌하고 즐거운데.

　매일 먹는 술이 조금 걱정이긴 하다. 그래도 건강 검진 해보면 수치는 '굉장히' 정상이다. 여기서 '굉장히'가 중요하다. 건강에 아무 이상이 없다는 것이다. 원래 주종은 맥주다. 시원하고 맛있는데 배가 불러서 탈이다. 맥주 때문에 배가 자꾸 돌출하는 것 같다. 그래서 최근에 주종을 바꿨다, '청하'로. 왜냐하면 소주는 못 먹으니까. 이게 희한한 게 위스키, 포도주, 50도가 넘는 빼갈도 잘 먹는데 소주만 안 된다. 소주 먹어 보려고 무진 노력했다. 소주는 그야말로 한국인의 술 아닌가? 나도 한국인이고. 또 잔을 부딪히면 나만 큰 잔, 맥주잔이다, 다들 작은 소주잔인데. 이것부터 마음에 안 든다. 그래서 노력했다. 근데 안 되더라. 또 가끔 비오는 날 포장마차에서 혼자 청승 떨고 싶을 때가 있다. 포장마차에서 혼자 맥주잔을 기울인다? 이게 그림이 안 된다. 혼자 소주잔을 기울여야 그림이 된다. 그래서 노력했다. 또 안 되더라.

　소주만 안 되는 이유를 최근에 알았다. 어느 날 술 전문가인 지인이 나의 고민을 듣더니 한마디로 정리해줬다. "김 교수 자네는 희석주가 안 맞는 것이야." 오, 그러고 보니 40도가 넘는 안동소주, 화요 등은 다 잘 먹는다. 이들은 증류주다. 희석주와 증류주를 과학적으로 설명하긴 힘들지만, 희석주는 말 그대로 뭔가를 섞어서 희석한 것이다. 그래서 소주를 마시면 빨리 취하고 늦게 깨고 속도 안 좋은 것이었다.

그래서 나의 주종은 '청하'. 소주 잔과 크기도 같아서 '짠'하고 부딪히기도 좋고 배도 안 불러서 좋다. 며칠 동안 청하 먹어 보니 괜찮더라. 아참 또 장점 하나가 더 있다. 맥주는 도수가 약해서 자꾸 시키게 되는데, 청하는 내 주량에 한두 병 정도면 된다. 즉 술값이 덜 나온다는 것이다. 엄청난 장점이 아닌가?

저녁에 만나는 사람은 고교 동창, 고교 선후배, 중학교 동창, 교수들 등등. 물론 사회에서 만난 사람들도 있다. 누구는 그러더라. "너는 만나는 사람들이 다 좋더냐?" 그렇다. 다 좋다. 친분 관계로 만나기 때문이다. 더 정확히는 만나고 싶어서 만나는 것이다. 비즈니스적으로 만나는 사람은 거의 없다. 뭔가를 바라고 얻기 위해 만나지 않는다. 그래서 저녁 자리가 즐거운가 보다. 어쩌면 큰 행운이다. 돈을 벌기 위해, 한자리 얻기 위해 나서지 않아도 되기 때문이다. 보고 싶고 만나고 싶은 사람들과 저녁을 먹으니 술맛도 좋고 인생 맛도 좋다.

술과 건배사, 깔깔거릴 수 있는 지인들, 이게 또 행복한 소통의 원천이다. 늘 감사하게 생각한다, 행복을 주는 지인들이 곁에 있어서. 그들이 있기 때문에 술 한잔 기울일 수 있고 새로운 건배사도 '창작'할 수 있기 때문이다. 늘 저녁이 기다려진다.

뒷모습이 낯익다. 품새도 그렇다. 걷는 것 같기도 하고 춤을 추는 것 같기도 하다. 여느 발걸음과 다르다. 가끔 손도 하늘을 찌른다. 빨리 걷는가 하면 마이클 잭슨 문 워크 걸음을 하기도 한다. 자세히 보니 귀에 뭔가 꽂았다. 이어폰이다. 그렇다 음악을 들으며 밤 산책을 하고 있다. 바로 나다.

한 잔 걸치고 나서 산책하는 이 시간은 무엇과도 바꿀 수 없는 나만의 시간이다. 음악을 들으며 걷다 보면 1시간이고 2시간이고 훌쩍 지나간다. 음악 리듬에 맞춰 이리저리 몸을 놀리기도 하고 아름다운 가사를 들으며 감탄하기도 한다. 때론 따라 부르기도 한다. 노래방이 따로 없다. 밤이어서 사람들이 없기 때문에 할 수 있는 나만의 놀이다. 스텝 밟고 노래 부르고 한참을 그렇게 논다. 그러다 보면 평소에 생각하지 못했던 아이디어들이 떠오른다. 발걸음을 멈추고 글을 쓰기도 한다.

무엇보다 밤이 선사하는 선물은 이루 말할 수 없이 많아서 이들을 품에 안는 것이 더없이 좋다. 반짝이는 별들, 물론 도시라 많이 보이지는 않지만, 그 별들에 윙크하느라 정신없다. 검은 하늘 바다에 옅은 흰색 물감을 수놓은 구름 속에 뛰어들기도 한다. 유난히 달 밝은 날이면 보름달에 돌아가신 울 할매의 미소를 보기도 한다. 그 미소를 안고 소나무며 산수유며 벚꽃과 대화하면서 이 밤 걷고 또 걷는다.

동네를 벗어나기도 한다. 큰길 건너 양재천까지 가기도 한다. 천변은 또 어찌나 좋은지. 먼저 물 냄새가 참 좋다. 약간 비릿한가 하면 돌 냄새가 나기도 하고 이끼 내음도 난다. 물고기들과 왜가리, 오리들이 놀다 간 냄새들이 뒤섞여 좋은 향내가 난다. 정확히는 냄새라기보다 물 위와 물속에서 노니는 온갖 생명체들의 향연이 내뿜는 이미지가 코를 타고 들어오는 것일 게다. 이 밤에도 쉬지 않고 놀고 있다. 아니 나처럼 밤 산책을 하고 있는지도 모른다. 난 이들과 같이 논다. 오리 등을 타고 물 위를 둥둥 떠다니기도 하고, 물고기 꼬리를 잡고 물속을 가르기도 한다. 흰색 왜가리의 우아한 발걸음으로 천변을 거닐기도 한다. 이래저래 잠 못 드는 밤이다.

💬 잠자리

이불을 들춘다. 나의 흔적이 고스란히 남아 있다. 움푹 들어간 엉덩이 자리, 이리저리 몸부림 친 등짝의 곡선들, 그리고 베개에 묻어 있는 잔머리카락들. 이불처럼 나를 온전히 다 받아주는 것이 또 어디 있을까. 온몸을 비틀고 몸부리쳐도, 탱크 소리같이 코를 골아도, 가래 섞인 기침을 해도, 뿡뿡 방귀를 뀌어도, 심지어 쉰내 나는 나의 냄새까지도 이불은 다 보듬어 준다. 하루의 피로를 쓰담쓰담 어루만져 준다. 이불의 포근한 손길 덕분에 매일 아침 새롭게 태어난다.

눈을 감는다. 온갖 상념들이 올라온다. 오늘 하루에 있었던 일부터 떨쳐내기 힘든 잡념들까지. 마음이 혼자 날뛴다. 오래전부터 해오던 나만의 비법을 꺼낸다. 오늘 하루 중에 가장 좋았던 일, 아름다웠던 일, 감사했던 일을 떠올린다. 하나도 떠오르지 않을 때도 있다. 분명 있었을 텐데. 머리가 나쁜가 보다. 그럼 어제로 거슬러 올라간다. 그래도 생각나지 않으면 계속 과거로 또 미래로 간다. 그러다 보면 떠억 하니 나타난다. 감사했던 일, 아름다웠던 일, 좋았던 일들이, 앞으로 아름다울 일들이.

또 다른 비법은 읽었던 책 중에 좋은 글귀를 떠올린다. 이건 쉽다. 생각나지 않으면 침대 머리맡에 있는 책을 본다. 누워 있는 그대로 좋은 글을 찾아 한 줄 읽는다.

아름답고 감사한 일을 생각하며 잠을 청하면 행복감을 안고 잘 수 있다. 온몸과 온 마음에 긍정의 에너지가 흐른다. 덩달아 나도 아름다운 사람이 될 수 있다. 감사한 마음을 안고 아름다운 일들을 생각하며 스르륵 잠이 든다.

소통하기
일상에서 찾는 소통의 길

소통하기
일상에서 찾는 소통의 길

초판 1쇄 인쇄 2024년 5월 20일
초판 1쇄 발행 2024년 5월 25일

저 자	김 혁 조
펴낸이	임 순 재
펴낸곳	(주)한올출판사
등 록	제11-403호
주 소	서울시 마포구 모래내로 83(성산동 한올빌딩 3층)
전 화	(02) 376-4298(대표)
팩 스	(02) 302-8073
홈페이지	www.hanol.co.kr
e-메일	hanol@hanol.co.kr
ISBN	979-11-6647-454-5